本书受教育部重大委托项目"东亚华侨华人软实力"(10JZFD007)、2016~2018年安徽省高等教育振兴计划思想政治教育综合改革计划立项建设项目之2016年名师工作室(辅导员)项目"张月工作室"(Szzgjh1-2-2016-14)的资助。

THE COMPOSITION OF
CONTEMPORARY OVERSEAS
CHINESE SOFT POWER

当代华侨华人软实力的构成

张 月 / 著

社会科学文献出版社
SOCIAL SCIENCES ACADEMIC PRESS (CHINA)

目 录

绪 论	001

第一章　华侨华人软实力相关理论探析 ········· 004
　第一节　华侨华人软实力形成的历史源流 ········· 004
　第二节　从国家软实力内涵向华侨华人软实力内涵的演绎 ····· 025
　第三节　华侨华人软实力的特性 ········· 037

第二章　华侨华人文化软实力 ········· 049
　第一节　华侨华人文化软实力的资源 ········· 050
　第二节　华侨华人文化软实力的影响力 ········· 084

第三章　华侨华人经济软实力 ········· 104
　第一节　华侨华人经济软实力的资源 ········· 105
　第二节　华侨华人经济软实力的影响力 ········· 124

第四章　华侨华人人才软实力 ········· 147
　第一节　华侨华人人才软实力的资源 ········· 150
　第二节　华侨华人人才软实力的影响力 ········· 161

第五章　新加坡模式 ……………………………………… 175
第一节　新加坡模式的内涵 ……………………………… 175
第二节　新加坡模式的影响力 …………………………… 198

参考文献 …………………………………………………… 216

后　记 ……………………………………………………… 235

CONTENTS

Introduction ·· 001

Chapter 1 A Research on Overseas Chinese Soft Power ········· 004

    Section 1   Historical Roots of Overseas Chinese Soft Power ········ 004

    Section 2   From the Connotation of National Soft Power to the Connotation of Overseas Chinese Soft Power ············ 025

    Section 3   The Characteristics of Overseas Chinese Soft Power ·· 037

Chapter 2 Cultural Soft Power of Overseas Chinese ············· 049

    Section 1   The Resources of Overseas Chinese Cultural Soft Power ·· 050

    Section 2   The Influence of Overseas Chinese Cultural Soft Power ·· 084

Chapter 3 Economic Soft Power of Overseas Chinese ············ 104

    Section 1   The Resources of Overseas Chinese Economic Soft Power ·· 105

Section 2　The Influence of Overseas Chinese Economic
　　　　　　Soft Power ········· 124

Chapter 4　Talents Soft Power of Overseas Chinese ········· 147
　Section 1　The Resources of Overseas Chinese Talents
　　　　　　Soft Power ········· 150
　Section 2　The Influence of Overseas Chinese Talents
　　　　　　Soft Power ········· 161

Chapter 5　Singapore's Model ········· 175
　Section 1　The Connotation of Singapore's Model ········· 175
　Section 2　The Influence of Singapore's Model ········· 198

References ········· 216

Afterwards ········· 235

绪　论

随着第二次世界大战后东亚的迅速崛起，尤其是以华人为主体的"亚洲四小龙"经济的快速发展，华侨华人作为一个引人注目的移民群体开始成为国内外学术界讨论的重要话题。1978年中国改革开放以来，华侨华人因其与中国的特殊关系受到了外界更为广泛的关注。近年来伴随着中国的快速发展，华侨华人实力、华侨华人与祖籍国的关系逐渐成为学界和媒体关注的焦点。

冷战结束后，在民主化、全球化及信息化浪潮的背景下，军事和经济等传统实力的效用逐渐下降，约瑟夫·奈适时提出了软实力理论。目前世界各主要大国越来越重视本国软实力尤其是文化软实力的发展和运用，中国、美国、日本、韩国、法国等众多国家都把促进软实力的发展作为提升本国影响力的重要途径。

值得注意的是，随着权力逐渐"从国家向非国家行为体扩散"，"不只国家有软实力。公司、机构、非政府组织和跨国恐怖主义网络通常也都有自己的软实力。甚至作为个体的名人都能够运用自己的软实力"[①]。在这些非国家行为体中，移民的实力和影响力是有目共睹的。亨廷顿曾指出：如果人口分布是天定的，那么人口流动便是历史的发动机。[②] 在世界

---

① 〔美〕约瑟夫·奈：《权力大未来》，王吉美译，中信出版社，2012，第145、118页。
② 〔美〕塞缪尔·亨廷顿：《文明的冲突与世界秩序的重建》，周琪等译，新华出版社，1998，第218页。

众多的移民群体中，犹太人经济实力①最为雄厚、对世界文化贡献重大，而美国犹太人更是在美国政坛上有着极大的影响力。除了犹太人之外，华侨华人则是另一个表现比较突出的群体。

经过多年的积累和发展，目前华侨华人已经形成了强大的硬实力。华侨华人人数众多，2007～2008 年，世界华侨华人总数为 4543 万人，集中分布在东南亚和北美地区。其中，中国新移民数量有 1030 万人左右。② 如今世界华侨华人总数约为 6000 万人。③ 华侨华人经济实力雄厚，中新社发布的报告认为，2009 年世界华商企业总资产约达到 3.9 万亿美元④；《亚洲周刊》每年公布的东南亚华人资产统计数据、福布斯每年公布的东南亚尤其是老东盟五国的富豪排行榜，更是见证了华人资产的发展与壮大。此外，在文教科技诸领域，华侨华人也颇有建树。

随着华侨华人硬实力的发展，华侨华人在文化、经济和人才诸方面的影响力也越来越大。华侨华人在居住国的普遍成功，由华人体现的中华价值观获得国际社会相当程度的认同⑤；华商经济实力资源和世界华商网络已经成为中国经济发展与东亚经济一体化的助推力；日本、欧洲、北美地区有着众多的华侨华人科技人才，在信息和科技革命的潮流下，华侨华人科技人才的重要性日益凸显；新加坡结合东西方文化建构起的新加坡模式，对东亚社会甚至世界各国都产生了强烈的吸引力。

正是基于华侨华人自身的实力及其在居住国、祖籍国及世界范围

---

① 犹太资本、西方资本、阿拉伯资本、日本资本和海外华人资本通常被学者并称为世界五大资本。
② 数据来自庄国土主持的"华侨华人分布状况和发展趋势"课题以及参与编著的《2009 年海外华侨人概述》一书。
③ 王辉耀、苗绿：《2015 中国国际移民报告》，《光明日报》2015 年 4 月 8 日第 16 版。
④ 《2009 年世界华商发展报告（全文）》，中新网，http://www.chinanews.com/zgqj/news/2010/05 - 20/2293574.shtml。
⑤ 庄国土：《中国价值体系的重建与华侨华人》，《南洋问题研究》2011 年第 4 期，第 6 页。

内的影响力和作用,"华侨华人软实力"的概念逐渐被一些学者提出来,如陈传仁的"海外华人的力量"①、邱立本的"全球华人社会的软实力"②、王志章的"硅谷华人社群软实力"③、龙登高的"华侨华人软实力的形态与作用的多元化呈现"④。另外,纵览改革开放后中国历届领导人的侨务思想,邓小平的海外关系"是个好东西"和广大侨胞是中国发展的"独特机遇"理论、江泽民的"华侨华人是中国现代化建设的'独特优势'和'宝贵资源'"思想、胡锦涛的侨务工作三个"大有作为"的重要论述、习近平的广大海外侨胞是实现中国梦的重要力量的新思想,无不反映了海外华人的实力(包括软实力)及其对中国的巨大影响力。

  本书主要以 1978 年中国改革开放以来的华侨华人为研究对象,将华侨华人研究和软实力理论相结合,以约瑟夫·奈和其他学者的软实力研究理论为基础,对华侨华人软实力的相关理论进行解读,重点论述当代华侨华人软实力的主要构成,主要涉及当代华侨华人文化软实力、经济软实力和人才软实力,并对新加坡模式进行了介绍。笔者希望通过对当代华侨华人软实力主要构成的初步探究,可以拓展软实力的理论研究层次及丰富华侨华人研究的内涵。

---

① 陈传仁:《海外华人的力量:移民的历史和现状》,世界知识出版社,2007。
② 沈泽玮:《邱立本谈"全球华人社会的软实力"软实力不是关起门做皇帝》,新加坡《联合早报》2008 年 6 月 8 日。
③ 王志章:《硅谷华人社群的"软实力"研究》,载国务院侨务办公室政策法规司编《国务院侨办课题研究成果集萃(2007-2008 年度)》(上册)(内部读物),2009,第 92~117 页。
④ 龙登高:《华侨华人软实力的形态与作用:多元化呈现》,载暨南大学《和谐与共赢:国家软实力及华侨华人的作用国际学术研讨会会议论文集》,2012,第 231 页。

第一章　华侨华人软实力相关理论探析

构建"华侨华人软实力"理论研究的主体大厦，有必要对该理论进行科学的论证。本书虽主要研究当代华侨华人文化、经济和人才软实力的构成，但这项研究必须建立在华侨华人软实力整体理论研究的框架之下。本章用较大的篇幅来初步构建华侨华人软实力研究的理论框架，以期为后面的研究奠定基础。

第一节　华侨华人软实力形成的历史源流

国家软实力的形成是一国主动的政治行为的结果，而华侨华人软实力的形成是基于华侨华人的文化行为自然产生的。诚如李安山所言，"华人在任何国度和条件下均可生存，是凭借中华文化的生命力、忍耐力和吃苦精神抑或儒家文化的包容力"[①]。本节尝试从文化学本身——文化和文化圈相关理论的角度来阐释华侨华人软实力形成的历史源流。

在东亚汉文化圈内，华侨华人文化的形成经历了漫长的发展历程，其间华人社会经历了从汉文化圈的文化边缘走向文化中心，最终形成华侨华人文化，成为文化主体的过程，华人社会的海洋文化特质在其中起到了重要的推动作用。同时，外部环境和其他族群、居住

---

① 李安山：《中国华侨华人研究的历史与现状概述》，载周南京主编《华侨华人百科全书》（总论卷），中国华侨出版社，2002，第1034页。

国、国际社会的认知对华侨华人文化软实力的形成与效用的发挥影响更大。在东亚汉文化圈内外的交流（也就是国际关系）中，基于外部环境、目标对象认知及华人社会自身实力等因素的影响，华侨华人软实力的形成同样也经历了漫长的时期。

一 相关概念及其界定

（一）文化、华侨华人文化①的概念及其界定

关于文化的定义，众说纷纭，"从广义的（文化就是所有事物）到狭义的（文化是歌剧、艺术和芭蕾）都有"②。

英文中的"culture"来源于拉丁文的动词 colo（colere, colui, cultum），意思是耕作、生长、培育③，后来逐渐演化为人自身的教化和修养。第一个现代意义上的文化定义是由英国人类学家爱德华·泰勒在1871年的《原始文化》一书中提出的，"文化或文明包括知识、信仰、艺术、道德、法律、风俗和作为社会成员的个人所获得的任何其他的能力与习惯的复合体"。英国人类学家布罗尼斯拉夫·马林诺夫斯基发展了泰勒的定义，1944年，他在《文化论》一书中认为，"文化是指那一群传统的器物、货品、技术、思想、习惯及价值而言

---

① 王庚武依据种族和文化将东南亚华人认同分为政治类认同和文化类认同，其中文化类认同包括华人历史认同、华人文化认同和华人种族（文化）认同。〔澳〕王赓武：《中国与海外华人》，香港商务印书馆，1994，第243、248页。庄国土认为，在东南亚华人族群认同中起主导作用的是族群文化意识，并认为，东南亚华人在今后很长时间中仍将保持强弱不等的华人族群认同的意识。庄国土：《略论东南亚华族的族群认同及其发展趋势》，《厦门大学学报》（哲学社会科学版）2002年第3期，第63~70页。本书为了论述的方便，对华侨文化与华人文化不做细分，但不可否认的是，两者之间确实存在着联系和差异。参见陈乔之《略论华侨文化与华人文化》，《东南亚研究》1997年第6期，第24~30页；周用敦、林卫国《试探有关华侨文化华人文化的一些问题》，《华侨华人历史研究》1995年第4期，第39~41页。
② Larry A. Samovar, *Communication between Cultures* (Belmont, CA: Wadsworth Publishing Company, 2001), p. 33.
③ Miguel Matilla, *An Agonistic Education: A Commentary on the Conception of Education in Nietzsches Early Work* (A Parte Rei: Revista de Filosofía, 2002), p. 2.

的,这概念包容及调节着一切社会科学"①。1952年,美国人类学家阿尔弗雷德·克洛依伯和克莱德·克拉克洪的著作《文化:概念和定义批判分析》一书出版,共收集了1871~1951年的164个关于"文化"的定义。在综合这些定义的基础上,他们也对文化给出了自己的定义:"文化存在于各种内隐的和外显的模式之中,借助符号的运用得以学习与传播,并构成人类群体的特殊成就,这些成就包括他们制造物品的各种具体式样,文化的基本要素是传统(通过历史衍生和由选择得到的)思想观念和价值,其中尤以价值观最为重要。"② 这一定义被较多学者接受。此后,新的文化定义也不断涌现。如安东尼·J. 马塞拉认为,"文化就是为了提高个人对社会的生存能力、适应能力及保持他们的成长和发展,一代代传承下来,并通过后天习得的共同行为"③。

中国人论述文化比西方人要早。"文"本意指文理、花纹或彩色交错,如"物相杂,故曰文"④ "五色成文而不乱"⑤。《周易》中"观乎天文,以察时变;观乎人文,以化成天下"⑥,将"文"视为社会人伦、以文教化。"化"本意为变化,如《庄子》中写道,"化而为鸟,其名为鹏"⑦,《周易》中写道,"男女构精,万物化生"⑧。《说苑》中讲,"凡武之兴,为不服也,文化不改,然后加诛"⑨,将"文""化"二字合用,视为文治教化。唐代孔颖达在《周易正义》

---

① 〔英〕马林诺夫斯基:《文化论》,费孝通等译,中国民间文艺出版社,1987,第2页。
② 中国大百科全书总编辑委员会编《中国大百科全书》(社会学),中国大百科全书出版社,1991,第409页。
③ A. J. Marsella, "The Measurement of Emotional Reactions to Work: Conceptual Methodological and Research Issues," *Work and Stress*, Vol. 8, No. 2, 1994, pp. 166–167.
④ (清)惠栋撰《周易述》卷十八《系辞下传》,郑万耕点校,中华书局,2007,第19页。
⑤ (汉)刘向撰《说苑校证》卷第十九《修文》,向宗鲁校证,中华书局,1987,第45页。
⑥ (宋)朱熹撰《周易本义》卷之一《上经》,廖名春点校,中华书局,2009,第104页。
⑦ (清)王先谦撰《庄子集解》,《逍遥遊第一》,沈啸寰点校,中华书局,1987,第1页。
⑧ (清)惠栋撰《周易述》卷二十二《易微言上》,郑万耕点校,中华书局,2007,第59页。
⑨ (汉)刘向撰《说苑校证》卷第十五《指武》,向宗鲁校证,中华书局,1987,第23页。

中指出,"观乎人文以化成天下者,言圣人观察人文,则诗书礼乐之谓,当法此教而化成天下也"①,意指"文化"属于文学、礼仪等精神层面的东西。顾炎武在《日知录》中说,"自身而至于家国天下,制之为度数,发之为音容,莫非文也"②,将人的行为表现和国家制度都看作文化。

自近代以来,"文化"在中国逐渐发展成为内涵丰富、外延宽广的多维度概念。如梁启超认为,"文化者,人类心能所开积出来之有价值的共业也"③。梁漱溟指出,文化是民族生活的各种方面,包括精神生活、社会生活和物质生活。④ 钱穆认为,"夫文化不过人生式样之别名,举凡风俗习惯信仰制度,人生所有事皆属之"⑤。周一良指出,"人类一切成就包括精神的与物质的,都未始不可目为文化"⑥。冯天瑜的文化定义是:文化的实质性含义是"人类化",是人类价值观念在社会实践过程中的对象化,是人类创造的文化价值,经由符号这一介质在传播中的实现过程,而这种实现过程包括外在的文化产品的创制和人自身心智的塑造。⑦《辞海》将文化定义为,广义指人类在社会实践过程中所获得的物质、精神的生产能力和创造的物质、精神财富的总和,狭义指精神生产能力和精神产品。⑧

在综合有关文化的各种广义、狭义定义的基础上,本书认为,文化是一个民族在特定历史时期形成的生活方式、思维习惯和价值观念的综合,它是民族存在的重要方式。

---

① 《周易正义》卷三,阮元校刻《十三经注疏》,(魏)王弼、(晋)韩康伯注,(唐)孔颖达疏,北京大学出版社,1999,第105页。
② (清)顾炎武:《日知录集释》卷七《博学于文》,(清)黄汝成集释,秦克诚点校,岳麓书社,1994,第241页。
③ 梁启超:《梁启超论中国文化史》,商务印书馆,2012,第1页。
④ 梁漱溟:《东西文化及其哲学》,上海人民出版社,2006,第18~19页。
⑤ 钱穆:《文化与教育》,生活·读书·新知三联书店,2009,第3页。
⑥ 周一良:《中日文化关系史论》,江西人民出版社,1990,第1页。
⑦ 冯天瑜:《中国文化史断想》,华中理工大学出版社,1998,第19页。
⑧ 夏征农、陈至立主编《辞海》(第六版彩图本),上海辞书出版社,2010,第2379页。

华侨华人文化的定义和内涵又如何呢？对于华侨华人文化的界定，周南京指出，"中华文化是华侨华人文化的根源"，但华侨华人文化"又不完全等同于中华文化，它是中国移民及其后裔在移居海外之后在其长期历史发展过程中所创造的物质财富和精神财富的总和。它有浓烈的商业文化色彩，而其核心部分则是以儒释道为基础的伦理道德和价值观念，同时受到当地文化的强烈影响并与之逐渐融合，但仍然放射出固有中华文化的光彩"[①]。曾玲认为，"华人文化，既具有当地社会的本土特征，亦是中华民族海外文化形态的重要组成部分"[②]。对于华侨华人文化形成和发展的历史阶段，龙登高以文化传播为视角，认为中华文化在海外大体经历了三个阶段，即中华文化的传播——汉字文化圈；中华文化的移植（16世纪以后）——华侨文化；中华文化的分异（20世纪50年代中期以后）——（华人）华族文化。[③] 对于华侨华人文化的类型，李亦园结合主客观环境及时间因素，把华侨华人文化分为两种形态：弱势客地文化，如东南亚文化，其中又包括"殖民地时代"文化和"独立时代"文化两种形态；优势客地文化，如北美、欧洲文化等。[④] 对于华侨华人文化的特性，王焕芝认为，自20世纪70年代以后，新移民不断进入海外华侨华人社会，使得华侨华人文化呈现中国的新文化精神，由大众文化向精英文化变迁，具有开放性、兼容性等特征。[⑤]

同其他事物一样，文化具有自身的特性。萨默瓦认为文化是"后天习得的，人们可以通过谚语、民间故事、传说、神话、艺术和大众传媒学习文化；文化的核心价值观念代代流传；文化以符号为基础，

[①] 周南京：《风云变幻看世界——海外华人问题及其他》，香港南岛出版社，2001，第42、44页。
[②] 曾玲：《越洋再建家园——新加坡华人社会文化研究》，江西高校出版社，2003，致读者二。
[③] 龙登高：《中华文化在海外的移植和分异》，《华侨华人历史研究》1998年第2期，第1页。
[④] 李亦园：《中国海洋史发展论文集》（第一集），台湾中研院三民主义研究所，1984，序言。
[⑤] 王焕芝：《新时期华侨华人文化的特征》，《教育评论》2008年第1期，第112页。

语言和非语言的符号使学习、交流和传递文化成为可能；文化容易改变，其中最普遍的是文化的创新、扩散和适应；文化是作为一个整体发挥作用的；文化具有很强的适应性"。综合其他学者的观点，文化还具有整合性、阶段性、积淀性、分层性、社会性、空间性、民族性、共性和个性等特性。萨默瓦进一步指出，虽然文化的许多部分经常改变，但是文化的深层内容，如伦理、道德、宗教体验等价值观都植根于文化，并且世代相传。①

正是源于文化的承继性，中华传统文化所蕴含的民族精神和美德，被华侨华人所继承和发扬。颜清湟认为，"东南亚华族文化的形成与中国人的商业活动和在该地区定居的历史是紧密相关的。中国商人和移民把他们的信仰、价值观和习俗连同文化表达方式，诸如寺庙与建筑的风格、服饰、音乐、烹饪和节日带到新地方。独特的中国方言和中国的教育制度加强了中国价值观与习俗的稳定性，中国移民具有一种不顾水土和经济环境都要保持中国的每一样东西的强烈愿望。他们在东南亚进入了一个保全中国传统的无意识过程"。"虽然这些文化价值观与形式并不属于中国的高级文化，但它们保存了中国传统的核心，并构成了东南亚华族文化的主要成分。"②

华侨华人长期与当地民族混居，与他们在社会、经济和生活上密不可分，华侨华人文化不可避免地发生涵化（当地化），但大多数华侨华人依然认同中华传统文化，华侨华人文化也仍然以中华传统文化为主要特质。如一位菲律宾侨领在入籍后明确指出："归化后，华裔在政治上须认同菲政府政策，忠实作为菲律宾社会之一分子，尽心尽力谋求国家的富强康乐；但在文化上，保留祖国文化，欲将使菲国文化更加充实，更加丰富多彩。"即"在政治上认同宗主国，在文化上

---

① Larry A. Samovar, *Communication between Cultures* (Belmont, CA: Wadsworth Publishing Company, 2001), pp. 34 – 46.
② 〔澳〕颜清湟：《东南亚华族文化：延续与变化》，周添成译，载吴晶主编《华侨华人研究论丛（第七辑）》，中国华侨出版社，2006，第223、207页。

认同我们的根"①。陈衍德也曾指出,"历经沧桑的东南亚华人,尽管有的已不再以华文为主要语言,甚至不再使用华文,但传统的价值观仍然延续了下来"②。杜维明也指出:"即使这些人历来用的是完全不同的语言,可是他们通过与其父母和其他长辈的语言交流,吸收了根深蒂固的文化价值。"③

(二) 文化圈、东亚汉文化圈的概念及其界定

文化一旦产生,就会向外传播。文化圈作为文化传播形成的文化场,指具有相同文化特质、文化结丛的文化群体所构成的人文地理区域,往往由某一先进民族或国度组成"中心文化丛",以其首创的文化影响周边地区,久历岁月,在核心与边缘的互动中逐渐形成。④ 世界文化圈可划分为:希腊-罗马文化、闪族文化、印度文化和中华文化,或者说西方文化圈、伊斯兰文化圈、南亚文化圈、东亚文化圈、中南美印第安文化圈。⑤

所谓东亚汉文化圈,"实际就是汉字的区域。汉文化圈的同一即'汉字'(符号)的同一。这个'符号'是使其区别于亚洲其他文明区域的最显著的特点"⑥。从汉魏、隋唐宋元及至晚清,东亚汉文化圈历经兴起、繁盛及至衰落,第二次世界大战至今,东亚汉文化圈出现了汉文化复兴的迹象。因为华侨华人文化仍以传统中华文

---

① 邵建寅:《华文教育的路向》,载《中正十年》,1990 年 4 月在粤华早餐会上的专题讲演。转引自吴端阳、吴绮云《东南亚华文教育与中华文化传承》,《国家高级教育行政学院学报》2002 年第 6 期,第 82 页。
② 陈衍德:《论当代东南亚华人文化与当地主流文化的双向互动》,载郭梁主编《21 世纪初的东南亚社会与经济》,厦门大学出版社,2003,第 522 页。
③ 〔美〕杜维明:《新加坡的挑战:新儒家伦理与企业精神》,高专诚译,生活·读书·新知三联书店,1989,第 233 页。
④ 冯天瑜主编《中华文化辞典》,武汉大学出版社,2001,第 10 页。
⑤ 〔日〕福井文雅:《汉字文化圈的思想与宗教:儒教、佛教、道教》,徐水生、张谷译,武汉大学出版社,2010,总序第 2 页。
⑥ 〔法〕汪德迈:《新汉文化圈》,陈彦译,江西人民出版社,2007,第 1 页。

化为根本,还未能成为一种独立的文化体系,所以其尚未脱离东亚汉文化圈的范畴。

文化圈具有自身的特性,其特性主要表现在以下四个方面。

首先,文化圈内具有共同的文化要素。属于同一文化圈的国家或地区在器物、经济、社会、道德及宗教上具有相同的特征。关于古代东亚汉文化圈的共同要素,有五要素说,即册封体制、汉字文化、儒教、律令制、佛教①,或汉字、儒教、律令、中国的科技及中国化的佛教②;还有八要素说,即汉字、儒学、律令、中国的科技、中国式的佛教、中国式的教育制度、中国式的文学艺术、中国式的民俗③。后者无疑更全面。鸦片战争后,随着清王朝的衰朽,近代东亚汉文化圈受到了强烈的外在冲击,儒学价值观面临着重大危机,汉字也被简化、限制使用甚至被废除,但传统的道德、礼仪、佛教、重视教育等文化因素依然存在。到了当代,东亚汉文化圈的影响力越来越大,如汉字和汉语在华人社会中复兴,国学和经典文本诵读进入了许多学校的课堂,我们国家的领导人也多次提及传统文化的重要性。

其次,文化圈内存在差异性和个性。文化在传播的过程中,文化的受传者在汲取中心文化时,并未丧失其本地习俗和特殊性。古代汉文化圈以儒家文化、农耕文化为主,佛家和道家等思想、海洋文化和游牧文化也同时并存。较之古代东亚汉文化圈,当代东亚汉文化圈的差异性和个性更为凸显。①主体由单一变为多元。古代东亚汉文化圈的主体限于中国本土。当代东亚汉文化圈的主体多元,包括中、日、韩、朝、越等。目前,东亚汉文化圈处于多个中心并存的状态。有学者预测,随着在21世纪的崛起,中国有望恢复在圈内的核心地位。

---

① 杨栋梁、严绍璗主编《变动期的东亚社会与文化》,天津人民出版社,2002,第24页。
② 高明士:《天下秩序与文化圈的探索:以东亚古代的政治与教育为中心》,上海古籍出版社,2008,第229~235页。
③ 孙泓:《东亚文化圈的形成与发展》,载石源华、胡礼忠主编《东亚汉文化圈与中国关系》,中国社会科学出版社,2005,第93页。

②主体形态有较大的差异。国家行为体和非国家行为体并存；资本主义和社会主义意识形态并存；威权体制和民主体制并存；发达国家和发展中国家并存。③现代化发展时间的差异性。日本在明治维新时期就开始了现代化，在20世纪50年代后半期经济重新起飞；中国香港、中国台湾、韩国等地的经济于20世纪60年代中期开始起飞；20世纪80年代后期中国内地（大陆）和越南的经济也获得发展。④边界逐渐"模糊、开放"[①]。当代东亚汉文化圈仍以传统汉文化为基础，但也吸收了西方的优秀文化；印尼、菲律宾、泰国、马来西亚等虽属圈外国家，但由于华人经济实力强大，东亚汉文化圈对它们的吸引力增强了；圈内向圈外的移民逐渐增多使得东亚汉文化圈的范围扩大，跨国家跨文化圈的交流也日益增多。

另外，文化圈内不同地区文化的差异性和个性是圈内交流和学习的途径，是文化圈获得发展的动力。如日本在第二次世界大战后经济的腾飞引发了东亚汉文化圈内地区的梯级式经济发展。

再次，文化圈内的结构是动态变化的。主要表现在以下几个方面。第一，随着内外环境的变化，核心和边缘的位置会发生互换。因为核心文化具有古老性、单一性与自生性的特点，所以其具有对旧传统的强大记忆力、对新文化的巨大抵抗力及对异文化的强势同化力；边缘文化则具有年轻性、复合性、嫁接性等特点，缺乏核心文化那样强大的遗传记忆力，对新文化也不具有强烈的抵抗力。为便于嫁接新学，文化中心总是从核心向边缘做滑行转移[②]。第二，随着核心和边缘位置的互换，圈内的交流会渐趋平等。也就是说，在同一文化圈内通常有一个文化核心国家，处于文化边缘的国家都需要向其学习，但随着内外环境的变化，文化核心国家可能变得落后，文化边缘国家可

---

① 陆玉林：《东亚的转生：东亚哲学与21世纪导论》，华东师范大学出版社，2001，第61页。
② 盛邦和提出文化圈的"内核——外缘"理论，认为可以把文化区的内层核心称为"内核"，把文化区的外层边缘称为"外缘"。盛邦和：《内核与外缘：中日文化论》，华东师范大学出版社，2010，再版序言。

能变得更为先进，原来的核心国家可能转而向原先的边缘国家学习，从而使得双边的交流逐渐平等。

最后，同一文化圈和其他文化圈只有相互交流才可以促进自身的发展。这一点已被历史经验和教训所证实。如明清时期的中国自恃为世界文明中心，经济上闭关自守，这直接导致了当时一段时期中国的落后。而日本、韩国等善于学习西方的优良文化及科技、经济模式，较早也较为成功地实现了从传统社会向现代社会的转型。

二 从文化圈角度解读华侨华人软实力形成之"源""流"

本部分涉及两个方面：一是论证华侨华人文化是如何从边缘走向核心，从而成为文化主体的；二是在圈内外的交流（也可以说是国际关系）上，华侨华人文化要具有足够的吸引力，而这种吸引力正是圈内外一些国家和地区所需的。

（一）古代[①]（19世纪中叶以前）东亚汉文化圈中的华人社会

古代东亚汉文化圈是一个以古代中国文明为中心的分层次结构。其中，中国本土是核心，越南、朝鲜和日本是外围，东南亚华人社会是末梢。

1. 华人社会处于东亚汉文化圈的末梢

最早的华人移民可以追溯至汉代[②]。早期的华人在移民前虽然大都没有接受过系统的儒学教育，但共同的民族意识和民族情感是其最

---

① 本书关于汉文化圈的时期划分是遵循中国古代、近代、现当代大致同期的方法，这和世界历史的古代、中世纪、近代、现代和当代的划分不一致。同时，华人社会的发展阶段非常复杂，不同于国别史、地区史和世界史，无法同中国历史和世界历史的时期划分保持一致。但在汉文化圈的不同发展时期内，华人社会的文化发展还是有脉络可循的，为论述方便，本书不对华人社会发展阶段的社会性质进行具体阐述和区分。

② 庄国土认为，从有海外贸易开始，就可能有因贸易关系而"住蕃"的华人。而华人出国，较为可靠的记载始于汉代。庄国土：《华侨华人与中国的关系》，广东高等教育出版社，2001，第21页。

主要特征,这种意识和情感是与生俱来的。另外,沿海民众的民间信仰、风俗习惯和价值取向虽非中国的高级文化,但这些文化和其表达形式保留了传统中华文化的核心。

移民是文化传播的一种重要方式。在生活习俗方面,早期东南亚华人仍使用中国的语言和文字,聚居程度比较高,按照传统的习俗规范和道德礼仪来处理个人、家庭和族群之间的关系,这一点在早期华侨的归乡、祭祖、婚丧嫁娶等方面体现得最为明显。在节日习俗方面,早期东南亚华人将传统中华节日习俗较为完整地继承了下来。他们保留了春节、清明节、端午节和中秋节等传统的节日庆典活动和各类庆祝仪式。此外,华人在各地建造的妈祖庙、土地庙、关帝庙及建立的由传统的五伦关系演化而来的会馆、社团和商会,作为华人之间祭奉、聚会和联系商业的场所,进一步增进了华人"根"的意识和固本溯源的思想。早期华人还创办了许多学塾,将中华传统文化进一步发扬光大。

19世纪中叶以前,向海外移民的华人虽然使得东亚汉文化圈的地域范围逐渐扩大,但这一时期的华人所传播的中华文化是传统、习俗和情感构成的自在的文化模式。该时期华人数量较少,又多是劳苦大众,文化素质也不高,故而古代华人社会只能处于东亚汉文化圈的末梢。

2. 华人社会海洋文化形成并自16世纪始初步显示出优势

华侨华人文化作为一种亚文化,具有自身的文化特质。与母体主流农业文化不同的是,海洋文化是19世纪中叶以前华人社会的特质文化。这一特质文化在华人社会的发展、文化主体地位的确立及软实力的形成与发展中至关重要。

作为大陆-海岸型的国家,古代中国社会、经济和生态环境呈现多元化形态,北方传统社会的经济和社会形态,是在传统农业文化基础上长期形成的,但在中国南部沿海地区,因为"长期处于中央王朝权力控制的边缘区,民间社会以海为田、经商异域的小传统,孕育了海洋经济和海洋社会的基因"①,所以形成了中华文化海洋性的一面。早在汉唐时期,华商就已积极从事海外贸易②。16~18世纪,在东亚各贸易港埠存在散居网的各民族中,华人是最大的一族。除了日本的长崎港之外,散居东亚水域的华人在侨居地从事各种事业,农、工、商各界都有华人参与③。早期华人移民以福建人尤其是闽南人为主。闽南文化作为一种"与中原文化同质"的"边缘形态"文化和"移民文化",使得闽南的人文精神也显示出与中原文化相当不同的特色,这主要表现为"冒险与进取精神""重商与务实逐利精神""兼容性与开放性"④。随着华南民众"以海为田、贩海为利"思想的形成,华人移民与跨国贸易活动逐渐增多,重商、冒险、开放与兼容的海洋文化也逐渐成为海外华人社会的特质文化。

16世纪以来,随着西方文明在世界范围内的扩张、西方殖民主义体系和世界资本主义体系的发展,海洋文化逐渐发展成为一种强势文化,处于中西文化交汇点的华人社会的海洋文化逐渐显现出自身的优势。在整个东亚被卷入世界殖民体系和世界资本主义体系的时候,华人社会的海洋文化兼具传统和现代的品格,产生了潜在的具有现代性的经济和文化因素。如华人的重商、爱冒险,加之节俭、勤奋,有利于资本的早期积累;善于学习和掌握西方文明的成果,善于学习语言、经济与管理模式;注重合作,将重商主义与传统的宗族和乡土纽带结合在一起,建立起遍布东亚的关系网络和商业网络;注重通过人际信用关系进行资金、人才和信息的流通等。正是由于在16~19世

---

① 杨国桢、郑甫弘、孙谦:《明清中国沿海社会与海外移民》,高等教育出版社,1997,第1页。
② 庄国土、刘文正:《东亚华人社会的形成和发展:华商网络、移民与一体化趋势》,厦门大学出版社,2009,第10页。
③ 张彬村:《十六至十八世纪华人在东亚水域的贸易优势》,载张炎宪主编《中国海洋发展史论文集》(第三辑),台湾中研院中山人文社会科学研究所,1995,第356页。
④ 庄国土:《当代华商网络与华人移民——起源、兴起与发展》,台湾稻乡出版社,2005,第3~11页。

纪中期，中国沿海商人参与了世界市场的互动，推动了东南地区海洋社会经济与文化的发展，华商也成为从农业文明走向海洋文明、从传统中国走向先进世界的开拓者。

3. 华人社会海洋文化对中国主流文化影响的早夭

19世纪中叶前，华人社会的海洋文化在一定时期、一定程度上影响了中国的主流文化。宋元时期是中国直面海洋、锐意进取的时期。朝廷和民间的合力、商品经济和航海知识的发展，造就了国人的重商和海洋意识及海外进取精神[①]。在明代，随着商品经济的发展，东南沿海地区私人海外贸易日益活跃。重商文化在观念意识上对沿海地区的官员造成了一定的冲击，促使他们对明朝中央的禁海政策做出新的思考，大部分沿海地区的官员都主张发展海外贸易。这种地方官府层面产生的海洋观念的变化，对传统农本主义的观念意识产生了一定的影响。

但由于自然经济、宗法社会、专制政体的桎梏以及地理位置的局限性，海洋文化始终未能成为中国文化的主流。16～19世纪中期是世界海洋社会经济发展最为重要的时期，但明清政府采取了背向海洋的政策，将海外华人的海洋文化视为与主流文化格格不入的异质文化，对海外贸易进行打击和镇压。1371年，明朝实行"海禁"政策，不许中国人出海，此禁令维持了近两个世纪。清朝入主中原后，自1647年开始多次颁布禁海令，违者严惩。明清朝廷还将海外华人视为"化外之民""莠民""罪犯""汉奸""叛匪"。明清时期的这些政策造成了"中国内陆（农村的、官僚主义的、传统的）和中国沿海（世界主义的、进取的、开放创新的）之间的根本分裂"[②]，在很大程度上阻碍了中国从传统向现代的变迁。

---

① 庄国土、刘文正：《东亚华人社会的形成和发展：华商网络、移民与一体化趋势》，厦门大学出版社，2009，第10～11页。
② 〔英〕S. B. Redding：《海外华人企业家的管理思想——文化背景与风格》，张遵敬等译，上海三联书店，1993，第163页。

（二）近代（19 世纪中叶至第二次世界大战）东亚汉文化圈中的华人社会

鸦片战争以来，在西方文明的强劲冲击下，东亚汉文化圈趋于解体，传统汉文化受到严重冲击。册封体制已不复存在；汉字也面临简化、限制使用甚至被废除的命运；儒学价值观也面临危机，此时的东亚各国文化形态表现为对传统文化的反思甚至否定。在传统汉文化处于解体边缘的时候，19 世纪末期至 20 世纪初期，东南亚华人社会却通过儒学复兴运动成为传统汉文化的保留者，并因此成为古代汉文化圈在近代的新分支。

1. 儒学复兴运动使儒家文化获得民间化发展

从鸦片战争到第二次世界大战爆发前的近百年，是中国海外移民史或华侨史上最重要的历史时期。据估计，第二次世界大战爆发前，中国华侨总数大致约 900 万人[①]。这一时期的中国移民遍及五大洲，奠定了现代华人社会的基础，其中多数移民仍然聚集在东南亚。

儒学复兴运动以新加坡、马来西亚为中心。19 世纪 40 年代以后，华人成为新加坡居民的主体，一些知识分子也来到新加坡，儒家文化在新加坡民间社会的影响力逐渐扩大。1849 年华人创立了第一所华文学校"崇文阁"，1854 年陈巨川等人创办了萃英书院。左秉隆在任中国驻新加坡领事期间，发起了兴学运动，并创立了会贤社。1881 年薛有礼创办了《叻报》，之后陆续有华文报纸创办，华报成为宣传儒家思想的重要阵地。另外，各种与儒学有关的文化会社也纷纷成立，广泛地传播儒家文化。甲午中日战争前后，一些维新人士到新加坡讲授儒学。在儒学运动期间，新加坡"斯文蔚起，人人知周孔之道，使荒陬遐域，化为礼仪之邦"[②]。在马来西亚华人社会也兴起了

---

① 许仕廉：《中国人口问题》，商务印书馆，1930，第 103 页。
② 张立文等：《中外儒学比较研究》，东方出版社，1998，第 236 页。

"儒学复兴运动"。1897~1910年，林文庆、邱菽园召集华人开会，通过演讲和中英文报刊宣讲儒学。丘逢甲、王晓沧和吴相桐也前往马来亚协助儒学复兴运动。张克诚在吉隆坡《天南新报》上撰文宣扬孔子的论著，并编撰《孔教撮要》《白话孔教撮要》，将其作为学龄儿童读物。印度尼西亚的雅加达、泗水等地也同时兴起了儒学运动。

2. 华人社会的海洋文化获得进一步发展

19世纪中叶，世界资本主义市场最终形成，东南亚地区被完全纳入资本主义世界体系之内，并成为西方大国的原料产地和产品销售市场，国际环境的变化促使华人社会冒险、重商的海洋文化特质获得进一步发展。

在东南亚，华人稍有积蓄后，大都会通过经营小生意逐渐积累起原始资本，一些资本规模较大、敢冒风险的华人之后又大量投资种植园、矿业、航运业和橡胶业等行业，仿效西方创办早期现代企业。第一次世界大战前后，欧美等国家和地区对东南亚经济物资需求巨大，华人经济文化形态上的开放性与兼容性使华人客观上充当了西方商业经济和东南亚本土经济沟通的桥梁，一些华人企业家利用此契机扩大企业经营规模。同时，随着东南亚区域内部生产和销售的日益专业化，华人经济活动逐渐渗透到东南亚全境，华人在投资与贸易领域也逐渐形成了跨国化与区域化发展。如20世纪20年代，陈嘉庚依靠多年的打拼及敏锐的商业头脑和冒险精神，建立了囊括运输、进出口业务、大米贸易和橡胶业的商业帝国，其橡胶厂曾在东南亚和中国香港、上海等地设立分厂，分厂多达十几处①，其享有"马来亚的亨利·福特""橡胶大王"之誉。

3. 华人社会文化在圈内外优势地位的初步形成及其软实力的萌芽

近代以来，东亚各国一直处于从传统向现代的转型中，华人社会

---

① 陈嘉庚：《南侨回忆录》，岳麓书社，1998，第482页。

重商、冒险的海洋文化特性较好地符合了这一历史发展潮流。在这一过程中，华侨华人的资金和技术优势在中国、日本等地具有一定的吸引力，并在一定程度上推动了东亚国家早期现代化的进程，华人社会软实力也因此萌芽。

在东北亚地区，滨下武志的研究表明，华商对日本近代纺织工业的发展及中日之间的贸易交流起到了一定的促进和推动作用。他指出，中国商人在神户、横滨、京都等地投资设立棉纱厂，推动了日本棉纱的进口替代（英国棉纱）；上海、广东商人还掌控着上海进口神户棉纱的贸易活动。同时，华商也在一定程度上推动了朝鲜半岛近代经济的发展，中国一些票号在上海、大阪、汉城都有据点①。

华侨对中国早期现代化的发展也起到了促进作用。晚清政府采取废除海禁政策、在法律上确认华侨的中国国籍、设立领事馆和商部、允许华侨自由进出中国、颁布各种奖商章程等措施吸引华侨回国。北洋政府首次设立独立的侨务局。民国时期，侨务委员会负责海外华侨华人事务，在东南亚国家设立领事馆，维护华侨利益；重视利用外资，并使利用外资制度化。19 世纪 70 年代至 20 世纪 20 年代，各地华侨纷纷回国，仿效资本主义企业创办缫丝业、火柴业、航运业、矿冶业、保险业、银行业、百货公司等，在一定程度上促进了中国现代化工商业的发展。华侨还给近代中国带来了西方先进思想。19 世纪末 20 世纪初，华侨捐办新式学校在沿海地区成为风气，促进了中国教育现代化的发展。

第二次世界大战之前，华商还初创了涵盖信用、资本和道德在内的近代商业文化，并获得外界的一定认可。如 19 世纪末 20 世纪初，日本驻汉城的领事信夫淳平曾将中国商人在朝鲜的成功归纳为 10 个原因：充足的商业资本、大量的信用交易、低利率、尊重商业道德、

---

① 〔日〕滨下武志：《全球化与东亚历史》，载石源华、胡礼忠《东亚汉文化圈与中国关系》，中国社会科学出版社，2005，第 26~27 页。

对出口的强烈兴趣、便宜的货物存储、投机商业的回避、良好的商业通信、节俭和坚持不懈的个人品质及对挥霍消费的节制①。

(三) 当代(第二次世界大战后至今)东亚汉文化圈中的华人社会

第二次世界大战后,一些传统的中华文化因素在东亚汉文化圈内依然保存了下来,如风俗习惯、信仰、价值观等,汉字和汉语在日本、韩国和华人社会也出现了复兴的迹象。随着传统汉文化的逐渐复兴,东亚汉文化圈也进入重建时期。同时期东亚移民的进一步扩散,促使东亚汉文化圈的范围进一步扩大。杜维明指出,(当代)儒家或儒教文化圈所包括的范围比较大,不仅包括中国、新加坡,还包括韩国、日本、越南,同时涵盖东亚社会散布出去的东亚人,而不仅中国人。② 当今遍布世界的华人社会当属东亚汉文化圈的范畴。

1. 华人社会在文化圈内文化主体地位的确立及华侨华人文化的形成

经过长时间的磨合和浸染,华人社会最终实现了东西方文化、儒家文化和海洋文化的结合,推动了中华文化从传统向现代的演变,其间华侨华人文化也最终得以形成。20世纪60年代"亚洲四小龙"迅速崛起,包括新加坡在内的华人社会创造了巨大的经济奇迹,"说明中国儒家文化已经在海外华人中得到了充分完备的改造"③。1978年后,随着第四次中国新移民大潮的出现及华人社会开放、兼容的文化特性,华人社会呈现以传统中华文化为核心的多元文化特色,如美国硅谷成为全球华人科技与创新人文中心,其他世界各地的中国城、华

---

① 〔日〕滨下武志:《中国、东亚与全球经济:区域和历史的视角》,王玉茹、赵劲松、张玮译,社会科学文献出版社,2009,第222页。
② 《孔子诞辰,作全球社群教师节——专访哈佛大学杜维明教授》,《社会观察》2010年第9期,第20页。
③ 盛邦和、〔日〕井上聪主编《新亚洲文明与现代化》,学林出版社,2003,第49页。

人聚集区也在一定程度上成为次一级的华人社区文化中心。20世纪80年代以后尤其是90年代以来，随着各类世界性华侨华人社团（简称华社）和商会的创建，全球华人创新网络及华人企业跨国集团的发展，融合华人社会多元文化社区的全球华人文化和商业网络已然形成，华人社会在东亚汉文化圈内的文化主体地位也随之确立。

与之前的华人社会文化不同的是，当代华侨华人文化是一种自觉、有意识的传承与融合的文化。华侨华人文化主要表现为"对传统价值观优秀因素的保持和善于吸收西方价值观的优秀因素"[①]，华侨华人承继的优良传统包括：勤劳节俭、集体观念、家族主义、相互责任、和睦共处、敬重权威、注重信用、开放包容、人本主义及忠义观念等。新加坡华人还对传统文化进行了创造性的转换，如将"行仁政"思想转换为国家导向的发展主义，将家族本位思想和家族伦理秩序转换为推动家族资本主义发展的契机，将重视教育与机会均等的教育思想转换为对人力资源的大力开发[②]。同时，华侨华人还善于吸取西方的优良文化因素，如学习西方经济和管理经验，重视科技和创新，注重对正义、公平、权利的维护及踊跃参政议政等。

2. 20世纪70年代以来华侨华人软实力获得迅速发展

第二次世界大战后尤其是20世纪70年代以来，华侨华人经济实力获得快速发展，经济上的成功为华侨华人文化软实力的形成奠定了硬实力基础，华侨华人文化也因此获得了更大的自信和影响力。同时期有利的国内外背景环境，如国际形势的逐步缓和、居住国政策的逐渐开明、经济全球化的快速发展、中国的改革开放及软实力重要性的日益凸显都进一步推动了华侨华人文化软实力的形成与发展。20世纪80年代末期以来，随着东西方冷战结束、全球性华人文化和商业网络的构建，华侨华人软实力更是获得了迅速发展。如今，华侨华人

---

① 庄国土：《中国价值体系的重建与华侨华人》，《南洋问题研究》2011年第4期，第6页。
② 罗荣渠：《现代化新论续篇》，北京大学出版社，1997，第90~93页。

文化在圈内外都产生了足够的吸引力，从文化学的角度来分析，华侨华人文化软实力形成主要源于以下几个方面。

第一，华侨华人文化体系是中国本土价值体系重建可资借鉴的对象。

在同一文化圈内，随着内外环境的变化，核心和边缘的位置会发生互换。在东亚汉文化圈内，中国本土文化和华人社会文化也经历了此种转变，造成这种情形的根本原因在于双方对待传统与现代关系的不同态度及方式。

鸦片战争后，由于中国本土文化的厚重性、自生性特点及政治化儒家形态的束缚，中国无法很好地协调传统与现代的关系，从而导致在中国现代化发展过程中，传统文化一度被忽略，并在很大程度上导致现代化发展的曲折性。相反，近代东南亚华人社会却通过非政治化色彩的民间儒学运动，促使儒家思想获得迅速发展。主流文化在文化圈内传播过程中的这种"时差性"，使得华人社会获得了更多传统文化养分的滋养，也使得第二次世界大战后华人社会的现代化发展获得了更多传统的支撑，加之华人社会文化作为外缘文化能够更容易兼容新文化，从而较好地实现了从传统向现代的过渡。

1978年以来，在以经济建设为中心的大背景下，中国正处于"传统价值系统遭受普遍质疑而新价值体系未能创立"的阶段，目前中国软实力建设最大的缺失也在于此。在传统价值观与现代性的接轨方面，华侨华人文化"或许可以为中国重建价值体系的努力提供可参考效仿的模式"[①]。

第二，华人社会的海洋文化特性在圈内外的作用日益凸显。

在东亚汉文化圈内，华人社会在中国经济现代化发展中的推动作用非常明显。1978年中国改革开放后，亟须引进大量的资金，先进的技术、设备与管理经验，但由于意识形态的隔阂，西方国家不敢贸

---

① 庄国土：《中国价值体系的重建与华侨华人》，《南洋问题研究》2011年第4期，第1、6、7页。

然前往中国投资，而华人重商、冒险的特征及与中国本土文化、习俗、语言上的相似性，正好契合了这一历史机遇。20世纪90年代以来，在中国西部大开发、中部崛起、中国企业"走出去"以及"一带一路"倡议推进的过程中，华商及华商网络在其中的作用愈发重要。

在东亚汉文化圈内同圈外的交流中，华人重商、冒险、开放与兼容的文化特性符合了区域经济与全球经济并行发展的趋势和要求。20世纪60年代，东南亚国家纷纷推行经济自由化政策，华商的经营能力与市场开拓意识使其成功地连接了东南亚地区与发达国家间的技术、资本与市场；20世纪80年代以来，华商又成为东南亚地区、西方发达国家与中国之间经济往来的重要连接点；20世纪90年代，随着第三次工业革命在世界范围内的推进，基于硅谷华人的科技人文优势、创新与冒险精神构建的全球华人创新网络，成为美国、中国甚至全球科技产业发展中的重要环节；进入21世纪后，随着中国－东盟自由贸易区的建立与发展以及"一带一路"倡议的逐渐深化，相关国家和地区及中国政府对华商与华商网络的高度重视再次表明华人社会的海洋文化特性在双边、多边以及区域经济合作与发展中的重要性。

第三，华侨华人文化成为未来社会发展模式的可能性。

从未来全球社会和文化的发展态势上来看，儒家传统文化具有重要的意义和影响力。地理大发现以来，西方文明逐渐成为世界强势文明和主导文明，并给人类带来了巨大的物质财富，但因为西方启蒙人文精神是"狭隘的、排斥性的，对精神文明、对宗教、对整个终极关怀的课题不闻不问"及"对自然采取的是一种掠夺和冲突的态度"[①]，所以给世界的进一步发展带来了桎梏。斯宾格勒在《西方的没落》中指出，文化如同有机体，有着新生、青春、成熟与衰亡的周期。汤因

---

① 郭齐勇、郑文龙编《杜维明文集》（第5卷），武汉出版社，2002。

比认为，文化的衰落虽然不可避免，但是如果人们可以成功地应对挑战，那么文明可以复兴。鉴于此，西方文化应该及时做出调整，才能避免衰亡的命运。地理大发现以来，西方文化上的优势地位使得一些西方大国以自我为中心，产生了文化上的"傲慢与偏见"，将他者视为落后。幸运的是，第二次世界大战后西方社会逐渐兴起了文化反思主义及后现代主义思潮。

有学者认为，以儒家为核心的中华传统文化具有强烈的吸引力和普遍性价值，在未来的文化发展中具有举足轻重的地位。如成中英指出，"中国文化发挥其内涵的人道主义与人文主义，将是一件对世界和平的维护和人类精神生活品质的提升极有助益的事"①。德国哲学家雅斯贝尔斯提出，包括儒家文化在内的轴心时代的文明②在21世纪还会继续发展。

汤因比曾对中国文化大为赞赏，认为中国在未来能够对世界在政治上和精神上的统一做出自己的贡献。牟宗三、杜维明等新儒家学派代表人物认为，儒学正在经历第三期③的发展，即实现儒学从传统向现代的转化。新加坡、中国香港、中国台湾和美国硅谷地区的华人融合东西方文化的发展模式，可以说是儒学第三期转化较为成功的例子。华侨华人社会结合中华传统文化与西方理性主义文化的综合文化，有可能成为超越西方文化的新型文化，成为人类社会未来的文化发展模式。

---

① 〔美〕成中英：《文化·伦理与管理：中国现代化的哲学省思》，贵州人民出版社，1991，第39页。
② 轴心时代是指公元前800年至公元前200年，在该时期产生的精神文明，包括犹太教文化（以及后来发展出来的基督教及回教文化）、印度教文化、佛教文化、希腊文化等，对人类社会产生了巨大的影响。其中古希腊的苏格拉底、柏拉图和亚里士多德，以色列的犹太教先知们，古印度的释迦牟尼，中国的孔子和老子都是最杰出的哲学家。他们用理智的方法、道德的方式来面对这个世界，同时也促进了宗教的产生。这些轴心时代产生的文化延续至今，当人类面临危机或新的转折的时候，无疑需要借助这些文化度过转型时期。
③ 在新儒学家中，牟宗三首次对儒学三期进行了系统的阐述和论证。杜维明也承继了该思想，将儒学的发展分为三期：先秦两汉儒学为第一期，宋元明清儒学为第二期，当代新儒学为第三期。郭齐勇、郑文龙编《杜维明文集》（第1卷），武汉出版社，2002，第420～422页。

在这里，以一段引言作为结束语：

现代科学，尤其是核物理和研究有机体的生物化学等学科，需要有一种"道"，人们发现中国人早就有了这种"道"。古典的牛顿自然科学必须掺入更多的"有机"思想和复杂的因果模式。李约瑟曾说：巨大的历史悖论是，虽然中国人的文明不能自发产生"现代"的自然科学，但现代自然科学没有中国文明特有的哲学也不能得到完善。①

第二节 从国家软实力内涵向华侨华人软实力内涵的演绎

自奈提出软实力理论之后，许多学者都介入软实力研究领域，软实力的概念和理论随之发生了深刻的变化。因此，对"华侨华人软实力"的内涵和概念做出界定，就应以奈的理论为基础，并需要在一定程度上参考其他学者的观点。另外，由于软实力是在国际政治领域产生的，以奈为首的研究者所研究的"软实力"，也大都是以"国家"为研究对象的。这也就意味着，原始的"软实力"是"国家"层面的概念。因此，华侨华人软实力内涵的构建应建立在国家软实力内涵的基础之上。

综合奈和其他学者的观点，国家软实力的内涵主要包括四个方面：背景环境、软硬实力之间的关系、目的、资源和效用。分析华侨华人软实力的内涵，也必然要从这四个方面进行解读。表1-1更加清楚地反映了从国家软实力内涵向华侨华人软实力内涵的演绎。

---

① Joseph Needham, "Mathematics and Science in China and the West," *Science & Society*, Vol. 20, No. 4, 1956, p. 340.

表 1-1 国家软实力内涵向华侨华人软实力内涵的演绎

指标	国家软实力	过渡	华侨华人软实力
软实力的行为主体	国家	国际关系行为主体的多元化	华人族群（非国家行为体）
软实力的背景环境	内部环境：经济实力的发展、文化优势 外部环境：全球化、信息化和民主化带来力量资源分配的变化	任何力量资源的效用都取决于它的背景环境	内部环境：华人文化、华人经济实力的发展 外部环境：有利的国际和国内环境
行为体的综合实力及软硬实力之间的关系	综合实力：经济（硬实力）+军事（硬实力）+软实力 软硬实力的关系——相互依赖；硬实力是软实力的物质基础；软实力是硬实力的无形延伸	21世纪是权力向非国家行为体扩散的时代	综合实力：经济（硬实力）+软实力 软硬实力的关系——相互依赖；华侨华人经济硬实力是其软实力的物质基础；华侨华人软实力是其经济硬实力的无形延伸
行为体施行软实力的目的	影响他国政策、制定有利于自身的国际规则、外交政策得到他国的认同	—	融入主流社会、增强自身实力
软实力的资源及效用	资源（潜在的软实力）：文化（核心）、政治价值观、外交政策、经济、军事、科技、人才等资源 效用：较为成功（现实的软实力）——达到预期的结果；获得对象的认可；失败——引发别国反感	—	资源（潜在的软实力）：文化（核心）、政治（参政议政）、公共外交、经济、人才等资源 效用：较为成功（现实的软实力）——达到预期的结果；获得对象的认可；失败——极易引发居住国的敏感和主流民族的反感

国家软实力内涵和华侨华人软实力内涵的具体分析、比对的阐释如下。

一 软实力的行为主体

软实力并非国家独享，随着国际关系行为主体的多元化，国家可以拥有软实力，族群、非政府组织、公司等非国家行为体也可以拥有自身的软实力。

奈在专著中多次提到非国家行为体可以拥有软实力。奈在《美国霸权的困惑：为什么美国不能独断专行》一书中认为，软实力不只属于政府，"软实力是非政府组织及网络准备竞争的领域，因为这正它们主要的力量源泉"①。此后奈又在《软力量：世界政坛成功之道》中提到，"电影、大学、基金会、教堂和其他非政府组织自身形成的软力量能够增强或者抵触官方外交政策目标"②。在《权力大未来》一书中，奈再次提到，"所有国家（和非国家行为体）都可以获得巧实力，它并不是美国的专利"。"不只国家有软实力。公司、机构、非政府组织和跨国恐怖主义网络通常也都有自己的软实力，甚至作为个体的名人都能够'让思想生动、得到认可和接受'，运用自己的软实力。"③ 在《软力量：世界政坛成功之道》一书中，奈对非国家行为体可能产生的软实力给予了较大的关注，在该书中单独撰写了一个章节——"非国家的参与者"，该部分详细论述了非政府组织、跨国公司、侨民社区、有组织的宗教运动、联合国和世界贸易组织等政府间组织、基地组织等众多非国家参与者形成的影响力。④

华侨华人在国际关系中的角色和地位如何呢？本书认为，自20世纪70年代开始，华侨华人在国际关系领域的影响力已经逐渐显现出来，并成为国际关系的主体之一。1978年改革开放以来，中国政府和侨务部门多次调整侨务政策，将华侨华人视为重要的国际关系行为主体，重视和利用华侨华人经济及人才资源的实力与作用，以推动中国现代化发展；重视和利用华侨华人在外交和文化交流方面的桥梁、中介作用，以营造有利于中国发展的外部环境，推动中国与他国关系的改善。另外，目前华侨华人居住国政府都意识到通过华商网络扩充国家经济实力，利用华人群体促进与中国关系全面、友好发展的重要性。因此，可以说，华侨华人虽非国家行为体，但国际关系层面

---

① 〔美〕约瑟夫·奈：《美国霸权的困惑：为什么美国不能独断专行》，郑志国等译，世界知识出版社，2002，第12、78、79页。
② 〔美〕约瑟夫·奈：《软力量：世界政坛成功之道》，吴晓辉、钱程译，东方出版社，2005，第17、103页。
③ 〔美〕约瑟夫·奈：《权力大未来》，王吉美译，中信出版社，2012，第32、118页。
④ 〔美〕约瑟夫·奈：《软力量：世界政坛成功之道》，吴晓辉、钱程译，东方出版社，2005，第96~103页。

上的软实力已经在华侨华人中体现出来。

二 软实力的背景环境

"任何力量资源的效用都取决于它的背景环境。"① 软实力不是在任何时代都是一国主要的力量来源。第二次世界大战之前，在民族主义观念和种族主义理念流行的时代，经济、军事和科技等硬实力是一国发展的硬道理。大凡世界强国无不是经济和军事上的大国。"强权即真理""弱国无外交"是当时国际环境的真实写照。第二次世界大战之后，随着全球相互依赖程度的逐渐加深，信息化和民主化的逐步发展、国际政治的深刻变化使得约瑟夫·奈所强调的非物质性资源在国家实力以及国际政治舞台上的重要性日益凸显。在此背景下，具有较好经济实力和文化吸引力的国家无疑会在未来的软实力较量中占据更多的优势。

相对国家来说，作为族群软实力，华侨华人软实力效用的发挥受外部环境的影响和制约更大。第二次世界大战前，祖籍国、居住国的政策和环境极大地制约了华侨华人实力的发挥。如晚清至民国时期，中国纵有吸收华人资本和引进华人技术发展经济的意愿，但终因自身发展的不稳定和痼疾太多，加之华人软硬实力有限，华人社会对中国的影响始终受到限制。如今，随着国际关系行为主体的多元化发展，华侨华人作为具有较好的经济实力和文化吸引力的族群，在未来软实力的较量中会占据更多的优势。第二次世界大战之后尤其是20世纪80年代末期以来，华侨华人软实力发展的外部环境是极好的。20世纪60年代，泰国、菲律宾等东南亚国家将华人经济视作国民经济的重要组成部分，1978年中国改革开放后将华人资本和技术视为推动经济改革和发展的重要力量，20世纪80年代末期以来国际环境的宽松及21世纪以来东亚区域经济一体化的推进，都在很大程度上有利于

---

① 〔美〕约瑟夫·奈:《软力量：世界政坛成功之道》，吴晓辉、钱程译，东方出版社，2005，第12页。

华侨华人软实力的进一步发挥。但需要注意的是，外部环境对华侨华人软实力的发挥只起到了外在推动的作用，华侨华人自身的发展即其内部环境是影响华侨华人软实力发挥的根本因素。经济实力的大小、文化是否具有主体地位、政治地位如何等都是影响华侨华人软实力形成与发展的重要内部因素。

三 行为体的综合实力及软硬实力之间的关系

（一）行为体的综合实力

一国的综合实力（力量资源）包括军事实力、经济实力和软实力[①]，这一点是毋庸置疑的。对于非国家行为体在国际关系中的实力是否存在的问题，奈指出，"21世纪是权力向非国家行为体扩散的全球信息时代，软实力将成为巧实力战略中日益重要的一部分"[②]。"即便小国或弱国在总体力量资源上无法与最大的国家匹敌，它们仍可展示超越其军事力量的挑战，而且并非只有国家才可以构成这种挑战。"[③] 此即意味着力量在国家和非国家因素中广为分布，非国家行为体也可以形成自己的力量资源。因此，与国家综合实力相对应，华侨华人的综合实力是包括经济实力和软实力的。

（二）软硬实力之间的关系

一国的软硬实力之间的关系如何？奈和许多学者都曾对此问题进行了论述。多数学者认为二者是互相关联、相辅相成的。

一方面，硬实力是软实力的物质基础。国家软实力很大一部分来源

[①]〔美〕约瑟夫·奈:《软力量：世界政坛成功之道》，吴晓辉、钱程译，东方出版社，2005，第29页。
[②]〔美〕约瑟夫·奈:《权力大未来》，王吉美译，中信出版社，2012，第119页。
[③]〔美〕约瑟夫·奈:《软力量：世界政坛成功之道》，吴晓辉、钱程译，东方出版社，2005，第96页。

于其经济、军事和科技上的发达,硬实力是软实力得以发展的物质基础。此外,硬实力虽是软实力的基础,但并不意味着软实力对硬实力具有绝对的依赖性。奈也认为"软力量并不依赖于硬力量",并通过分析指出,梵蒂冈、挪威等通过宗教、经济援助和维和等方式也能拥有软实力。①

另一方面,软实力是硬实力的无形延伸。如作为世界头号经济和军事大国,美国的电影、迪士尼、耐克、可口可乐等产品畅销多个国家,已经成为美国的象征,世界各地的人们在享受这些产品的同时,或多或少受到美国文化的影响。

与此相对应,华侨华人软硬实力之间的关系可以描述为:华侨华人经济硬实力是华侨华人软实力的物质基础;华侨华人软实力是华侨华人经济硬实力的无形延伸。

首先,华侨华人经济硬实力是华侨华人软实力的物质基础。20世纪60年代以来,东南亚各国逐渐放弃了对华人经济的歧视政策,华人经济开始获得长足发展。20世纪七八十年代以来,东亚华人经济力量扩张迅速。1983年,日本《选择》月刊估算的华人资本为二三千亿美元②;1991年,世界银行估计,海外华人的经济产出达到4000亿美元;1996年,世界银行估计该数据已经上升至6000亿美元③。20世纪90年代以来,美国华人产业尤其是华人在硅谷的高科技产业逐渐发展成为美国主流经济的一部分。随着华人经济硬实力的日益增强,华商的经营能力及华商网络也逐渐在居住国、中国甚至在世界范围内都产生了较大的吸引力和影响力,华人文化或中华传统文化也被一些学者和媒体视为华人经济成功的重要因素。尤其是在20世纪70年代,以

---

① 〔美〕约瑟夫·奈《软力量:世界政坛成功之道》,吴晓辉、钱程译,东方出版社,2005,第9、92页。
② 〔日〕《选择》1983年10月号,第79页,转引自郭梁《对海外华侨、华人资金估计的一点看法》,《南洋问题》1987年第4期,第57页。
③ Murray L. Weidenbaum, *The Bamboo Network: How Expatriate Chinese Entrepreneurs Are Creating a New Economic Superpower in Asia* (New York: Martin Kessler Books at the Free Press, 1995), p. 25.

华人为主体的"亚洲四小龙"的经济发展，引发了世界范围内对中华传统文化或海外华人文化的研究或反思，此种现象即印证了这一点。

其次，华侨华人软实力是华侨华人经济硬实力的无形延伸。海外华人社会较好地实现了中华传统文化和西方现代文化的结合，并将其转化为华人文化。华人文化在经济领域的效用，成为华人经济硬实力发展的无形资源，为经济硬实力的发展提供了有益的智力支持。华侨华人的勤劳节俭、诚信、注重和谐和善于学习等文化品质，在现代社会中具有普遍意义和价值。华侨华人的优良品质使他们得以在海外任何环境中生存下来，早期的华侨华人大多通过从事垦殖、筑路等劳动力强而收益低的行业，在世界各地扎根下来。第二次世界大战前后，华侨华人抓住时机，勇于革新和开拓，创办了许多大公司和大企业，部分企业在20世纪五六十年代开始向海外扩展，成为跨国公司。20世纪80年代以来，华人的跨国企业集团进入高速发展时期，华侨华人的经济实力也获得了迅速发展。综观诸多成功的华人企业家，如施至成、陈永栽、陈弼臣、林绍良、郭鹤年等，无不是靠着刻苦耐劳、埋头苦干、随机应变和注重人际关系而成功的，其企业的建立与发展和他们秉承的文化理念有莫大的关系。同时，华侨华人对教育的高度重视，造就了众多知识型华人和高学历的华裔二代、三代，他们成为推动华人高新技术和产业发展的重要力量。如今，美国华人产业尤其是华人在硅谷的高科技产业，已经成为美国主流经济的组成部分。

四 行为体施行软实力的目的

国家软实力的施行更多的是出于战略的考虑，如影响他国政策、制定有利于自身的国际规则、外交政策得到他国的认同等，因此具有较强的主动性。奈在论述中多次指出，在软实力的较量中，只有通过新的实力源泉才能更好地实现国家的目标。日本学者宫尾尊弘也认为，"在国际化和信息化的世界里，只注重'硬实力'是不够的，只有同时注重'软实力'的培养，获得别国的好感和支持，才能够实现最高的国家利益"①。出于增进及维护国家利益需要，第二次世界大战后各国纷纷加大对本国文化、政治价值观和外交政策的宣传，并大力推进文化产业化进程。

与国家主动施行软实力的目的不同，华侨华人作为族群，其实施软实力的目的更多的是出于融入主流社会及自身生存和发展的需要，因此具有一定的被动性。在世界移民史上，华侨华人在多数时期属于民间自发移民，秉持的是和平发展的理念。要在异国他乡获得生存的一席之地，华侨华人必须付出艰辛的努力，通过勤劳节俭、重视教育和相互扶助等方式，获得个人和族群的成功，进而提升华族在居住国的政治、经济和社会地位，从而获得主流社会对其较高的形象认可。在这个过程中，中华文化持续的生命力以及中国人勤劳、节俭、坚韧、平和的精神也得以彰显，随着华侨华人经济硬实力的逐渐形成和发展，华侨华人软实力也最终得以形成。

五 软实力的资源及效用

（一）软实力的资源

文化、政治价值观及外交政策无疑是国家软实力的资源要素，但对于经济、军事②、科技、人才等是否构成软实力的资源要素，学界

---

① 〔日〕宫尾尊弘：《美国和日本的国际评价》，《世界周报》2005年8月2日。
② 对于国家军事实力，因为与华侨华人软实力没有可参照性，所以本节没有专门的论述，但不可否认，军事资源的成功运用也可以增强一国的军事软实力。在《"软权力"再思索》一文中，奈指出，那种认为"军事资源只能产生硬权力"的论调是错误的。事实上，军事实力和能力有时也会创造软权力。一部运转良好的军事机器能够成为仰慕的根源。奈随后举例论证，"美军在2005年印度洋海啸和南亚大地震后的人道救援工作中的出色表现有助于恢复美国的吸引力。军事合作和联合训练计划能够建立跨国网络，从而提升一国的软权力"（引自〔美〕约瑟夫·奈：《"软权力"再思索》，蔡玮译，《国外社会科学》2006年第4期，第91页）。在《权力大未来》一书中，奈又一次指出，"军事资源既可以产生硬实力，也可以产生软实力，两者的结合根据军事权力的具体运用方式而变化"（引自〔美〕约瑟夫·奈：《权力大未来》，王吉美译，中信出版社，2012，第69页）。

存在一定的争议。本书的观点如下。

1. 经济实力和财富的吸引力是软实力的重要资源

在《软力量：世界政坛成功之道》一书中，奈提出国家的软实力主要来自三种资源：文化、政治价值观及外交政策。① 但后来在《"软权力"再思索》一文中，奈对自己的软实力理论进行了补充和修正，"经济实力既可以转化为硬权力也可以转化为软权力，既可以用制裁来强制他国，也可以用财富来使他国软化"②。在《权力大未来》一书中，奈再次提到，"文化、价值观和政策并不是仅有的软实力资源。经济资源同样也可以产生软实力及硬实力行为。经济资源既可以用于吸引，也可以用于胁迫"③。在国际关系领域，一国强大的经济实力往往成为其吸引力的重要来源，并最终转化为软实力。比如，美国因为其强大的经济实力吸引了各国尤其是经济落后国家的移民；欧洲、澳大利亚、日本等地区和国家也因为经济的发达成为移民的重要选择。

同样的，华侨华人日益增长的经济实力和财富、成功的经营模式及华商的经营管理能力也正是华侨华人获得外界认可的重要资源。20世纪60年代中期以后，泰国、菲律宾等一些东南亚政府视华人经济为国民经济的重要组成部分，并通过对经济政策、民族政策和国籍法的逐步调整，吸引华人参与国家经济建设。1978年中国改革开放后，在中国从计划经济向市场经济转型的过程中，华侨华人的资金和技术发挥了重要作用。如今，在中国企业"走出去"和产业结构转型、升级以及"一带一路"倡议推进的过程中，华商和华商企业再次成为助推力。

---

① 〔美〕约瑟夫·奈：《软力量：世界政坛成功之道》，吴晓辉、钱程译，东方出版社，2005，第11页。
② 〔美〕约瑟夫·奈：《"软权力"再思索》，蔡玮译，《国外社会科学》2006年第4期，第90页。
③ 〔美〕约瑟夫·奈：《权力大未来》，王吉美译，中信出版社，2012，第121、122页。

2. 以科技为主的人才也是软实力的重要资源

当今，在国与国之间的国力竞争中，科技是关键，而在科技竞争中，人才是关键，因而科技人才是软实力资源的重要组成部分之一。

科技是未来人才竞争的"主战场"。对于科技实力，奈也给予了较大的关注。在《权力大未来》一书中，他强调了网络权力的重要性，认为网络权力是"全球权力的新态势"，介绍了在国际互联网上发起的公共外交运动，认为"网络信息在网络空间传播，通过吸引他国公民而形成软实力"[①]。

在科技人才的竞争上，美国做出了最积极的回应。自20世纪50年代以来，美国引领了生物工程、计算机、宇航、信息、新材料等以科技为核心的第三次产业革命的发展。美国注重对科技产业和高等教育的投资，并采取各种政策吸引技术移民。高科技和人才战略无疑推动了美国经济和软实力的发展。欧洲和日本也大力发展科技产业，欧洲将吸引海外人才作为国家发展的重要政策，日本也逐渐改变了对移民的歧视态度。未来，科技人才将是各国比拼软实力的重要"战场"。

如今，华侨华人在文教科技领域都取得了较大成就，欧洲、北美、日本等地的华侨华人，其人才，尤其是科技人才已经成为一种资源，并形成了一定的影响力。华侨华人中的科技人才主要来源于自20世纪50年代以来赴欧美留学后定居的人员，中国的技术移民，中国留学生和华人中的第二代、第三代。目前在各国的人才尤其是科技人才争夺大战中，华侨华人是较受欢迎的群体，中国各地人才更成为各国人才战略的重要目标。

（二）软实力的效用

并不是所有的软实力资源都可以转化为现实的软实力，这就涉及

---

① 〔美〕约瑟夫·奈：《权力大未来》，王吉美译，中信出版社，2012，第157、176页。

软实力的效用问题。软实力是以两种形态存在的：资源（潜在的软实力）和影响力（现实的软实力）。行为体潜在软实力的效用有二：一种可能是行为体通过对所运用的对象施加软实力达到自己的目的；另一种可能是以失败而告终。

行为体的软实力资源转换为现实的影响力需要具备两个条件。首先，要到达预期的结果。"潜在的力量资源并非总会转换为能达到预期结果的现实力量。如要成功转换，潜在软力量的客观手段必须对特定观众有吸引力，而且这种吸引力必须影响到最终的政策结果。"[①]其次，要获得对象的认可。"对于软实力的形成，重要的不仅是权力实施国施加影响的努力，还有目标对象国的认知。"[②] 如果一国的行为获得对象国认可的话，那么这种软实力就得以存在了。反之，这种努力就会失败。

软实力效用方面的例子很多，奈也在多处论述了软实力的效用问题。奈指出，历史上曾有几个时期美国的吸引力较高而欧洲的吸引力下降，奈批评美国政府在这些时期过度依赖硬权力，乔治·W. 布什在首次任期内由于忽视了美国的软权力，为这种无知付出了高昂的代价。2003年伊拉克战争后，美国在大多数欧洲国家和伊斯兰国家的支持率逐渐下降，这削弱了美国对其他国家的吸引力。[③] 奈认为，和美国相比，欧洲的软实力策略施行得较为成功。第二次世界大战后，欧洲无论在地区形象的塑造、世界问题的解决，还是在外交政策的执行、国际文化关系的投资方面都比美国成功。[④]

---

① 〔美〕约瑟夫·奈：《软力量：世界政坛成功之道》，吴晓辉、钱程译，东方出版社，2005，第37页。
② 〔美〕约瑟夫·奈：《权力大未来》，王吉美译，中信出版社，2012，第133页。
③ 〔美〕约瑟夫·奈：《"软权力"再思索》，蔡玮译，《国外社会科学》2006年第4期，第91页；〔美〕约瑟夫·奈：《软力量：世界政坛成功之道》，吴晓辉、钱程译，东方出版社，2005，第37~39页。
④ 〔美〕约瑟夫·奈：《软力量：世界政坛成功之道》，吴晓辉、钱程译，东方出版社，2005，第83~90页。

相对来说，华侨华人软实力的存在一方面取决于其自身的软实力资源，另一方面取决于它所运用的对象对其软实力的认知。华侨华人软实力资源只是潜在的软实力，只有当资源具有了吸引力、影响力和认同力之后，才会成为现实的软实力。因此，若要对华侨华人软实力的构成进行论述，就必须将其分为两个部分：华侨华人软实力的资源（潜在的软实力）、华侨华人软实力的影响力（现实的软实力）。

华侨华人软实力的资源包括文化软实力、经济软实力、政治软实力、公共外交软实力、人才软实力和新加坡模式。这些资源刚开始的时候只是一种潜在的软实力，只有在居住国、祖籍国或世界范围内产生了一定的吸引力、影响力和认同力后，华侨华人软实力资源才会成为现实的软实力。比如，华人资本和技术在居住国、祖籍国甚至世界范围内都产生了吸引力，推动了居住国经济、社会发展与中国的现代化建设等。华侨华人的双重甚至多重文化身份，使其在居住国和祖籍国及东西方之间的文化、教育、经济的交流与沟通中起到了很好的桥梁作用等。

但并不是任何时候，华侨华人的软实力资源都可以成为真正的软实力。居住国国内政策不够宽松、祖籍国的相关政策不利于华侨华人、祖籍国与居住国之间的关系不够友好、祖籍国的经济实力不够强大、东亚地区的区域环境不够安全等诸多外部因素都会影响华侨华人软实力的发挥。如华侨华人的资本和技术有可能被居住国理解为威胁到国民经济的发展，华侨华人在祖籍国的投资有可能被居住国误解为资金逃离，华侨华人的双重或多重文化身份可能会使其被居住国视为不忠诚。甚至在有的国家，华侨华人实力的发展极易引发主流民族的反感，华侨华人往往成为居住国经济衰退或经济政策变动的受害者，在这种情况下，华侨华人软实力的影响力也会受到较大的影响。如马来西亚的"马来人第一"政策延续至今，导致有的马来西亚华人选择再移民来抗拒政府的政策不公。

通过以上对国家软实力内涵和华侨华人软实力内涵的比对、分析,以及第一章第一节对"华侨华人软实力形成的历史源流"的解读,华侨华人软实力的概念也逐渐清晰起来。目前学术界尚未对华侨华人软实力的概念进行界定,本书尝试性地对华侨华人软实力的概念做出界定——华侨华人软实力是一种族群软实力,建立在华侨华人经济硬实力的基础之上,包括华侨华人文化、经济、政治、公共外交、人才等软实力资源在居住国、中国及世界产生的影响力、吸引力和认同力。其中,华侨华人文化软实力是根本,华侨华人文化延伸到经济领域、政治领域、公共外交领域和人才领域,衍生出经济软实力、政治软实力、公共外交软实力和人才软实力,其中新加坡模式是华侨华人文化演化与发展的典型。本书重点论述当代华侨华人的文化软实力、经济软实力、人才软实力及新加坡模式。

第三节 华侨华人软实力的特性

解读华侨华人软实力的特性,要先回到国家软实力的特性上来,分析国家软实力的特性对解读族群软实力的特性具有重要的参考价值。

约瑟夫·奈在多处分析了国家软实力的特性,归纳起来,主要表现为六点。①无形性。奈认为,软实力与"左右他人意愿的能力和文化、意识形态以及社会制度等这些无形力量资源"关系紧密,"它与军事和经济实力这类有形力量资源相关的硬性命令式力量形成对照"[1]。②同化性。奈多次提到国家软实力是一种"间接的或者同化式的实力","使人随我欲"[2],"是一个国家造就一种情势,使其他国家仿效该国倾向并界定其利益的能力"[3]。③变化性。"同样的信息在不同情形

---

[1] 〔美〕约瑟夫·奈:《美国定能领导世界吗》,何小东等译,军事译文出版社,1992,第25页。
[2] 〔美〕约瑟夫·奈:《美国定能领导世界吗》,何小东等译,军事译文出版社,1992,第25页。
[3] Joseph S. Nye, Jr., "Soft Power," *Foreign Policy*, No. 80, Twentieth Anniversary, Autumn, 1990, pp. 153–171.

下被不同的接受者'下载'和诠释就会造成不同的影响",因而"软力量不是永恒不变的,而是随天时地利而易"①。④共享性。"软力量可以被共享,并能以合作的风格来使用。"奈举例说,"欧洲推广民主和人权有助于促进那些与美国的目标相一致的共同价值观"②。⑤缓慢性、分散性和运用的困难性。亦即软实力的非即时性,软实力是通过潜移默化、渐进渗透的方式发挥效用的。"软力量较之硬力量资源更缓慢、更分散,运用起来更困难。"因为"软力量的众多重要资源均非政府所能掌控,其效果极大地依赖于受方的接受度",另外,"软力量往往通过塑造政策环境间接地运作,有时要花数年的时间才能产生预期结果"及"信息的广泛传播能迅速地产生或者妨碍预期结果"③。⑥软硬实力的相互转化性。如"经济力量就可以转化为软硬两种权力,当你采取经济制裁这种强制手段时,它就表现为硬实力;而当你利用手中的财富吸引他人时,它又变成了软权力"④。

中国学者对软实力的特点也进行了论述。甘阳曾强调,真正有效的软实力是具有某种普遍价值意义的,不仅是一国的价值取向,而且是他国所承认的。⑤朱峰认为,软实力具有通过吸引起作用、非垄断和扩散性、不同国家软实力的一些方面可以重合及对国家有深刻的无形影响四个特征。⑥郭树勇分析了软实力的十个特性。⑦

综上所述,国家软实力具有无形性、非强制性、渗透性、转化

---

① 〔美〕约瑟夫·奈:《软力量:世界政坛成功之道》,吴晓辉、钱程译,东方出版社,2005,第46页。
② 〔美〕约瑟夫·奈:《软力量:世界政坛成功之道》,吴晓辉、钱程译,东方出版社,2005,第90页。
③ 〔美〕约瑟夫·奈:《软力量:世界政坛成功之道》,吴晓辉、钱程译,东方出版社,2005,第110、111页。
④ 〔美〕约瑟夫·奈:《自由主义化的现实主义者——对约瑟夫·奈的访谈》,张哲馨译,《世界经济与政治》2007年第8期,第72页。
⑤ 吴铭:《甘阳访谈:关于中国的软实力》,《21世纪经济报道》2005年12月26日。
⑥ 朱峰:《浅议国际关系理论中的"软权力"》,《国际论坛》2002年第2期,第57、58页。
⑦ 郭树勇:《新国际主义与中国软实力外交》,《国际观察》2007年第2期,第45页。

性、缓慢性等诸多特点。而华侨华人软实力是以族群形态存在的，和国家软实力相比，除了具有国家软实力的这些特性之外，还具有族群软实力所拥有的特性：表现形态的层级性、资源分布的地域性、资源系统的综合性、资源的相对稀缺性、发挥效用的差异性、脆弱性。华侨华人软实力的这些特性具体分析如下。

一 表现形态的层级性

作为移民群体，华侨华人的身份和存在形态往往体现在不同的层面上，因而导致其软实力表现形态具有层级性。

（一）个人层面

华侨华人移民海外，先是以个体形态存在的，一些华侨华人通过自身的拼搏和努力，最终在海外获得了巨大的成功。20 世纪中后期以来，华侨华人在居住国商界、政界、学界和艺术界表现突出，在众多领域都拥有一席之地。这些杰出华人树立了华人的良好形象，在居住国甚至全世界都具有巨大的个人影响力。

华人商界奇才如王嘉廉，作为国际联合电脑公司（CA）的创立者，曾被《商业周刊》、《财富》、ABC 电视网、《纽约时报》等重要媒体报道过。如《商业周刊》曾将王嘉廉列为世界"最富潜力的 25 名总裁"之一。ABC 电视网曾称其为美国"最具创意与效率的经理人之一"。《财富》曾将 CA 评为美国"最有价值的 100 家公司"之一。在媒体报道中，"与众不同的管理方式""积极进取""激情""冷静"等描述王嘉廉的词频频出现。

李光耀，作为新加坡首任总理，被新加坡人公认为"新加坡国父"。在他的治理之下，新加坡从一个没有天然资源、欠发达的殖民地一跃成为"亚洲四小龙"之一，李光耀也因而成为亚洲重要的政治人物，并获得了众多的殊荣和奖励，如英国政府颁发的"杰出圣迈克尔和圣乔治的荣誉爵士大十字勋章"（1972年）①、美国政府颁发的"亚伯拉罕林肯纪念奖章"（2011年）②，俄罗斯政府授予的"荣誉勋章"③。作为一个较为成功的治理者，李光耀获得了世界许多领导人的高度赞誉，如被美国前总统克林顿誉为"卓越的领导人和政治家"，被美国前总统乔治·布什赞为"我所知道的最聪明和最富有效率的世界领导人之一"，英国前首相玛格丽特·撒切尔夫人也称赞其"透过宣传的迷雾，独特清晰地表达我们这个时代的问题和解决这些问题的方法"④。此外，各国专家和学者撰写的有关李光耀和新加坡的专著、论文更是不计其数。

科学界骄子如杨振宁，其和李政道提出了"宇称不守恒理论"，1957年获得了诺贝尔物理学奖，成为第一批获此殊荣的华人。杨振宁曾先后获得中国、美国、英国、俄罗斯等多个国家科学院的院士头衔及多家大学的荣誉博士学位。杨振宁还获得了众多世界性的殊荣，如美国国家科学奖章、鲍尔奖、玻戈留玻夫奖、昂萨格奖、费萨尔国王国际奖等。

文化艺术上也不乏华人佼佼者，如英籍作家韩素音、英籍华裔钢琴家傅聪、美国桥牌皇后杨晓燕、美国冰后关颖珊、新儒学代表人物杜维明、法国艺术家赵无极、比利时书画家陆惟华、澳大利亚历史学家王赓武。以历史学家王赓武为例，王赓武系海外华人研究的主要奠基者，在中国海洋观和中国海洋发展史研究领域都颇有建树，被誉为"启发学者的典范"⑤。王赓武在亚洲和澳大利亚的学界中影响颇大，

---

① "Bio of Lee Kuan Yew," http://www.pmo.gov.sg/AboutGovernment/CabinetAppointments/MMLeeKuanYew.
② Simon Marks, Former MM Lee Kuan Yew Receives Lincoln Medal, Oct. 19, 2011, Channel News Asia.
③ "Moscow Honours Lee Kuan Yew with Doctorate," *Straits Times*, May 24, 2014.
④ Blackwill, R., Allison G, "Opinion: Seek the Wisdom of Lee Kuan Yew-Robert D. Blackwill and Graham Allison," http://www.politico.com/story/2013/02/seek-the-wisdomof-lee-kuan-yew-87620.html.
⑤ Yongnian Zheng, *China and International Relations: The Chinese View and the Contribution of Wang Gungwu* (London: Taylor & Francis, 2010), p.327.

曾被马来亚大学聘为讲座教授，曾任澳大利亚国立大学太平洋研究院院长和香港大学校长，目前是我国台湾地区中研院院士和新加坡国立大学特级教授，1994年还获得了日本的"福冈亚洲文化奖"。

(二) 社团层面

近代华侨最初移民海外时，由于客居他乡、无依无靠，他们联合起来，组建各种地缘、血缘和业缘等组织，以期生存和获得发展。华侨华人的此种社会结构被一代代承继下来，成为其生存的重要形态。目前世界各地的华侨华人社团数量众多，有学者估算，其总量在20000个以上，其中马来西亚有7000多个，印尼有4000多个，美国有3000多个，欧洲有2000多个，其他各地还有5000多个。这还不包括没有注册登记但开展活动的草根组织，如果将它们计算在内，那么总数将突破50000个。[①]

华侨华人社团在长期的发展过程中，有的因实力强大逐渐在居住国具有一定的政治影响力或经济影响力，有的因致力于居住国的社会、经济发展而获得众多美誉和民众认可，有的因积极促进居住国和祖籍国的双边交流与关系发展，成为居住国和祖籍国倚重的公共外交资源。如菲华商联总会自成为华社领袖以来，由于其整合了华人的各种经济和社会资源，可以从整体上更好地维护华人利益和发挥华人实力。长期以来，通过自身实力的展示和多方面的努力，菲华商联总会已成为菲律宾政府倚重的经济力量，菲华商联总会支持的各项公益事业尤其是"菲华三宝"也获得了菲律宾民众的认可，政府对其也多加赞誉，从而使得菲律宾华人的整体形象和软实力大为提升。美国百人会自1990年成立以来，将分散的各界华人精英集中起来，作为华人精英团体代表，在美国发出华人的声音。自成立以来，百人会提出的

[①] 陈旭清：《华侨华人社团的文化传递功能研究》，载国务院侨务办公室政策法规司编《国务院侨办课题研究成果集萃（2007－2008年度）》（下册）（内部读物），2009，第751页。

诉求大多得到美国政府的重视和回应,同时,由于百人会代表身份的特殊性,其在美中公共外交中发挥了重要作用并获得了双边政府的认可,百人会的软实力也得到了较好的发挥。

(三) 族群或种族层面

在东南亚国家,华侨华人通过长期和当地民族的融合发展,已经转变为华族,成为其多元民族的一部分。在北美洲和澳大利亚等地,华侨华人多是以种族层面的亚裔存在的。随着华侨华人经济实力的增强以及对居住国做出的巨大贡献,族群或种族层面的华侨华人群体逐渐受到居住国的认可与重视。

以美国华人为例,华人在美国白人眼中的形象经历了从"黄祸"到"模范少数族裔"的过程。1943年,美国国会撤销了排华法案,并逐步调整移民政策,华人的地位相应提高,华人社会也随之获得了生机。20世纪下半期以来,美国华人通过自身的努力和奋斗,使得华人社会的经济和政治整体实力大增,文化教育水平也迅速提高,高科技人才和专业人才辈出,华人也因此逐渐获得主流社会的认可与重视。鉴于包括华侨华人在内的亚裔对美国做出的重要贡献,20世纪60年代,美国的亚裔就被媒体授予了"模范少数族裔"的称号。[①] 迄今为止,华侨华人在美国的突出表现都使得华族无愧于这一称号。

(四) 国家层面

在海外,新加坡是唯一一个华人占主体的国家,无论是新加坡主

---

① 20世纪60年代,美国的媒体掀起了赞扬亚裔美国人的高潮,提出了"模范少数族裔"的称号。1966年当第一批赞扬亚裔美国人勤奋、自律、成功的文章见诸美国各大新闻媒体后,"模范少数族裔"这顶"桂冠"便由美国主流社会慷慨地赠予了亚裔美国人。20世纪80年代中期,"模范少数族裔"理论被媒体再次炒作,引起美国社会对亚裔的再度重视。也有学者认为这是一种歧视性的称号,认为亚裔就是一群只知学习和工作的群体,不知如何去争取自身的权益。同时这一称号也给亚裔群体的发展甚至亚裔子女的教育问题带来了一定程度的影响。黄际英:《"模范少数族裔"理论:神话与现实》,《东北师范大学学报》2002年第6期,第51~58页。

要创建者李光耀的治国思想,还是人民行动党的执政理念及更广泛的新加坡模式与经验,无不打上了深刻的华人文化的烙印,因此可以在很大程度上认为新加坡模式是一种以国家形态存在的软实力。

新加坡在现代化发展的过程中,较为成功地融合了东西方文化的精华,一方面向西方学习,使自己迅速走向现代化,另一方面又保持了东方传统文化中的精华,使自己不迷失方向。新加坡模式既体现了儒家的仁政、和谐、民本主义、重视教育和社会伦理的思想,又结合了西方的法治、创新、竞争、管理和科学的理念,在很大程度上成为东西方治理模式结合的范本。可以说,融合东西方文化、兼顾物质文明和精神文明的价值观,正是新加坡走向成功的文化和思想基础。

正是源于新加坡的巨大成功,自20世纪70年代以来,新加坡模式,如价值观、经济发展、政府管理、社会治理及城市管理等方面,获得了众多的组织、机构及许多国家领导人的赞誉,被许多国家学习和模仿。新加坡模式在全世界都产生了巨大的影响力。

(五)全球或世界层面

随着华侨华人社会经济地位的提高,经济全球化的发展及通信革命带来的便捷,世界各地华侨华人之间的联系也日益密切,各类世界性的宗亲组织、同乡组织、联谊组织、专业组织及交流大会纷纷涌现。华侨华人社团最早组建的是各类世界性宗亲和同乡组织,如世界客属恳亲大会(1971年)、国际潮团联谊年会(1980年)、世界林氏宗亲总会(1981年)、世界赖氏宗亲联谊会(1982年)、世界越棉寮华人团体联合会(1983年)等。到了20世纪90年代,这一趋势更加明显。据相关统计数据,20世纪末,世界性华人社团达83个;全洲性的有38个,其中亚洲有7个;同东南亚国家华人社团有关联的有70多个。① 此外,

---

① 华侨华人百科全书社团政党卷编辑委员会:《华侨华人百科全书》(社团政党卷),中国华侨出版社,1999,第1~2页。

各类世界性华人交流大会也频频举办,如"世界华侨华人社团联谊大会""世界杰出华人商会""世界华商大会"等。

近年来,世界性的华人团体和华人活动在全球范围内的影响力越来越大,其中影响最大的当属世界华商大会。1990年,新加坡、中国香港和泰国的中华总商会联合倡议每两年举办一届世界性的华商大会。自1991年首次举办以来,世界华商大会越来越受到各国的重视。主办方政府都会利用媒体对该会进行大力宣传,并希望借此契机,吸引更多的华商在本国投资,希望借助世界华商网络的巨大资源,推动本国经济的发展。如2007年9月15日,在日本神户举办了第9届世界华商大会,上午举办大会开幕式,下午有关此次会议的新闻就出现在了NHK、《朝日新闻》、《读卖新闻》、《每日新闻》、共同社等各大主流媒体上。此次大会的规模、日程安排、嘉宾言论及世界华商大会的发展历程都成为日本各大媒体关注的焦点。《神户新闻》更是从当年7月起报道此次大会的相关消息,会议期间甚至为世界华商大会开辟了专栏。

二 资源分布的地域性

截至2007年,全球华侨华人总数约为4543万人,其中,亚洲地区为3548万人,约占全球华侨华人总数的78.1%;东南亚地区的华侨华人有3348万人,约占全球华侨华人总数的73.7%;美洲地区的华侨华人超过630万人,约占全球华侨华人总数的13.87%。[①]

东南亚和北美地区之所以成为华人移民最多的地区,是因为早期的移民多流向东南亚地区,新移民则多流向美国、加拿大等发达国家。移民的这种区域格局,造成了不同地区华侨华人软实力发展的不平衡。众所周知,东南亚华侨华人经济实力雄厚,拥有"华人

---

① 王望波、庄国土编著《2009年海外华侨华人概述》,世界知识出版社,2011,第3~4页。

金库"之称；北美华侨华人科技和专业人才众多，被誉为"华人智库"。因此，就华侨华人群体而言，东南亚华侨华人的经济软实力即经济实力和财富的吸引力是最大的；北美华侨华人的人才影响力尤其是科技人才的影响力是最大的。另外，软实力资源的地域性也容易导致华侨华人为寻求实现价值的最大化而不断流动，进而形成新的资源组合。

在其他国家和地区，华侨华人作为一种新兴的力量，其影响力也逐渐凸显出来。欧洲华侨华人的经济实力虽不是很强，但其在政治方面的表现较为突出，英国、法国和德国等地的华人参政议政愿望逐渐强烈，一些华人开始在政界崭露头角。日本华侨华人多活跃在文化和教育界，在文教界的影响与日俱增。澳大利亚华侨华人参政也是一大特色，自20世纪60年代出现第一位华人市长以来，现今已有越来越多的华人从政，华人的政治影响力也在逐渐增加。

三 资源系统的综合性

华侨华人善于通过各种关系组建商贸网络和社会网络，这种原始的网络最早在宋元时代成形。第二次世界大战后尤其是20世纪70年代以来，华人社会的网络性进一步增强，各类宗亲会、同乡会和业缘社团不断交织，同时，华人企业在亚洲和全球范围内也不断扩张，进一步促成华人网络圈的扩大。1991年世界华商大会的召开，更是世界性的华商跨国社区网络形成的标志性事件。此外，华商网络还和居住国、祖籍国的商界、政界、科学界、文化艺术界保持着密切的联系。

华侨华人社会和商贸联结的网络性、渗透性，使得华侨华人社会不仅包含着丰富的经济、资本和技术资源，还包含着丰富的人力、文化、政治和信息资源，华侨华人社会也因此具有了网络性、综合性和系统性。华侨华人社会的此种特性，也同时使得华侨华人作为软实力资源时具有了综合性和系统性。

四 资源的相对稀缺性

华侨华人软实力资源对祖籍国和居住国来说，因其人数不多，影响力较大，可替代物较少，具有相对稀缺性。在这一点上，东南亚国家表现得尤为明显，如果东南亚各国政府对华侨华人的发展限制较严，那么社会和经济的发展就会受挫；反之，如果实行较为开明的政策，那么社会和经济的发展就会受益。

第二次世界大战后，东南亚各国普遍实行了歧视华人的政策。如菲律宾提出"菲律宾第一"的口号，限制华人发展，实行"菲化"政策；马来西亚奉行"马来人第一"的举措；印尼对华侨实行强制性的同化政策。事实表明，居住国政府施行的这些政策造成了较为恶劣的后果，导致其经济发展停顿、失业率居高不下、企业亏损严重。后来各国政府吸取了教训，自20世纪60年代开始逐渐实行宽松的政策，将华人经济纳入国民经济体系之中，同时对华侨华人也逐渐重视起来。20世纪70年代，马来西亚、印尼、菲律宾和泰国的经济获得迅速增长，华侨华人在其中发挥了重要的作用。中国改革开放之后，一些东南亚国家对华侨华人在中国的投资存在戒备心理，这延误了这些国家的华侨华人与中国关系的发展，从而导致这些国家失去了最早与中国发展的机会。20世纪90年代以后东南亚国家逐渐打消疑虑，采取宽松甚至鼓励的政策，希望利用华侨华人与中国的关系推动双边多方面合作与交流。

五 发挥效用的差异性

（一）软实力构成要素及影响力程度的差异性

同一国家华侨华人软实力的不同构成要素的影响力是不一样的。在东南亚地区，新加坡模式是从国家层面发挥作用的，其价值观、经济发展模式、政府管理模式、社会治理模式及城市管理模式是共生共存的，因而都同样重要。就菲律宾、印度尼西亚、马来西亚、泰国华侨华人而言，其经济影响力是最大的，政治和文化影响力次之。日本华侨华人的公共外交影响力是较大的，其人才影响力尤其是文教界人才的影响力也在逐渐增大。美国华侨华人的人才影响力尤其是科技人才影响力是最大的，公共外交影响力和政治影响力次之。加拿大华侨华人的政治影响力和人才影响力较经济影响力要大。就欧洲华侨华人而言，其政治影响力开始崭露头角，经济影响力尚在发展之中。

（二）居住国对华侨华人软实力敏感程度的差异性

不同国家和地区对华侨华人软实力的敏感度不一样，存在差异性。该差异性主要表现为：一般实行开明的多元文化政策的国家，如北美、欧洲、大洋洲等地区的发达国家，对待华人问题敏感度相对低一些，华侨华人的发展基本不受限制，其软实力也可以得到较为充分的释放；实行限制性政策的国家，华侨华人的发展会受到一定的影响，其软实力的释放也会受到影响。

相比较而言，目前东南亚的一些国家对华人问题仍较为敏感，华侨华人软实力的释放无疑会受到一定的影响。如中国改革开放之后，东南亚一些国家曾将华侨华人对中国的投资视为一种对国家的"不忠"行为。20世纪90年代之前，马来西亚政府对民众到中国投资持批评态度，并限制马来西亚人前往中国投资，马来西亚公民也不能自由到中国参观、探亲、经商及治病等，要去中国必须经过内务部的批准才可以向中国驻马来西亚大使馆申请签证。20世纪90年代初期，印尼报刊指责华人企业把国内建设所需要的资金拿到中国投资，帮助中国发展。

六 脆弱性

除新加坡以外，华侨华人的非国家非主导民族、跨国跨文化的特性使其易受外部环境影响，居住国环境、祖籍国环境以及国际环境都可以对其软实力效用的发挥产生某种程度的影响甚至制约其发挥作用。外部环境对华侨华人的需求因时因地而异，华侨华人移民海外既有被欢迎、尊重的时候，也有被拒绝、歧视的时候，华侨华人软实力有可能一时一地是资源，彼时彼地却不再是资源。

第二章 华侨华人文化软实力

文化软实力是中国学者提出的概念，20世纪90年代，中国学者就开始了对文化软实力的探讨。什么是"文化软实力"？王沪宁认为，软实力的力量来自扩散性，只有当一种文化广泛传播时，软实力才会产生强大的力量。① 其后有更多的学者对文化软实力进行了阐述。骆郁廷等指出，文化软实力是一个国家的文化体现出来的凝聚力、吸引力、影响力。② 罗能生等认为，文化软实力是指在一个国家或地区基于文化而具有的感染力、凝聚力、吸纳力、创新力和传播力以及由此而产生的竞争力和影响力。③ 此外，其他的学者还提出了"文化力"的概念，学界大体认为，文化力等同于文化软实力。贾春峰系统地阐述了文化力的概念，认为文化力包括智力要素，如科学、教育、知识、智力、智慧等；精神理念，如理想、道德、信念、人生观、价值观、人格魅力等；文化网络，如图书馆、博物馆、文化馆、各种影视、传媒、体育馆等；以及传统文化，如谦让、礼貌、善良、助人、修身、养性、爱国、爱家等品质。④ 本书认为，华侨华人文化软实力就是华侨华人文化资源要素在居住国、祖籍国甚至世界范围内体现出

---

① 王沪宁：《作为国家实力的文化：软实力》，《复旦学报》（社会科学版）1993年第3期，第91页。
② 骆郁廷等：《文化软实力：战略、结构与路径》，中国社会科学出版社，2012，第16页。
③ 罗能生、谢里：《国家文化软实力评估指标体系与模型构建》，《求索》2010年第9期，第22页。
④ 贾春峰：《贾春峰说文化力》，中国经济出版社，2007，第31~34页。

来的认同力和吸引力。

第一节　华侨华人文化软实力的资源

本节要论述的是华侨华人文化软实力的资源，也就是华侨华人文化中可能产生吸引力的要素。具体而言，华侨华人文化中最为他人认可的文化要素主要体现在以下方面：勤俭、和谐、诚信、重视家庭和社会伦理、重视教育、扶危济困、热心公益、善于和其他文化交融。这些文化要素构成了华侨华人文化软实力的主要资源。

一　勤俭

（一）勤俭是中华民族的传统美德

中华民族在与自然灾害不断抗争、努力为生存而奋斗的过程中，养成了吃苦耐劳、勤劳节俭的性格。古人多以勤俭自勉，崇尚勤俭也成为古代思想家的共识。

古代思想家视勤劳、勤奋为人生成功的重要基石。《周易》强调"天行健，君子以自强不息"[1]。《左传》曾引古语"民生在勤，勤则不匮"[2]，认为民众只有勤劳才会丰衣足食。荀子也指出，"骐骥一跃，不能十步；驽马十驾，功在不舍；锲而舍之，朽木不折；锲而不舍，金石可镂"[3]，即治学办事，唯有勤奋才能成功。东汉张衡也提出"人生在勤，不索何获"[4]。唐代韩愈的"业精于勤，荒于嬉；行成于思，毁于随"，强调了勤奋在学业中的重要性。

---

[1] 林尹等：《易经研究论集》，黎明文化事业股份有限公司，1984，第158页。
[2] （清）洪亮吉撰《春秋左传诂》卷十《传宣公》，李解民点校，中华书局，1987，第35页。
[3] （清）马骕撰《绎史》卷一百四十三战国第四十三《荀子著书》，王利器整理，中华书局，2002，第8页。
[4] （宋）范晔撰《后汉书》卷五十九《张衡列传第四十九》，（唐）李贤等注，宋云彬点校，中华书局，1965，第4页。

古代思想家也极为重视节俭。《周易》提出"君子以俭德辟难，不可荣以禄"①之说。老子将节俭作为修身的准则，提出"静以修身，俭以养德"②，孔子还把"俭"和"温良恭让"共同视为道德基准。墨子和管子将节俭提升到国家治理的高度，墨子认为"强必富，不强必贫；强必饱，不强必饥"③，视节俭为国家富强和昌盛的根源所在；管子提出"审度量，节衣服，俭财用，禁侈泰，为国之急也"④，将节俭视为国家治理的根本。

历史上众多家训、家教也把提倡勤俭作为重要内容。如曹操虽地位显赫，但不准后宫衣锦绣，嫁女只准用皂帐。司马光教子曰："有德者，皆由俭来。"⑤曾国藩曾训诫后人："历览有国有家之兴，皆由克勤克俭所致。其衰也，则反是。"⑥古代家训在告知家人勤俭的同时，还要求他们学习手艺和技术，耕读并重，反对好逸恶劳和赌博等不良嗜好。

在古代中国，勤俭不光是普通人坚守的原则，同时也是商人遵循的准则。韩非曾说，"侈而惰者贫，而力而俭者富"⑦，将勤劳与节俭看成致富的途径。司马迁在《货殖列传》中说，"廉吏久，久更富，廉贾归富""贪贾三之，廉贾五之""奸富最下"⑧，认为致富要靠勤劳立业、勤劳起家，歪门邪道而致的暴富并不可取。司马迁赞扬白圭"能薄饮食，忍嗜欲，节衣服，与用事僮仆同苦乐"⑨和宣曲任氏

---

① （清）惠栋撰《周易述》卷十一《象上传》，郑万耕点校，中华书局，2007，第23页。
② 王利器撰《文子疏义》卷第十《上仁》，中华书局，2000，第1页。
③ （清）孙诒让撰《墨子闲诂》，《非命下第三十七》，孙启治点校，中华书局，2008，第9页。
④ 黎翔凤撰《管子校注》，《八观第十三》，梁运华整理，中华书局，2000，第5页。
⑤ （清）王应奎撰《柳南续笔》卷四，中华书局，1983，第9页。
⑥ 《曾国藩家训》，成晓军、康兆梅编译，辽宁古籍出版社，1997，第313页。
⑦ （清）王先慎撰《韩非子集解》，显学第五十，钟哲点校，中华书局，1998，第4页。
⑧ （汉）司马迁撰《史记》卷一百二十九《货殖列传第六十九》，（南朝宋）裴骃集解，（唐）司马贞索隐，（唐）张守节正义，中华书局，1959，第24、26、29页。
⑨ （汉）司马迁撰《史记》卷一百二十九《货殖列传第六十九》，（南朝宋）裴骃集解，（唐）司马贞索隐，（唐）张守节正义，中华书局，1959，第8页。

"折节为俭""公事不毕，则身不得饮酒食肉"①，这意指勤俭可以使财富更快增值。明代，勤俭还被写入商业专书之中，以供商人自勉自省。《士商类要·买卖机关》《醒迷·警示歌》《商贾便览·江湖必读原书》都强调勤俭的重要性。"贸易之道，勤俭为先"②已成为商人经商的原则。

（二）华侨华人将勤俭的美德在海外发扬光大

华侨华人移居海外后，将中华民族勤劳节俭的传统进一步发扬光大。雷丁认为华人的行动规则包括勤勉的工作伦理观，重视金钱和节俭的实用主义，并认为，华人的"节俭是一种自我克制，而不是恬不知耻的吝啬"③。霍夫亨兹等在《东亚之锋》一书中指出，节俭、勤奋是中国的传统。④吴元黎等学者也认为，勤劳节俭是海外华人商业社群中最重视的特点。⑤

近代华侨华人的足迹遍布东南亚、美洲、澳大利亚和非洲等地，他们劳动的廉价和克勤克俭，为这些地区的开发与繁荣做出了开拓性的贡献。如新加坡在开发前是荒岛，华侨进入后变成新兴城市；越南湄公河三角洲一带，经过华侨辛勤开垦，经济日益繁荣；华侨在菲律宾开辟荒野，种植稻米、蓝靛、椰子、烟草，促进了当地农业发展；华侨通过开发马来亚橡胶业和锡矿业，促进了其经济发展；在泰国，华侨开采锡矿和修筑铁路，促进了泰国矿业和交通业的发展。在美国，华侨的勤劳促进了美国早期交通业、农业、采矿业和制造业的繁

---

① （汉）司马迁撰《史记》卷一百二十九《货殖列传第六十九》，（南朝宋）裴骃集解，（唐）司马贞索隐，（唐）张守节正义，中华书局，1959，第37页。
② （明）程春宇撰《士商类要》，杨正泰点校，上海古籍出版社，2006，第364页。
③ 〔英〕S. B. Redding：《海外华人企业家的管理思想——文化背景与风格》，张遵敬等译，上海三联书店，1993，第88～92页。
④ 〔美〕小R. 霍夫亨兹、K. E. 柯德尔：《东亚之锋》，黎鸣译，江苏人民出版社，1995，第55页。
⑤ 吴元黎、吴春熙：《海外华人与东南亚的经济发展》，陈永埤、杨保安译，台湾正中书局，1985，第54页。

荣。美国太平洋铁路全长约 4005.66 公里，始建于 1863 年，原计划 14 年建成。该铁路最艰巨的西段在 1865 年之前几乎没有取得进展，其后在雇用了 11000 名华工之后（占全部雇佣劳动力的 90% 以上），7 年就竣工了。① 华侨还是开垦萨克拉门托-圣华金三角洲的主力，1870 年，中国移民占萨克拉门托县农场工人的 45%。② 华侨还在加利福尼亚捕鱼、种植蔬菜水果、洗衣、开餐馆、从事服装加工工作和制造各类日常消费品，用自己的勤劳智慧"极大地促进了加利福尼亚经济的发展"③。

第二次世界大战后尤其是 20 世纪六七十年代以来，华侨华人的居住环境和经济基础较旧时移民大有改善，但克勤克俭、自强不息的民族文化基因在新一代华侨华人身上得到了延续。以美国为例，在美国的华裔人口中，其文凭、职业、收入等各项数据基本都高于全国和白人的平均水平。美国人口普查局发布的《2004 年美国社区调查》数据显示，25 岁以上的华人中，拥有大学学历的占 50.2%，仅次于印度裔（67.9%），而全美平均仅为 27%，白人为 29.7%。52% 的华人在管理和其他专业领域就职，仅次于印度裔（60.6%），而全美平均 34.1%，白人为 37.6%。华人家庭的平均收入为 57433 美元，仅次于印度裔（68771 美元）和菲律宾裔（65700 美元），全美家庭平均收入为 44684 美元，白人家庭平均收入是 48784 美元。13.3% 的 18 岁华人生活在贫困线以下，全美平均值为 18.4%。62.8% 的华人拥有自己的房产，仅次于白人 73.9% 的拥有率，在所有的少数族裔中排名第一。就工作出行方式而言，美国华人是最为节俭的族群。该统计数据表明，华人单身驾车率为 61%，全美平均为 77.7%，白人为 81.1%，在所有

---

① Kraus, George, "Chinese Laborers and the Construction of the Central Pacific," *Utah Historical Quarterly*, Vol. 37, No. 1, Winter, 1969, pp. 41–57.
② "Chinese Workers and the Building of the California Levees, 1860–1880," *Revolutionary Worker*, Feb. 16, 1997, p. 894.
③ "Chinese Laborers in the West," http://apa.si.edu/ongoldmountain/gallery2/gallery2.html.

族群中华人单身驾车率最低；13.6%的华人选择拼车上班，全美平均为10.1%，白人为8.3%；16%的华人选择公共交通（出租车除外）出行，在所有族群中最高，全美平均为4.6%，白人为2.6%；4.9%的华人选择步行，在所有族群中最高，全美平均为2.4%，白人为2.2%。[1]

改革开放后的中国新移民也大都将勤劳节俭的优良传统带去居住国，并使这一优良传统在当地"稳步扎根"。如美国作为中国新移民的首选国，目前中国新移民数量位居第二[2]。1998年，美国总统克林顿曾表示，"美国不断从新移民中吸取力量和精神"，"他们（新移民）已经被证明是……最勤劳的人"[3]。

勤俭节约、艰苦创业也是海外华商生存和发展的基本法则。正如菲律宾华商陈永栽常说的，"勤俭是中国人的传统美德，也是中国文化的重要内容。我们海外华人在各种困难的条件下能发家致富，就是靠自己的勤劳、智慧和节俭"[4]。泰国华商郑午楼一生都恪守父亲郑子彬的教诲：做生意人，第一要讲究的就是勤俭。[5] 马来西亚华商郭鹤年，在透露自己的管理经验时，认为吃苦耐劳是华人恪守的商业道德，而苦干精神是不可以被取代的。[6] 也正是有赖于众多华商对勤俭节约、艰苦创业精神的秉承，世界华商大会将发扬华人勤俭苦干、坚韧不拔的创业精神[7]作为其创办宗旨的首句。

---

[1] U. S. Census Bureau, "The American Community-Asians: 2004," *American Community Survey Reports*, Feb., 2007, pp. 15, 16, 17, 19, 21.

[2] Randall Monger, James Yankay, U. S. Lawful Permanent Residents: 2013, Annual Flow Report, Office of Immigration Statistics, 2014, p. 4.

[3] Mary E. Williams, *Immigration: Opposing Viewpoints* (Michigan: Greenhaven Press, 2004), p. 69.

[4] 《独爱中国文化的菲律宾华人首富陈永栽》，《中国民营科技与经济》2005年第10期，第52页。

[5] 龙登高：《跨越市场的障碍·海外华商在国家、制度与文化之间》，科学出版社，2007，第121页。

[6] 李如山：《神秘富豪——郭鹤年传》，广州出版社，1995，第319页。

[7] 林振淦：《历届世界华商大会及李光耀在大会上的演说》，载中华全国工商业联合会编《第六届世界华商大会专辑》，中华工商联合出版社，2001，第8页。

新一代华商也承继了中华民族勤俭的秉性。如在法国，从20世纪70年代开始，许多来自东南亚的华人和中国新移民，利用自身的勤劳和智慧，在巴黎十三区和十九区建成欧洲规模最大的两座中国城。在菲律宾，近几十年来，随着中国新移民的到来，马尼拉的迪维索里亚市场又恢复了昔日的活力，菲律宾各地约70%的货物，都来自该地区的批发商。①

二 和谐

（一）和谐是中国人不懈追求的价值目标

早在先秦时代，众多学派就提出了各自的和谐理念。史伯提出"和实生物，同则不继"②。老子认为，"道生一，一生二，二生三，三生万物。万物负阴而抱阳，冲气以为和"③，即"和"乃宇宙万物的本质。儒家学派更是对和谐理念倍加推崇，从孔子的"和无寡"④"和为贵"⑤，孟子的"人和"，荀子的"和则一，一则多力"⑥，再到张载的"为天地立心，为生民立命，为往圣继绝学，为万世开太平"⑦，和谐始终是儒家坚持的理念和不懈的追求。中国和谐思想内涵丰富、意蕴深远，主要表现在身心和谐、人际和谐、群己和谐和天人和谐四个方面。

第一，个人自身的和谐。儒家倡导"修身齐家治国平天下"⑧，

---

① 李天荣：《中国新移民菲国新动力》，《亚洲周刊》2002年8月29日。
② （清）马骕撰《绎史》卷二十九 三代第十九《郑取虢邬》，王利器整理，中华书局，2002，第5页。
③ 高明撰《帛书老子校注》，《德经校注 四十二章》，中华书局，2002，第1页。
④ （宋）朱熹撰《四书章句集注》论语集注卷八《季氏第十六》，中华书局，1983，第2页。
⑤ （宋）朱熹撰《四书章句集注》论语集注卷一《学而第一》，中华书局，1983，第7页。
⑥ （清）王先谦撰《荀子集解》，《王制篇第九》，中华书局，1988，第25页。
⑦ （宋）张载：《张载集》附录，章锡琛点校，中华书局，1983，第26页。
⑧ （宋）程颢、程颐：《二程集》河南程氏文集卷第九《伊川先生文五》书启，王孝鱼点校，中华书局，1981，第38页。

认为个人自身的修养是和谐的出发点。个人行事的最高境界是"中庸",做事力求"叩其两端"①,善于协调各种关系。儒家还提出"安身立命"②的主张,强调个人通过坚持不懈,最终达到"止于至善"③的境界,从而实现"身心和谐"。

第二,人与人之间的和谐。儒家提出"修己以安人"④,认为个人修身的目的在于建立和谐的人际关系。孟子的"天时不如地利,地利不如人和"⑤,表示了对人的主观能动性及人际关系和谐的重视。如何实现"人和"?孔子认为"仁"就是"爱人",孟子也说"仁者爱人"⑥。儒家还提出"己所不欲,勿施于人"⑦,以消解人际关系矛盾。

第三,人与社会之间的和谐。"礼之用,和为贵"⑧,只有做到"群己和谐",才能实现社会的有序发展。儒家强调"正名分",提出以"五伦"为中心的伦理思想,即"父慈、子孝、兄良、弟悌、夫义、妇听、长惠、幼顺、君仁、臣忠"⑨。儒家还强调家族是社会的本位,要践行"孝""忠",要"别贵贱"⑩,社会在行为规范上要"以礼相待",用礼来整顿群体秩序,实现以礼治国。

第四,人与自然之间的和谐。儒家追求"天人和谐"。《中庸》的"致中和,天地位焉,万物育焉"⑪,注重天地人和谐发展,还提

---

① (宋)朱熹撰《四书章句集注》论语集注卷五《子罕第九》,中华书局,1983,第3页。
② (清)黄宗羲著,《宋元学案》卷四十八《晦翁学案上》,(清)全祖望补修,陈金生、梁连华点校,中华书局,1986,第23页。
③ (宋)朱熹撰《四书章句集注》,《大学章句》,中华书局,1983,第1页。
④ (宋)朱熹撰《四书章句集注》论语集注卷七《宪问第十四》,中华书局,1983,第17页。
⑤ (宋)朱熹撰《四书章句集注》孟子集注卷四《公孙丑章句下》,中华书局,1983,第1页。
⑥ (宋)朱熹撰《四书章句集注》孟子集注卷八《离娄章句下》,中华书局,1983,第14页。
⑦ (宋)朱熹撰《四书章句集注》孟子集注卷八《离娄章句下》,中华书局,1983,第2页。
⑧ (宋)朱熹撰《四书章句集注》论语集注卷一《学而第一》,中华书局,1983,第7页。
⑨ (清)孙希旦撰《礼记集解》,《礼运第九之二》,沈啸寰、王星贤点校,中华书局,1989,第4页。
⑩ (清)孙希旦撰《礼记集解》,《祭统第二十五》,沈啸寰、王星贤点校,中华书局,1989,第9页。
⑪ (宋)朱熹撰《四书章句集注》,《中庸章句》,中华书局,1983,第2页。

出了"赞天地之化育""与天地参"①的思想，人发挥主观能动性，又具有自然责任意识，可以达到"天人合一"②。孔子提出"仁爱万物"的思想。孟子的"亲亲而仁民，仁民而爱物"③，表达了人对天的尊重和保护。荀子的"天地合而万物生，阴阳接而变化起，性伪合而天下治"④，指自然界、人类社会皆因和谐存在和发展。

（二）华侨华人传承并发扬了中华传统和谐思想

华侨华人身为中华民族之后，深受中华传统文化中和谐理念的熏陶，远离故土的华侨华人大都能较快地适应异国的生存环境，并能很快创业起家，落地生根，这与他们承继的和谐理念不无关系。同时，华侨华人也自觉或不自觉地成为传播中华和谐文化的使者，将和谐文化带到世界各地，为构建居住国的和谐社会及构建和谐世界做出了重要的贡献。华侨华人传承并发扬的和谐思想主要表现如下。

1. 和谐族群关系

华侨华人在异国他乡，不论新移民还是华人后裔，在与他族相处的过程中，都秉承传统的和谐理念，循着"礼之用，和为贵"⑤的价值观，做事做人皆讲究中庸和谐、兼顾各方、谦和礼让。这些优良品质成为华侨华人与主流民族交流、沟通的润滑剂，缓和了不同民族间的矛盾与隔阂，消解了许多由文化、经济与社会引发的矛盾与冲突，促进了自身与当地民族的和谐相处。

历史上东南亚华侨华人与当地民族关系融洽。在居住国早期的开发与建设中，华侨华人的吃苦耐劳及平和的天性使其很快融入当地社

---

① （宋）朱熹撰《四书章句集注》，《中庸章句》，中华书局，1983，第24页。
② （宋）张载：《张载集》附录，章锡琛点校，中华书局，1983，第18页。
③ （宋）朱熹撰《四书章句集注》孟子集注卷十三《尽心章句上》，中华书局，1983，第22页。
④ （清）王先谦撰《荀子集解》，《礼论篇第十九》，沈啸寰、王星贤点校，中华书局，1988，第31页。
⑤ （宋）朱熹撰《四书章句集注》论语集注卷一《学而第一》，中华书局，1983，第7页。

会中去。16世纪西方殖民大国在东南亚建立海外殖民地后,由于东南亚各地经济发展水平低下,殖民者和原住民隔阂深重,劳动、技术和商品极度匮乏。殖民者实行招徕政策后,华侨华人充当了工匠艺人、小商贩、零售商和供应商,深入东南亚各地,很快成为沟通和联系殖民者与原住民之间关系的桥梁。如在16世纪西班牙人占领菲律宾之前,中国人和菲律宾人早就有互相的贸易往来了。西班牙人占领菲律宾之后,虽然西班牙殖民者对华人并无好感,但要利用华人的勤劳智慧替他们开发富源,发展贸易,因此允许华人侨居菲律宾。1580年,殖民者在马尼拉对面的柏雪河沿岸为华人建立了一个大市场以便华人居住和进行贸易,政府还派人驻扎于此,征收贸易税和租金。① 由于华侨长期居留东南亚,一部分男性还与当地妇女成婚。第二次世界大战之前,大量的土生华人和当地土著通婚,形成庞大的混血华人群体。土生华人在东南亚各国有不同的称谓,如印尼的"伯拉那罕"、新马地区的"峇峇"、菲律宾的"密斯提佐"和泰国的"洛真"。②

16世纪至20世纪中期,华侨华人和当地民众相互援助和支持,共同反抗西方殖民者统治和争取居住国的民族解放。如在菲律宾独立战争期间(1896～1902年),华侨积极支持菲律宾的革命事业,华侨将军刘亨赙贡献极大:帮助革命军制造枪械弹药;向华侨募集款项,为战争提供了有力的财源;在战场上英勇杀敌,战功显赫。③ 第二次世界大战期间,菲律宾、印尼和马来亚等地的华侨积极组织抗日武装,与当地人民共同抗击日军。如菲律宾的"华侨抗日游击支队""华侨抗日反奸大同盟""华侨抗日锄奸迫击团"等抗日团体,屡次打击日本侵略统治;印尼华侨在苏门答腊、爪哇、西婆罗洲等地的地下抗日活动,得到印尼人民的支持,成为当地抗日斗争的重要力量;

---

① 朱杰勤:《东南亚华侨史》,高等教育出版社,1990,第44、45页。
② 庄国土等:《二战以后东南亚华族社会地位的变化》,厦门大学出版社,2003,第39页。
③ 周南京:《风雨同舟:东南亚与华人问题》,中国华侨出版社,1995,第63～67页。

马来亚"人民抗日军"的骨干和成员大都是华侨,其联合马来人,共同抗击日军,收复失地。马来亚、泰国、菲律宾等地华侨还出版地下抗日刊物,以团结民众、鼓舞士气。第二次世界大战后,印尼华侨和印尼人民为反对荷兰殖民主义者的卷土重来再次共同战斗。

当今华侨华人也都积极致力于民族关系的和谐发展,通过大力支持社会慈善和公益事业、参加或组织各类交流研讨会、举办各种文体活动和宣传活动、参政议政、注意和政府保持良好的关系等方式融入居住国主流社会,促进华侨华人与当地民族之间关系的融洽,推动中华文化与本土文化之间的融合。如1980年,澳大利亚维多利亚省华人社团联合会建立了维多利亚省华联会福利中心,该中心帮助华人新移民融入澳大利亚多元文化社会,同时还与税务局、移民资源中心、墨尔本市政府、大丹迪农市政府、史宾威社区援助署等有关部门建立了友好合作关系,并通过举办一年一度的公房周、多元文化周、民族和睦周等活动,增强华人和本地人之间的交流与沟通。①

如今,在华人社会的不懈努力下,谋求和谐族际关系已经成为华侨华人和主流社会的共识。如在马来西亚,1995年3月,马来亚大学举办了"伊斯兰教和儒学:文明对话"国际学术会议,目的在于提供"伊斯兰教和儒学相互理解的起点",因为"在历史和实践上,两者有着惊人的相似之处"。② 时任马来西亚副总理、马华公会领导人及研究人员参加了会议,共同讨论了伊斯兰教与儒学共同的价值观和原理,寻求民族间的和谐及与社会集团之间的相互尊重。随后,马来亚大学成立了"文明对话中心"和"东亚研究所",以增进不同文明之间的交流。如2014年12月,马来亚大学文明对话中心召开了"马来西亚古典文献编目"第一次研究工作会议,马来西亚佛光

---

① 《维省华联会福利服务中心》,维省华人社团联合会网站,http://www.fcavic.org/main/index.php?option=com_content&task=view&id=94&Itemid=35。
② "The Opening of the International Seminar on Islam and Confucianism: A Civilizational Dialogue," *Kuala Lumpur*, Mar 13, 1995.

山、马来西亚佛教青年总会、拉曼大学中华研究院代表应邀出席,以期通过各方的协助,达成1900年前马来印度教-佛教的重建目的。① 在印尼,2008年12月,印尼国家谍报部副部长A s'ad Said Ali及高级官员与印尼华裔总会领导层举行了交流会,双方不仅加强了友谊和互相了解,而且促进了彼此之间的合作关系。华裔总会领导人向印尼国家谍报部介绍了该会的宗旨与使命,并表示在当时全球性的金融海啸冲击下,正全力以赴地协助政府克服种种困难,稳定印尼的经济发展。②

2. 和谐企业文化

和谐思想是华商秉承的基本理念。华人企业非常重视人际关系的和谐,认为只有人人和睦相处,企业才能获得稳步发展。印尼华商林绍良曾说:"个人的能力有限,孤掌难鸣,再大的本领也需要人的合作和支持。"③

和谐企业文化成为众多华商成功的关键。如菲律宾华商陈觉中的快乐蜂集团正是靠着和谐的企业内部关系,在商场上立于不败之地。陈觉中在介绍快乐蜂经营特色时,尤其强调"对员工要有亲和力,如果他们老是'走',老板再努力也无济于事"。并认为其父亲对员工十分和善,因而不少员工一直工作到1977年其父去世。陈觉中继承了他父亲的经营之道,快乐蜂集团的许多员工已经在公司工作了15~20年,甚至更久。④ 陈觉中还十分重视对员工的培训和聘用优秀人才,以使企业获得长久发展的动力。

马来西亚华商郭鹤年被人称为"人际关系专家",不论人际交往还是商业合作,都能左右逢源,无往不利。郭鹤年时常用"以责

---

① 《郑文泉师参与"马来西亚古典文献编目"》,拉曼大学中华研究院网站,http://www.utar.edu.my/ics/index.jsp? fcatid =252&fcontentid =2642&f2ndcontentid =97406。
② 《谍报部领导赞扬华族忠诚爱印尼》,印度尼西亚《国际日报》,2008年12月5日。
③ 徐东民、叶宇:《海外华商》,江西人民出版社,1995,第126页。
④ 徐道芳:《"快乐蜂"不仅仅带来了金钱》,《上海商业》2004年4月,第45页。

人之心责己，则寡过；以恕己之心恕人，则全交"① 来约束自己。他一方面注意选拔和培养得力的"管理干将"，谋求全体职员对集团的拥护和支持，另一方面还特别注意发展公司外部的人际环境。从商多年，郭鹤年从未间断过与政界、商界的密切合作，鲜有合作不愉快的例子。郭鹤年经营商业永不独占，基本上所有的产业都与别人合作，包括与众多的商人和各国政府之间的合作。正是有了郭鹤年长期苦心经营和维护的人际大环境，才使郭氏集团发展到今天的规模。②

3. 和谐世界理念

华侨华人秉承以"和谐"为核心的价值观，对和谐世界的构建起到了重要作用。自有移民历史以来，中国移民就是平和及最无攻击性的移民。华人移民在历史上经历了四次高潮③。鸦片战争后的一百年和 1978 年中国改革开放以来的移民是两次规模较大的人口迁移，数量都在千万人以上。但在这样大规模的移民背景之下，华侨华人不仅没有对居住国造成威胁或影响到各国和平，而且还实现了与当地民众的和谐共处，从而使得西方学者提出的"文明冲突论"没有适用市场。

20 世纪 70 年代以来，华侨华人在维护世界和平与和谐发展中的作用日渐重要。一是华侨华人意识到维护和促进居住国和祖籍国友好关系的重要性，他们通过个人、社团、媒体等各种途径致力于促进祖籍国和居住国之间关系的和谐与融洽。如美国的百人会，其使命是促进中美人民建立良好而有建设性的关系。④ 每年的百人会年会均邀请美国政商界名流参加，同时百人会还与中国各界保持着密切的互动，对促进中美间沟通起到了重要的推动作用。二是华侨华人意识到维护

---

① 石成金：《传家宝》三集卷二《群珠》，天津社会科学院出版社，1992，第 793 页。
② 企业家精神研究组编著《华人企业家精神》，中国经济出版社，2000，第 62 页。
③ 庄国土：《论中国人移民东南亚的四次大潮》，《南洋问题研究》2008 年第 1 期，第 69~79 页。
④ "About Us," http://committee100.org/mission-history/.

和促进祖籍国的和平与发展是对世界和平与发展的重大贡献，因而积极投入促进中国和平统一与发展的事业中来。20世纪70年代以来，华侨华人建立了各类反独促统组织。如2007年，匈牙利中国和平统一促进会与欧洲中国和平统一促进会在布达佩斯举行了"全球华侨华人共建和谐世界促进中国和平统一大会"，意在向全世界阐明中国追求和平统一的重大意义，并为构建和谐世界而努力。

三 诚信

（一）诚信是中国人恪守的美德

自古以来，中国人就强调要恪守信用。诚信在儒家那里是作为人的基本道德品质来看待的，信是君子的"五德"之一。孔子认为"言必信，行必果"①"人而无信，不知其可也"②，强调人唯有讲信用，方可立足于社会。此后儒家对诚信也多有论述，如孟子的"诚者，天之道也；思诚者，人之道也"③；荀子的"养心莫善于诚"④。

除了儒家之外，其他的学派或学者也将诚信视为做人的根本。老子认为，"轻诺必寡信，多易必多难"⑤。庄子提出，"真者，精诚之至也。不精不诚，不能动人"⑥。墨子指出，"言不信者，行不果"⑦。韩非子认为，"小信诚则大信立"⑧。中国古代历史上也曾有许多关于诚信的故事，诸如曾子杀猪、一诺千金、季札挂剑等，无不为后代树

---

① （宋）朱熹撰《四书章句集注》论语集注卷七《子路第十三》，中华书局，1983，第9页。
② （宋）朱熹撰《四书章句集注》论语集注卷一《为政第二》，中华书局，1983，第9页。
③ （宋）朱熹撰《四书章句集注》孟子集注卷七《离娄章句上》，中华书局，1983，第12页。
④ （清）王先谦撰：《荀子集解》，《不苟篇第三》，中华书局，沈啸寰、王星贤点校，1988，第14页。
⑤ （清）马骕撰《绎史》卷八十三春秋第五十三《老子道教》，王利器整理，中华书局，2002，第28页。
⑥ （清）王先谦撰《庄子集解》，《渔夫第三十一》，中华书局，1987。
⑦ 吴毓江撰《墨子校注》修身第二，孙启治点校，中华书局，1993，第2页。
⑧ （清）王先慎撰《韩非子集解》外储说左上第三十二，钟哲点校，中华书局，1998，第7页。

立了诚信做人的榜样。

(二) 诚信是华侨华人尤其是华商秉承的重要理念

华侨华人尊奉"诚者天之道""重信誉""守承诺"等，诚信观念深深地烙在华侨华人的文化心理中，渗透到其日常行为规范里。同时，诚信也成为华侨华人重要的社会资本，诚信使华侨华人之间相互信任，以获取持久和更大的经济利益，从而促使华侨华人经营获得成功。在比较了海外华人与西方企业家不同的经营方法后，西方管理大师彼得·德鲁克认为："维系海外华人跨国企业的因素既非所有权，亦非法律合同，而是彼此信任以及作为社团成员与生俱来的相互义务。"① 雷丁指出，华人"在商业交易中，一个人说的话就是他的契约"，在许多时候，华商只靠电话、握手或清茶一杯就可以解决程序复杂、耗时较长的交易。② 吴元黎等学者也认为，个人信用是海外华人商业社群最重视的一个特点。③

诚信已经成为华商之间进行商业合作，并取得成功的重要秘诀。如菲律宾华商陈本显认为，商人最注重的是信誉和品牌。合同一旦签订，即便市场影响了原材料价格，也要严格遵守合同约定，绝不可以随意更改。④ 印尼力宝银行总裁李文正有一句名言："银行并不是买卖金钱的行业，而是买卖信用。取得某人信用之后，再授予他人。"⑤ 菲律宾华商郑少坚也强调"诚信"的企业文化，他曾指

---

① 刘宏：《中国—东南亚学——理论建构·互动模式·个案分析》，中国社会科学出版社，2000，第251页。
② 〔英〕S. B. Redding：《海外华人企业家的管理思想——文化背景与风格》，张遵敬等译，上海三联书店，1993，第287页。
③ 吴元黎、吴春熙：《海外华人与东南亚的经济发展》，陈永埠、杨保安译，台湾正中书局，1985，第54页。
④ 戴凤春：《儒商本色济世惠人——记菲律宾华商联合总会名誉理事长兼董事陈本显》，载《天下华商》2010年5月号，第21页。
⑤ 郑学益主编《商战之魂——东南亚华人企业集团探微》，北京大学出版社，1997，代序第16页。

出,商人要忠于自己的行业,要有诚信、爱心和责任,不能做违法违规违背良心道义的事,并且这些信念要坚守一辈子。1962年郑少坚成立了首都银行,银行一直将讲求质量和诚信、维护客户利益作为赢得合作方和客户信任的基础,并通过控制风险、完善制度和信贷体系及严格质量管理获得客户支持。正是凭借良好的业绩和严格的质量管理,首都银行获得了许多殊荣,如被《亚洲银行家》《远东经济评论》授予"亚洲最佳公司"称号,多次被菲律宾消费者联盟评为"最佳商业银行"、获"亚洲银行最佳质量管理及运营效率奖"等。[①]

四 重视家庭和社会伦理

(一) 家庭社会关系是中国人最重视的伦理关系

自古以来中国人就极为重视家庭及由家庭衍生出的社会关系。黑格尔认为,中国"终古无变的宪法的'精神'……就是'家庭的精神'"。"国家的特性便是客观的'家庭孝敬'"[②]。福山指出,"中国儒家文化把家庭奉为圭臬,认为家庭优先于国家,甚至优先于任何社会关系"[③]。

《周易》将家庭视为人类社会的最基本单位,明确规定了家长的地位和权力,并将家庭的稳定视为国家稳定的基础,所谓"家人,女正位乎内,男正位乎外。男女正,天地之大义也。家人有严君焉,父母之谓也。父父、子子、兄兄、弟弟、夫夫、妇妇,而家道正。正家而天下定矣"[④]。这种重视家庭和社会稳定的思想被儒家进一步阐释,

---

[①] 《郑少坚:菲律宾银行业巨擘》,《福建工商时报》2010年8月27日第11版。
[②] 〔德〕黑格尔:《历史哲学》,王造时译,上海书店出版社,2001,第121、122页。
[③] 〔美〕弗兰西斯·福山:《信任——社会道德与繁荣的创造》,李宛蓉译,远方出版社,1998,第103页。
[④] (清)惠栋撰《周易述》卷十《象下传》,郑万耕点校,中华书局,2007,第17页。

《礼记》的"十义"①、孟子的"五伦"②及董仲舒的"三纲五常",都将"人伦纲常"视为治国的根本。

(二) 华侨华人对传统家庭伦理观的扬弃

华侨华人将中华民族的家庭伦理观带到了海外。第二次世界大战之前,华侨极为重视血缘亲情和宗族关系,将家庭视为最基本的社会伦理场所,将宗亲会和同乡会视为家庭和家族关系的外延。1819年在新加坡成立的曹家馆,是最早的血缘性宗亲社团。到1942年,海外各地共有侨团3826个,其中宗乡组织有1008个。第二次世界大战之后,华人中的宗乡社团获得进一步发展,如1960～1970年,新加坡共有33个宗亲会馆;在新加坡华族298个姓氏中,有96个姓氏,分属于173个血缘性宗亲团体。③ 虽然自20世纪80年代以来,海外的一些宗乡会馆逐渐衰落,部分华人的家庭观念逐渐淡薄,但传统文化中最根本的家庭观念依然被华人保留下来,除了重视家庭教育之外,华人的家庭伦理观主要表现为如下几个方面。

1. 遵循孝道和重视家庭关系

孝道是华侨华人共同遵循的准则,华侨华人在居住国将传统的孝道承继下来。华人家庭依然大都孝顺敬重父母,教育孩子从小学习孝道,不愿将年迈的父母送去养老院。对于亡故的亲人,华人家庭几代人会坚持在清明节齐聚,祭祖扫墓,追思孝道。过新年给父母亲财物也是华人表达对父母孝顺的一种方式。如2011年春节前夕,日本《中文导报》对华人进行了一次调查,在过年给父母的汇款预算一题中,52%的日本华人选择10万～20万日元,38%的日本华人选择5

---

① 即"父慈、子孝、兄良、弟悌、夫义、妇听、长惠、幼顺、君仁、臣忠"。(清) 孙希旦撰《礼记集解》,《礼运第九之二》,沈啸寰、王星贤点校,中华书局,1989,第4页。
② 即"父子有亲,君臣有义,夫妇有别,长幼有序,朋友有信"。(宋) 朱熹撰《四书章句集注》孟子集注卷五《滕文公章句上》,中华书局,1983,第14页。
③ 广东省志·华侨志编委会编《广东省志·华侨志总纂稿》,1992,第16、17页。

万日元左右。这表明日本华人在孝敬父母方面还是很舍得花钱的。①

许多华人公众人物更是将恪守孝道和重视家庭关系视为做人之根本，并将其当成获得财富和成功以及不断发展的精神动力与支柱，如郭鹤年、陈永栽、关颖珊、李昌钰、赵小兰等。以赵小兰为例，赵小兰一直将父母视为改变自己人生和给予自己精神食粮的人，并曾为父母亲撰文。如2006年的父亲节，赵小兰撰写了《献给我的父亲赵锡成》一文，称父亲为"挚爱的父亲，尊敬的导师，最真诚的朋友"，感谢"父亲多年的精心培养和教导"，父母让自己明白为人之道和树立不断进取的人生观，正是父母的爱让自己懂得了感恩父母、回馈社会。②

新加坡前总理李光耀认为孝道的根本在于孝敬父母，把"孝道"视为民众伦理道德建设的起点。1982年，李光耀提出，"孝道不受重视，生存的体系就会变得薄弱，而文明的生活方式也会因此变得粗野"③。李光耀还要求家庭维持三代同堂的传统结构。1991年新加坡政府颁布《共同价值观白皮书》，其中提出了"家庭为根"的价值观，在五个价值观中位列第二。1995年，新加坡制定了《赡养父母法》，成为首个颁布该法的国家，该法严惩虐待老人、抛弃老人等不良行为。1996年，新加坡又设立了赡养父母仲裁法庭。政府还鼓励子女与父母同住，并为要赡养父母的低收入家庭在养老和医疗方面提供津贴。此外，组屋申请者如果愿意和老人同住，那么可获得建屋局提供的便利和优惠。如今，新加坡人的孝道和家庭责任感强烈。2003年，相关调查显示，99%的新加坡人认为子女应该经常陪伴年迈的父母；98%的新加坡人认为孩子应该为年迈的父母提供财务支持；93%

---

① 《日本华人新年计划：入乡随俗　各有打算》，中国评论新闻网，http://hk.crntt.com/doc/1015/4/3/3/101543382.html?coluid=7&kindid=0&docid=101543382，2010年12月20日。
② 赵小兰：《父亲节：献给我的父亲赵锡成》，上海交通大学美洲基金会出版，2009，第22~25页。
③ 李光耀：《1982年华人新春献词》，马来西亚《南洋商报》1982年1月24日。

的新加坡人认为自己有着亲密的家庭关系；74%的老年人与配偶及未婚子女住在一起。此外，已婚的大多数子女会选择至少每周探访一次父母，至少每月探访一次的更是超过90%。①

2. 重视传统佳节和习俗

中华传统佳节和习俗是华侨华人联系血缘、宗族感情的纽带，大部分华侨华人依旧坚持过中华传统节日，并遵循传统习俗。春节、清明节和中秋节是华侨华人重要的传统节日。如在印尼，温北炎曾对华人进行了一次社会问卷调查，结果显示：认为需要保留传统文化习俗的有92.8%；有庆祝农历新年习惯的有93.5%；在清明节扫墓和祭拜先人的有69%；庆祝中秋节的有55.4%；在端午节吃粽子或烧香的有54%。②

马来西亚华人为了让更多的人懂得中华传统节日的重要性，创造了新的节日庆典表演形式——"二十四节令鼓"。"二十四节令鼓"结合舞龙舞狮和鼓手敲击，营造出浓郁的中华节日气氛，该表演逐渐成为一些大型庆典活动中的重要环节，并传至新加坡、泰国、印度尼西亚和美国等国家。③

如今随着信息和通信技术的发达，越来越多的华人也开始接受网络化的过年方式，如在线视频通话，发送电子贺卡，以及参加各类网上"过春节"节目——"品尝"电子水饺等佳肴、网上逛庙会、网上"放鞭炮"、网上猜谜等。④

3. 重视宗族血缘关系

华侨华人极为重视宗亲关系，主要表现为根深蒂固的祖先崇拜观

---

① "State of Families in Singapore, Chapter 1: Family Structure And Ties," http://app.msf.gov.sg/portals/0/Summary/publication/SF1-FamilyStructure.pdf.
② 温北炎：《印尼华人融入当地主流社会的现状、挑战和发展趋势》，《东南亚研究》2008年第4期，第67页。
③ 《廿四节令鼓》，马来西亚《大马华人周刊》2013年6月15日。
④ 聂传清、袁泽庆：《华人过春节：万里亲情紧相连》，《人民日报》（海外版）2012年1月16日第6版。

念和对清明节的高度重视。华人相信祖先的在天之灵会保佑后代，使其繁荣昌盛。很多华侨华人会将祖先牌位供奉起来，早晚凭吊，更多的是在清明节、纪念日和岁末时祭拜。例如，马尼拉华人会抽时间到义山祭祀祖先或参加公共的祭祖活动。

如今，华人社会的祖先崇拜对象已经有所变化，如新加坡华人的"先人"概念已经被扩大，由血缘亲属关系或"虚拟血缘"关系向非血缘非同姓关系扩大，呈现泛血缘的特性，形成了对社群先人和家族（家庭）先人的两种崇拜形态。① 20 世纪 80 年代以来，华人或华人社团纷纷回到祖籍地寻根问祖。如 2011 年 11 月，新西兰联合总会带领华裔后代赴广东开平，探访先人足迹，感受故土变化。

许多华侨华人宗亲组织还筹集巨资建造同姓大宗祠，一些以地方为单位的宗乡组织也建立宗祠。据统计，20 世纪 80 年代，马来西亚有 4000 多个华人宗祠、祠堂和会馆，菲律宾有 110 多个宗亲会，新加坡有 200 个宗亲公会。② 各类宗亲、宗乡组织大都制定了敬老爱幼、扶危济困等传统伦理规范及要求，以联络族人感情，发扬中国宗族社会敦宗睦族、守望相助的传统。如菲律宾陇西李氏宗亲会的章程规定：本会以国族有文化传统美德为依据，敦睦宗谊，扶危济困，排难解纷，弘扬先祖之光辉史迹，共谋族人之团结及福利。③

华侨华人和宗乡组织还通过到中国学习传统文化、艺术等活动或积极支援故土家园建设，如修路、建学校、设基金会及投资等，促进华侨华人和祖籍地的情感联系。如今，在中国社会主义新农村建设的过程中，侨团更是踊跃参与故土经济建设。如 2007 年以来，福建省青田县发动了"百个侨团助百村、千名华侨扶千户"工程、"百名浙商（青商）结百村"等华侨帮扶活动，积极引入侨资，推动本地扶贫和

---

① 曾玲：《越洋再建家园——新加坡华人社会文化研究》，江西高校出版社，2003，第 204 页。
② 台湾宗亲谱系学会编《谱系与宗亲组织》，1985，第 352、359、350 页。
③ 许国栋编《爱国侨领李清泉和他的故乡石圳》，1988，第 55 页。

新农村建设。截止到 2015 年初，青田县 122 个行政村和 135 个侨团进行了结对，侨团投入资金达 2630 万元；3652 户困难农户获得 1975 名华侨帮扶，捐赠金额为 390 多万元。①

宗乡组织还通过各种形式扩大自身的影响。如鼓励年轻人加入、在各地设立分会、加入世界性的华人宗乡组织。据不完全统计，20 世纪 90 年代，世界性华人社团有 70 多个，20 世纪 80 年代以来建立的占 70%。② 如今，国际性的联谊会或恳亲大会轮流在世界各地举行，加强了世界各地华人宗亲、同乡之间的感情交流与互助互惠、共同发展。

五　重视教育

（一）重视教育是中华民族最突出的传统美德

西周古人就指出"弟子事师，敬同于父"③。先秦时期孔子开始系统地提出自己的教育思想，第一次创办私学，提出"自行束脩以上，吾未尝无诲焉"④。孔子还首倡"有教无类"⑤，并提出"性相近也，习相远也"⑥，肯定教育对人的成长至关重要，彻底打破了以往以"天命观"为基础的宗法观念和"学在官府"的局面，开创了平民教育的先河。其后的孟子、荀子又进一步阐述和发展了孔子的教育思想，西汉董仲舒更是把儒家的"教化"视为治国安邦的关键所在。

自古以来中国人尊师重教的例子不胜枚举。程门立雪、鲁台望

---

① 章一聪：《搭起扶贫改革"造血桥"构筑"大扶贫"社会模式》，《青田侨报》2015 年 1 月 13 日第 A01 版。
② 方雄普、许振礼编著《海外侨团寻踪》，中国华侨出版社，1995，第 266～327 页。
③ 叶庆炳等：《文史论文集上》，载《敦煌写本太公家教校勘记》（太公家教一卷），台湾商务印书馆，1985，第 537 页。
④ （宋）朱熹撰《四书章句集注》论语集注卷四《述而第七》，中华书局，1983，第 3 页。
⑤ （宋）朱熹撰《四书章句集注》论语集注卷八《卫灵公第十五》，中华书局，1983，第 12 页。
⑥ （宋）朱熹撰《四书章句集注》论语集注卷九《阳货第十七》，中华书局，1983，第 2 页。

道、倒屣相迎、三顾茅庐、曾子避席、张良三拾履、秦始皇拜荆条、汉明帝敬师等感人至深的故事都是尊师的典范。不闻过庭语、孟母三迁、五子登科、朱元璋教子正心、郑板桥遗书教子、康熙严教子孙、曾国藩教子家风等都是父母重视子女教育的典故。而历代中国各大家族、宗亲更有将重视家庭教育列为家规家训的喜好。此外，古代宗族为了鼓励族人考取功名，对家族子弟进行学费和考试费用上的资助或设立私塾对家族子弟进行教育。

（二）华侨华人承继了中华民族重视教育的理念

一直以来，华侨华人对教育都极为重视。早期华侨"动于爱国之大义，相率兴学校以图祖国文化之保存"[①]；如今华侨华人的教育逐渐转向经世致用，但个人、家庭、社团和华人社会对教育高度重视的理念一直没有改变。

1. 华人社会重视华校教育

20世纪初期，"维新运动"失败后，随着中国民族主义思想在华人社会中的传播及晚清政府对华侨兴教办学的逐渐重视，各地新式侨校纷纷建立。侨校创办初期，在课程设置、招生、经费等方面都面临着诸多困难，但华社通过坚持不懈的努力，最终使侨校生存下来并得以发展。如1899年，清政府驻菲总领事陈纲在领事馆内开办了小吕宋华侨中西学堂。开办之初，学堂没有合适的教科书，只能教授四书五经、珠算等中文课程，仅有21名学生，第二年其经费由善举公所管理。[②] 1902年，善举公所资助学堂聘请美国和西班牙的教师，增设英语、西班牙语课程，是华校使用双重课程和双语教育的先例。[③]

---

① 暨南大学华侨研究所：《华侨教育》（第1辑），广州，1984，第34页。
② 庄长泰：《校史简介》，《菲律宾中西学院百年纪念暨迈进新世纪纪念刊》，菲律宾中西学院，2009，第8页。
③ 李逢梧：《华教先驱》，《菲律宾中西学院百年纪念暨迈进新世纪特刊》，菲律宾中西学院，1999，第31页。

1914年，菲律宾殖民政府放宽入境条件后，为容纳更多的华人学生，菲律宾各类华侨学校陆续建立。为解决侨校办学经费不足的问题，同年12月，菲华教育协会成立。1928年世界经济危机的爆发严重影响了华社教育。菲华教育协会通过筹募特捐、增加学费、降低教师薪金及发行筹捐券才筹集到足够的办学经费。至1934年，菲华教育协会才还清所有债务。抗日战争爆发后，大量菲律宾侨校开始扩建校舍，并增设初中部或创办完全中学，以满足来自中国的避难人士的教育和工作需求。

　　1941年后，日本侵略者的奴化教育政策使得东南亚的华校教育一度受到影响。第二次世界大战后初期在华社的努力下，东南亚各地华校迎来了短暂的辉煌。但由于20世纪五六十年代，各国实行歧视华人教育或教育国有的政策，菲律宾、马来西亚等地的华文教育水平急剧下降，学校也大为减少，在印尼、泰国、缅甸等国家，华文教育甚至出现了几十年的断层。但是即使外部环境恶劣，一些华人也坚持学习中文。如在缅甸，20世纪60年代初至80年代末，虽然华文教育处于断层时期，但不少华人设立了家庭华文补习班，利用课余时间教授华人子弟华文，各地华社还利用政府允许成立的华文宗教学校，通过教授中文佛经，使华人子弟得以接触华文。①

　　20世纪80年代至90年代，随着各国教育政策的松动和中文影响的扩大，东南亚各国的华校逐渐恢复生机。虽然外部环境大为改善，但华校面临着教学大纲和教材不统一、师资匮乏、教师薪酬低、教师专业结构不合理、华文教育培训渠道有限等诸多现实困难。华社通过课程和教学改革、提高教师薪金、补充师资、邀请中国专家讲学、加大居住国和祖籍国之间合作办学的力度等途径，努力发展华文教育。

　　华人社团是推动华文教育发展过程中的中坚力量。如第二次世界

---

① 国务院侨务办公室政研司：《侨务课题研究论文集2004－2005年度（下）》，2007，第865、866页。

大战后，马来西亚董教总联合华社力量，反对各种不利于华文教育的法令和措施，自主创办了 60 所民办性质的华文独立中学、3 所大专院校①，最终使得马来西亚保留了独立的小学、中学到大学的华文教育体系，成为除中国以外，唯一拥有完整华文教育体系的国家。为衡量华文独立中学的水平，1975 年，董教总华文独中工委会还设立了"全马来西亚独立中学统一考试"，虽然该考试一直不被政府认可，但已获得马来西亚私立大学及世界数百所高校的认同。近几年来，就华校课程时间、华校临时教师去留、母语教学和考试、政府承认独中统考等问题，董教总多次督请教育部，并积极寻求解决方案，希望可以维持华校的发展。

2. 华人父母重视家庭教育

华人家庭重视教育有目共睹。如在英国，2010 年，黑人培训和创业组织的研究表明：华人学生普通中等教育证书考试成绩和华人贫困生成绩，都要远远高于其他族裔学生的成绩。相比其他族裔，华人学生成绩特别优异，原因在于华人父母更重视家庭教育，愿意在子女学习和成长中给予更多的支持。② 在美国，以华裔为主的亚裔人群高度重视教育，如 2008～2010 年，在年平均学费支出方面，亚裔家庭的支出（644.3 美元）超过了白人家庭（409.2 美元），远高于非洲裔家庭（125.3 美元）和西班牙裔家庭（177.3 美元）。③

华人完成高中以上教育的比例普遍高于居住国主体民族的平均水平，早在 20 世纪七八十年代，这种优势就已经显现出来。

在美国，1980 年统计数据显示，华人高中毕业生人数占华人人口的 71.3%，大学毕业生人数占华人人口的 36.6%；白人高中毕业

---

① 即南方学院、新纪元学院和韩江学院。
② The Black Training and Enterprise Group（UK），What More Can We Take away from the Chinese Community，Oct. 12，2010.
③ "Investment in Higher Education by Race and Ethnicity，" http://www.bls.gov/opub/mlr/2014/article/investment-in-higher-education-by-race-and-ethnicity.htm，Mar.，2014.

生人数和大学毕业生人数分别占白人人口的68.9%和17.3%。[①] 1990年以来，美国华人的教育水平呈上升趋势。1990年美国人口普查资料显示，25岁以上受过高等教育（大专以上学历）的美籍华人人数的占比为47.1%，25岁以上受过高等教育（大专以上学历）的美国居民人数的占比为26.49%，前者高出后者20.61个百分点。此外，美籍华人中受过大专教育但没有取得学位的比例为11.5%。[②] 2007年，美国统计局发布的《2004年美国亚裔社区调查》显示，25岁以上华裔取得大学本科以上学历者占50.2%，而全美平均比例为27%。[③] 2011年《美国华裔人口动态研究报告》显示，25岁以上华人获得本科以上学位的比例高达51.8%，而全美平均比例为26.4%。[④]

在加拿大，1981年的调查数据显示，15岁及以上的华人接受教育的平均年数为12.12年，而其他加拿大人接受教育的平均年数为11.56年。华人大学毕业生人数占加拿大大学毕业生人数的17.5%；在读的华人大学生人数占加拿大在读大学生人数的11.3%，这两项相加近30%，高于其他加拿大人的这一比例（25.5%）。[⑤] 此后，华人一直都是加拿大各民族中受教育水平较高的一个群体。2001年的数据显示，华人（加拿大和海外出生的）中31%的拥有大学学历，而全国平均比例为18%。[⑥] 该年度华人人数虽仅占加拿大人口的3%，但其博士及硕士学位获得者占比分别为9%和7%。[⑦] 2006年，持有大

[①] Stanley Sue, Sumie Okazaki, "Asian-American Educational Achievements: A Phenomenon in Search of an Explanation," *Asian American Journal of Psychology*, Vol. 5, No. 1, 2009, p. 46.
[②] 1990 Census of Population: Social and Econornic Characteristics, US, 1993, p. 17. 美籍华人资料来源于1990年美国人口普查中的6%抽样调查数据，即6%PUMS（ARC）。
[③] U. S. Census Bureau, The American Community-Asians, 2004, Feb., 2007, p. 15.
[④] The United States National Committee of the Chinese and Asian American Center, University of Maryland, 2011 National Study of Chinese Population Dynamics, Feb. 10, 2011.
[⑤] Peter s. Li., "The Economic Cost of Racism to Chinese-Canadians," *Canadian Ethnic Studies*, Vol. 19, No. 3, 1987, p. 108.
[⑥] "Chinese Canadians: Enriching the Cultural Mosaic, *Canadian Social Trends*," No. 76, Spring, 2005.
[⑦] "The Chinese Community in Canada," http://www.statcan.gc.ca/pub/89-621-x/89-621-x2006001-eng.htm.

学以上学位证书的华人占比为32.65%，而加拿大拥有学士学位及以上学位的人数占比仅为18.14%，比华人低了约14个百分点。①

华人家庭子女大都勤奋好学，再加上天资聪慧，因此许多华人青少年在各方面都表现优异。1966年迄今，新加坡已有200多位总统奖学金得主，其中大都是华人，包括吴作栋、李显龙、杨荣文、陈庆鳞、萧文光、曾汝鑫等政坛领袖。美国每年最多有141名优秀高中毕业生可以获得总统奖学金，每年都有华人青少年获奖，华人青少年获得这一奖项的最高比例为20%以上；美国华裔子弟还频频获得西屋科学奖、美国总统青年学者奖、英特尔科学奖。2006年马来西亚开始设立最高元首奖学金，每年都有华裔大学生获奖，有时占比甚至达到50%。在澳大利亚每年的纽省高中会考（HSC）中，高考各科第一名、大学入学评分满分及高考5科成绩都在90分以上的学生中，华裔学生占据了较大的比例。近年来，越来越多的优秀华人学子进入世界知名高等院校深造。

中国人重视个人的品德，认为"不学礼，无以立"②，"德者业之本，业者德之著"③，德是为人处世之根本。因此，除了重视知识教育之外，华人父母还注重对孩子良好德行和品格的培养，要求他们个人生活勤劳节俭，待人诚实守信，对待事业有责任感。例如，美国第24位劳工部部长赵小兰的母亲朱木兰教女有方：每个成员都要为家庭尽心尽力，争得荣誉；要做的事，一定要做完做好，并能持之以恒；凡事三思而后行，不患得患失，不任性骄纵；仪表整齐，行为举止得体大方；生活习惯良好，穷不苟且，富不骄纵；重视终身学习和教育。美国的一些媒体评论认为，赵小兰的成功和修养源自其良好的家庭教育。④

---

① "Statistics Canada," http://www12.statcan.gc.ca/census-recensement/2006/.
② （宋）朱熹撰《四书章句集注》论语集注卷八《季氏第十六》，中华书局，1983，第7页。
③ 李国钧主编《清代前期教育论著选》（上册），人民教育出版社，1990，第204页。
④ 晓晓：《谁造就了赵小兰——美国首位华裔内阁部长的家世与人生》，生活·读书·新知三联书店，2010，序、第65~76页。

3. 以公益助推教育成为华社风尚

（1）华商踊跃捐资助学

华人社会有着捐资助学的优良传统。华商陈嘉庚"毁家助学"的重教义举堪称典范，这一光荣传统被后世的众多华商继承下来。如菲律宾华商陈永栽长期捐资助学，为中菲两国的教育都做出了重要贡献。1984年以来，陈永栽参与创立"提高教育水准基金会""亚啤医学奖学金"及"陈延奎基金会"等，用于促进教育发展。陈永栽积极支持菲华商联总会推行的"农村校舍方案"，并带头捐钱。在他任菲华商联总会理事长期间，菲华商联总会共捐建校舍466栋，这些校舍的建筑金额为200万美元，为历届菲华商联总会捐款数额之最。[①] 1990年，陈永栽主办菲律宾东方大学，设立"东方大学奖学金"，为该校全额提供电脑和部分专业学生的奖学金，并资助教师攻读博士学位，这使东方大学发展成为拥有最现代化的电脑中心、人数最多和最著名的菲律宾大学之一。

陈永栽还大力支持华文教育。如2002年，他创办了陈延奎纪念图书馆，为华裔学习和研究中国文化创造了条件。该图书馆目前藏书已有4万多册，是菲律宾最大的华文图书馆和菲律宾华人社会重要的学习资料中心。[②] 2001年，陈永栽设立了陈延奎基金会，该基金会组织华裔学生参加为期50天的"中国寻根之旅"——"菲华学生厦门汉语夏令营"，17年来共资助1.3万多名华裔学子。[③] 陈永栽还出资组织优秀华文教师赴厦门、泉州进行业务培训，并多次资助中国的大中小学。如2011年12月，陈永栽为华侨大学捐赠5000万元建立陈延奎大楼，将其作为华文教育培训中心。[④]

---

① 李鸿阶主编《闽商新跨越》，福建人民出版社，2005，第3页。
② 《图片报道》，《人民日报》（海外版）2014年10月31日第12版。
③ 《千余名菲律宾华裔学生福建开启"寻根之旅"》，中国新闻网，http://www.chinanews.com/hr/2017/04-01/8189715.shtml。
④ 《菲华侨领陈永栽捐赠5000万元建设华侨大学华文教育培训中心》，《福建侨报》2011年12月16日第1版。

目前，华商在海外捐资助教逐渐成为一种风尚，捐赠金额越来越大。如在美国，2006 年，谢明捐款 3500 万美元给南加州大学；2007 年，杨致远夫妇捐赠 7500 万美元给斯坦福大学；2010 年，张磊捐款 888 万多美元给耶鲁大学；2011 年，钟馨稼捐赠 1060 万美元给加州大学河滨分校。

（2）华人社团热心资助华裔子弟

华人社团一直将教育作为最主要职能，因而自 18 世纪华文学校创办以来，华人社团就一直对其进行资金和物质上的支持。20 世纪 50 年代初，华人社团设立奖、助、贷学金，这在 20 世纪六七十年代达到高潮。如泰国海南林氏宗亲组织于 1969 年开始设置奖学金，以奖励成绩优秀的旅泰海南林氏青少年，鼓励其上进。[①] 1975 年，马来西亚霹雳安顺应和会馆设立会员子女奖助学金和独立中学学生助学金；霹雳广东会馆从 1975 年开始，每年颁发霹雳九间独中清贫学生助学金；马六甲西河堂林氏大宗祠从 1974 年起，专门提供两个助学金名额给在培风独中就读的林氏宗亲子弟。槟城客属公会为提倡华文，设立了华文成绩优良特别奖。[②] 此后奖助学金逐渐系统化，如菲律宾宗亲会，从幼儿园、中小学到大学都设有奖助学金。奖助学金分为两种：优秀族生奖学金，奖励给每年在各华校各年级获得前三名的族生；清寒族生助学金，由家境清寒或子女众多的族人申请。[③] 20 世纪 70 年代以来，各宗乡组织不再局限于资助本族本乡的子弟，而是将资助范围扩大到全体华裔子弟。

各类其他社团也都热心资助华裔学生。如 2005 年菲华商联总会发起了"挽救华校生流失补助金"的方案，每年为全菲华文学校数百名的华校生提供流失补助金，每人每学年的补助为一万比索，受资助

[①] 潘少红：《泰国华人宗亲组织的发展轮廓》，《寻根》2008 年第 3 期，第 121 页。

[②] 石沧金：《试析二战后马来西亚华人社团与华文教育发展的关系》，《南洋问题研究》2005 年第 4 期，第 57、58 页。

[③] 李亦园、文崇一、施振民：《东南亚华人社会研究》（上册），台湾正中书局，1985，第 129 页。

的学生逐年增多。华社捐款不够时,菲华商联总会负责补足。又如美国华侨华人成立的全美华人文化教育基金会,该基金会的宗旨是弘扬文化和支持教育,致力于增进中西方文化的相互了解与交流、促进中国贫困地区的教育发展与普及、帮助在美华语教育及低收入家庭的高等教育等。① 自 2004 年成立以来,为改善中国教育落后状况,该会多次举办慈善文艺晚会,为中国贫困地区失学儿童发放助学金,在中学和大学设立贫困生奖学金及为小学捐建图书馆。

另外,一些规模较大的华校都设有教师福利基金,为本校教师提供退休金、医药补助金和教师年资奖励金等,并给在职教师子女以优待。一些宗亲会、同乡会、校友会等社团也设有教师福利基金。

六 扶危济困、热心公益

(一) 中华传统文化有着丰富的慈善理念

在中国古代,儒佛道都有着自己的慈善理念。儒家提出"仁者爱人""恻隐之心,人皆有之"②,强调对于弱小者、不幸者的同情之心。儒家还提出,"不患寡而患不均,不患贫而患不安"③,并主张"大道之行也,天下为公"④,只有社会公平正义,人民互相帮扶,社会才能安定,最终达到"老有所终,壮有所用,幼有所长,鳏寡孤独废疾者皆有所养"⑤ 的"大同"社会。张载提出了"民吾同胞,物吾与也"⑥ 的伦理要求,爱他人如同爱手足同胞,"视天下无一物非我"⑦。

---

① 全美华人文化教育基金会网站,http://www.accef.org.cn/index.php?lang=zh。
② (宋) 朱熹撰《四书章句集注》孟子集注卷十一《告子章句上》,中华书局,1983,第 6 页。
③ (宋) 朱熹撰《四书章句集注》论语集注卷八《季氏第十六》,中华书局,1983,第 2 页。
④ (清) 朱彬撰《礼记训纂》卷九《礼运第九》,饶钦农点校,中华书局,1996,第 1 页。
⑤ (清) 马骕撰《绎史》卷九十五春秋第六十五《孔门诸子言行》,王利器整理,中华书局,2002,第 151 页。
⑥ (宋) 张载:《张载集》正蒙 干称篇第十七,章锡琛点校,中华书局,1983,第 1 页。
⑦ (宋) 张载:《张载集》正蒙 大心篇第七,章锡琛点校,中华书局,1983,第 1 页。

西汉年间佛教传到中国后,"慈善"理念也随之传入。佛家常说"大慈大悲",超越了普通的悲悯之情,提倡最广泛的慈爱之心。佛教宣讲"善恶因果业报"的观念,劝说更多的人"行善事、得好报""积善行德",从而"功德无量"。佛教的劝善思想极大地促进了古代中国社会慈善风气的形成。

道家也大力倡导慈善。如汉代的《太平经》、魏晋时期葛洪的《抱朴子》、北宋的《太上感应篇》《文昌帝君阴骘文》,都促进了道教慈善理念在民间的传播和发展。其中的《太上感应篇》是道家修学的根本,被誉为"道家劝善之书",提倡积善行德,造福子孙,如果造恶损德,那么势必祸及后代。

在传统慈善观念的影响之下,中国古代涌现了众多的民间慈善家,如范蠡、樊重、公孙景茂、大峰和尚、陶澍等。但中国古代的慈善行为具有局限性。一是施予者相对较少,限于达官贵人或富商,通常以个人的名义实施善举;二是受众面相对较小,限于残疾、贫病和孤苦之人。

(二) 华侨华人热衷于公益慈善

早期华侨的公益大都限于家族或族群,包括处理华侨的生老病死事务,建立华侨善举公所、设立华侨收容所和华人医院、兴办华文学校、为华人贫困学子捐资助学、为家乡或祖籍国救灾筹款等。此外,华侨华人还积极主动地将家庭、族群和华社的仁义之心扩大到整个社会甚至全世界,从而形成了华侨华人特有的慈善文化。

1. 华人富豪慨捐公益

不少华人企业家将公益和慈善作为自身职责,在成功后及时回馈社会。

美国国际联合电脑公司的创始人王嘉廉的慈善宣言是:"我们作为世界公民活在这个世界上,只要多做一点,当我们离开的时候,这个世界就会比我们来的时候更美好一点。"王嘉廉出资建立了全美迷失儿童中心、王嘉廉社区医疗中心、王嘉廉安老中心、长岛平原中文学校及微笑列车基金会。微笑列车基金会自 1999 年成立以来,致力于为发展中国家贫困家庭孩子提供免费唇腭裂手术,系世界最大的唇腭裂基金会。该基金会已覆盖 87 个国家、1100 多家项目合作医院,资助了超过 100 万例手术,其中自 1999 年迄今,该基金会在中国已成功实施了 36 万多例免费唇腭裂修复手术。①

菲律宾华商郑少坚认为造福社会比赚钱更为重要。长期以来,郑少坚及其创建的首都银行基金会一直积极致力于菲律宾和中国的公益事业。在菲律宾,首都银行基金会捐款兴建医院、大学、农村校舍,资助华裔学生,每年举办菲律宾"最优秀十大教师""最优秀十大警察""最优秀十大军人"等大型公益活动。1994 年迄今,首都银行基金会曾多次向中国的大学、贫困小学、水灾地区及上海市儿童医学中心捐款。2009 年,郑少坚向中国慈善基金会捐款人民币 100 万元。2010 年,首都银行(中国)捐出 100 万元用于玉树地震救灾。2011 年,首都银行(中国)捐赠 20 万元支持常州慈善事业的发展。②

美国华人医生陈颂雄因其大手笔的捐赠成为华社慈善界的"一面旗帜"。2007 年,陈颂雄夫妇承诺捐赠 10 亿美元用于支持卫生医疗改革和国家卫生信息高速公路建设;捐赠 1.35 亿美元给加州圣塔莫尼卡的圣约翰医院;提供 1 亿美元保证金,协助洛杉矶南区金恩医院的重新启用。③ 2010 年,陈颂雄积极响应比尔·盖茨和沃伦·巴菲特联合发起的"捐赠号召",表示通过家族基金贡献力量,确保每个人都能得到最高水平的医疗服务,并决定将捐出至少一半个人财富用于

---

① 微笑列车网站,http://www.smiletrainchina.org/。
② 《关于我们》,首都银行(中国)网站,http://www.metrobank.com.cn/aboutus_new_chn.asp。
③ "Pharmaceutical Executive Donates $100 Million to St. John's Health Center' I," *Los Angeles Times*, Oct. 2, 2009.

慈善事业。① 2013年,陈颂雄夫妇又给加利福尼亚大学全球卫生研究所捐赠了400万美元,使该机构通过新的教育和研究计划,促进弱势群体的健康和给予社区福利。②

2. 公益善举多为社团宗旨之一

支持公益事业、促进社会发展已经成为华侨华人社团的共同目标。以菲律宾华人社团为例,华社为华人也为主流社会提供各种服务——菲华义诊活动、成立菲华志愿消防队、捐建农村校舍运动、设立收容所、捐建图书馆、救济灾民、筹集慈善基金等。其中前三者在菲律宾的影响最大,被称为"菲华三宝"。

菲华义诊活动。华社为贫困华人同时也为菲律宾人提供免费的医疗和施药服务。华侨善举公所是菲律宾历史最久最著名的慈善团体。公所办有崇仁医院、免费诊所、护理学校等公益事业组织。目前,菲律宾华社中共有8个定期义诊活动组织,还有不定期的义诊活动组织:扶轮社、狮子会等。此外,菲华商联总会和宗亲联合总会也经常组建流动医疗队;菲律宾华裔青年联合会每周二在菲律宾总医院免费赠药。菲华义诊活动成效显著,如马尼拉华人义诊中心1986年成立,截止到2013年5月,举办了1259次义诊,使57.7万人次获益。③

成立菲华志愿消防队。为防火救灾、服务民众,菲华商联总会在1964年成立菲华防火福利联合总会,1976年成立菲华志愿消防队总会,菲华志愿消防队的所有费用都由华社筹集。该消防队在全菲有40个分会,200多辆消防车,4000多名消防队员和紧急医务救护员,实行全天候义务执勤服务④,承担了马尼拉80%的消防任务,减少了

---

① The Giving Pledge, http://givingpledge.org/#michele_chan; "Donna Gordon Blankinship, Huntsmans, Other Billionaires Pledge to Donate Half Their Wealth," *Deseret News*, Aug. 4, 2010.
② Chan Soon-Shiong Family Foundation Awards $4 Million to UC Global Health Institute (University of California Global Health Institute Press, 2013).
③ 林亚茗、林旭娜:《菲华公益数十年惠及百万人》,《南方日报》2013年5月14日第A13版。
④ 廖丽丽:《寻访菲律宾华人融入主流社会的"三宝"》,中新社,2013年5月10日。

90%以上的火灾损失率①。

捐建农村校舍运动。20世纪50年代末菲律宾很多农村地区缺乏校舍，儿童没有地方上学。菲华商联总会1960年通过捐建农村校舍的议案，1961年发起捐建农村校舍运动，这得到华社的积极响应。截止到2013年，菲律宾华社累计捐建了5000多座校舍，每天受益儿童达100多万。②

此外，许多菲律宾中国新移民也逐渐成为公益活动的主体。如中国商会向时任总统阿罗约捐献总统贫寒助学金，晋江同乡总会（很大一部分人是中国新移民）资助修建了400多间价值2000多万比索的平民房，旅菲华侨工商联总会、校友联等新移民社团积极参与救灾和对菲律宾穷人的义诊。③中国新移民还积极投入祖籍国的教育和慈善事业中去。如在2008年中国南方雪灾、汶川地震、2010年玉树地震中，菲律宾中国商会总会、旅菲华侨工商联总会等新移民社团多次积极组织捐款。

3. 普通华人成为公益事业的主体

如今，更多的华人尤其是第二代、第三代华人信奉"不以善小而不为"的公益理念，踊跃投身到公益事业之中。如加拿大爱心教育慈善基金与环球爱心教育基金会由华侨刘南生于2006年组成，基金会的信念是"集腋成裘，水滴石穿。世界上因为有爱心，才有希望，今天基金会小小的起步，未来可能会造就无数的社会栋梁"，加入基金会的很多人都是学生和普通人，不少时候基金会靠义工和义卖筹集资金。④

在国外的慈善机构和组织（如扶贫机构、狮子会、妇女儿童权益保护组织、私人基金会等，以及教会、学校和医院）中，都可以看到许多华人义务参与服务和援助。美国的义工精神享誉世界，随着自身

---

① 王传军：《菲律宾有支华人志愿消防队》，《环球时报》2005年3月16日第18版。
② 林亚茗、林旭娜：《菲华公益数十年惠及百万人》，《南方日报》2013年5月14日第A13版。
③ 代帆：《菲律宾中国新移民研究——马尼拉中国城田野调查》，《太平洋学报》2009年第10期，第20、21页。
④ 爱心教育慈善基金网站，http://www.ltef.ca/site/catedu/event_cn/jianadadushiwang512jiaoyucishanwanjingcai/。

的社会地位、生活水准的提高,更多的美国华人利用空闲时间加入义工队伍,其中不乏年轻的中学生和耄耋老人。当然也有一部分美国华人做义工是为了完成学校的要求或领取政府救助金不得已而为之,但更多的华人是为了奉献自己的爱心,回馈社会。

七　善于和其他文化交融

儒家文化得以成为中华传统文化的核心,就在于其是一个兼收并蓄、开放包容的体系。儒家文化提出了"苟日新,日日新,又日新"①"万物并育而不相害,道并行而不相悖"②的观点,主张思辨性的学习和吸收、不同文化交汇融合的重要性。在不同的历史发展阶段,儒家在和墨家、道家、阴阳家、佛教和西方文化等不同文化的接触、碰撞中,呈现不断融合、善于学习的特点,并在和其他文化的融合和挑战中不断得到丰富和深化,实现了儒学的多次新发展。

海外华人作为中华文化的传播者与载体,承继了儒家文化的兼容并蓄、开放包容的特性。如今世界各地的华侨华人文化既保持着中华文化的特性,同时又表现出与其他文化混合的复杂形态。如印尼土生华人文学、孔教会、"三教"会、"甘邦·格罗蒙"音乐、"莱依"戏剧、"布特·噢呐"漫画以及"侨生菜肴"等③,都体现了印尼华人文化与印尼文化的结合。印尼华人宗教信仰杂然相陈,信奉的对象众多,既有中国本土的神灵,也有异域的鬼怪,如印尼三宝垄一座华侨寺庙供奉的神竟然有1000多种。

马来西亚华人是中西文化、中马文化融合较为成功的典范,诚如马华公会前会长黄家定所认为的,马来西亚是个多元文化国家,中国传统的教养、西方文化的视野、回教文化的礼仪,都在华人身上得到了体现④。

---

① (宋)朱熹撰《四书章句集注》大学章句,中华书局,1983,第3页。
② (宋)朱熹撰《四书章句集注》中庸章句,中华书局,1983,第32页。
③ 杨启光:《对雅加达华人中生代的考察与分析》,《东南亚研究》2004年第4期,第77页。
④ 郭宇宽:《马来西亚华人政党领袖访谈:华人如何参与政治?》,《南都周刊》2008年2月25日。

在宗教上，马来西亚华人多信奉本土宗教，但也有华人改信伊斯兰教、基督教或天主教等其他宗教，同时，对其他民族信奉华人本土宗教也不排斥。马来西亚华人甚至将其他民族信奉的对象也纳入自己信奉的对象之中，如华人的"拿督公"信仰，该信仰是马来民族文化和中国民间宗教信仰相结合的产物。

"拿督"一词是对马来语 datuk 的音译，指祖父、伯伯、守护神或对有地位和名望者的尊称；"公"是华人对为社会做出杰出贡献的贤达人士的尊称。19 世纪初期，马来亚华人将马来人的神灵和中国的土地公、道教和佛教思想相结合，从而演化出"拿督公"信仰。最初华人以香烛、水果、冥钞来祭拜"拿督公"，祈福平安。如今，在住宅区、商业区和工业区，华人都会放置"拿督公"神龛。"拿督公"信仰融合了多种文化和宗教，如"拿督公"的服饰为马来传统服饰；"拿督公"的神龛颜色为红色，神龛内的令旗、香炉和神主牌等法器为道教所有，神主牌上写的"唐""番"二字分别指华人和马来人的土地神；"拿督公"信仰采取烧香焚宝、建造微型庙祠等具有佛教色彩的供奉仪式。①

世界各地的中华城或唐人街文化也是中华文化与本土文化互补、共生与融合的产物。在旧金山、新加坡、墨尔本、吉隆坡、槟榔屿、纽约、温哥华等地，唐人街已经成为华人文化和地方文化交汇的中心。如在旧金山唐人街，随处可见大红灯笼、独特的中英文招牌和中式化的建筑，许多店铺也保留了店连屋的传统格局。中国文化中心负责举办华裔美国人的各种展览，也负责组织唐人街历史游、唐人街美食游等活动。旧金山唐人街最大的盛会是中华总商会组织的一年一度的农历新年大巡游，该节庆活动已有超过 160 年的历史，如今观看人数已逾百万②。在活动现场，美国民众和众多来自世界各地的游客可

---

① 梅井：《马来人风俗（卅四）没有固定形象的拿督公》，《孝恩文化》2003 年 8 月 27 日。
② 《旧金山举行中国农历新年大巡游》，《人民日报》（海外版）2012 年 2 月 15 日。

以了解中国的民风、民情、民俗。一些当地人也纷纷穿上中华民族服饰，参与游行。春节期间，旧金山中华总商会还会举办如华埠小姐选美、花市和年宵街会、新年长跑等系列活动以庆祝春节。

第二节　华侨华人文化软实力的影响力

在世界各国，华侨华人的优良文化品质受到肯定与称赞；中华传统节日逐渐获得居住国民间和政府的认同；华侨华人对教育的重视在居住国产生了一定的影响力；华侨华人的公益行为受到民间和官方的称赞与肯定。在中国，侨捐文化引导中国尤其是侨乡慈善风尚的形成与机制的完善；海外华人兴学助学对中国的教育理念与教育发展有着较大的影响。

一　在居住国和世界的影响力

(一) 华侨华人的优良品质受到主流社会的肯定与称赞

1. 早期华侨的优良品质被当地统治阶层认可

在东南亚，早期华人的艰苦劳作为各国的开拓与发展做出了卓著的贡献，获得了统治阶层的认可。菲律宾代理总督安东尼奥·德莫尔加博士在1609年就曾写道，"要是没有中国人充当各行各业的工匠，并且如此勤恳地为微小工资而劳动，这个殖民地就不能存在，这是确实的"①。前马来半岛海峡殖民地总督瑞天咸爵士评价华人："马来西亚各州会有今天，全靠中国人的精神和事业。如果说这些勤劳、能干和遵守当地政府法律的华人给当地政府和居民带来了不少好处，那么这样说绝不夸大事实。"② 研究泰国华侨史的美国专家史金纳指出：

---

① 陈碧笙：《世界华侨华人简史》，厦门大学出版社，1991，第76页。
② Sir Frank Swettenham, *British Malaya-An Account of the Origin and Progress of British Influence in Malaya* (London: John Lane, 1920), p.232.

"在1892年开始的泰国铁路网几条干线的建筑,从各种记载来看,如果没有中国劳工,是不可能建成的。"① 1939年,英国艺术家威廉·史德龄赠予莱佛士图书博物馆(新加坡国家博物馆的前身)的无名华人铜像上镌刻的碑文写道:"华人素以坚忍耐劳著称叻乡,叩三府暨马来全属今日之繁荣,得诸华人能力者良非鲜浅。"②

在北美,早期华侨因勤俭和良好的品行受到极大的赞誉与欢迎。如1865年,美国太平洋铁路首席工程师蒙太古在其年度报告中指出,"一些人怀疑中国人第一次从事这类服务所需的能力,但实验证明是成功的。中国人是忠诚的、勤奋的,在适当监督下,他们能够很快地熟练履行职责"③。1876年,在国会举办的关于中国移民在美国入境的程度和影响的听证会上作证时,美国商人亨利·海特的证词是:"太平洋海岸上的大多数白人劳工发现从事采矿和农业比在铁路上工作更有利可图。华人占了劳工的大部分……倘若不是这些华人,在国会法案所定时间内,这项全国(太平洋铁路)的大事业,西方部分将无法如期完成。"④ 130年后,加利福尼亚州州议员约翰·杜利特尔在众议院发表了关于纪念中国铁路建设者的评论:"没有中国工人在美国铁路建设中的努力,我们国家的发展和进步会被延迟多年。他们在严寒的天气、残酷的工作条件和微薄的工资下的劳作不可被低估。"⑤ 1964年,内华达州建州100周年的时候,把10月24日定为"向华人先驱致敬日",特地在弗吉尼亚建立华工纪念碑,碑文内容是"华人

---

① 〔美〕G. W. 史金纳:《泰国华侨社会史的分析》,《南洋问题资料译丛》1964年第2期,第113页。
② 柯木林:《国家博物馆华人铜像之谜》,新加坡《联合早报》2013年11月9日。
③ S. S. Montague, Chief Engineer, CPRR Annual Report, 1865.
④ Message of the President of the United Statesand accompanying documents, to the two Houses of Congress, at the commencement of the first session of the Thirty ninth Congress, 1865, Serial Set Vol. No. 1248, Session Vol. No. 2, 39th Congress, 1st Session, H. Exec. Doc. 1 pt. 2, p. 990.
⑤ John T. Doolittle, "Chinese-American Contribution to Transcontinental Railroad (Extensions of Remarks)," *Congressional Record*, Vol. 145, Part 6, 106th Congress, 1st Session, Apr. 29, 1999, p. 8003.

先驱，功彰绩伟。开矿筑路，青史名垂"①。

在加拿大，1882年，麦克唐纳总理在向国会陈述其坚持雇用华工修建铁路的理由时强调，"二者只能择其一，要么雇用华工，要么建不成铁路"②。2009年，在加拿大多伦多市东区"中华门"揭幕式上，苗大伟市长指出，"中华门"是华人社区对多伦多城市发展起到的支持性作用的象征，提醒人们牢记华工对加拿大早期铁路建设所做出的不可磨灭的贡献。③

2. 第二次世界大战以来华侨华人的优良品质获得各国普遍认可

东南亚华侨华人的优良品质获得了居住国政府的高度赞誉。马来西亚国家领导人对华人褒奖有加，在许多重要场合赞扬华人重视教育、重视社会和文化和谐，经营有方，甚至要求其他民族向华族学习。如1999年，在第15届世界客属恳亲大会开幕式上，马来西亚时任首相马哈蒂尔赞扬华侨华人从开荒时代到当时的金融危机时期，做出了巨大的贡献。在经济风暴中，华人社会的经济耐力、慷慨、乐意与友族继续合作的精神都一一彰显出来。④ 2012年，马来西亚首相纳吉在"世界华人经济论坛"致辞时表示，华社在商业、教育、慈善和社区建设贡献巨大，如果没有华社的贡献，那么马来西亚不会取得今天的成就。⑤

印尼政府也逐渐对华人的优良品质持肯定和赞同的态度。2006年，印尼国会通过了新《国籍法》，取消了在种族、性别和婚姻方面对少数民族的歧视性条款。2007年，印尼司法和人权部部长哈米德·阿瓦勒丁表示，新《国籍法》消除了社会对华族的歧视，纠正了社会对华人

---

① 《辞海》编辑委员会编《辞海1989年版（缩印本）》，上海辞书出版社，1990，第2160页。
② Ernest Perrault, *The Story of Tong Louie, Vancouver's Quiet Titan*（Vancouver: Harbor Publishing, 2002), p. 23.
③ 庞君：《华人日益融入多伦多主流社会》，《人民日报》（海外版）2010年9月2日第6版。
④ 《历史不能没有华人——马来西亚首相马哈蒂尔赞扬华侨华人巨大贡献》，《东南亚纵横》2000年第1期，卷首。
⑤ 《纳吉布：若没华人马来西亚不会有今天成就》，中国新闻网，http://www.chinanews.com/hr/2012/01-25/3623328.shtml，2012年1月25日。

的错误观点。历史上，华人与原住民实现了族群文化融合，并对建设印尼起到了积极作用。① 印尼总统瓦希德、梅加瓦蒂、苏西洛都多次出席华人庆祝春节和元宵节活动，并高度赞扬华人为印尼社会发展做出的贡献。

在北美，华侨华人的优良品质也获得了政府的高度赞誉。1984年，里根在白宫接见美国亚裔人士代表时称，美国人需要亚裔的价值观念和勤奋精神。② 在1997年的美国国情咨文中，克林顿指出，亚裔移民用他们的辛勤劳动、家庭价值观和作为公民的良好表现，增强了美国的实力。他们代表着我们都能够实现的未来。③ 2012年，皮尤研究中心发布的《美国亚裔的崛起》报告，认为亚裔在各族裔中受教育程度最高，经济状况也最好，比美国普通民众更满意自己的生活、经济状况及国家的方向，也更为重视婚姻、父母、勤奋和事业成功。④ 在历年5月的亚太裔传统月⑤上，美国总统和地方官员都会盛赞亚太裔为美国做出的贡献。如2006年，乔治·W. 布什在发表亚太裔传统月文告时，认为亚太裔为"美国发展成为强大、充满活力和自由的社会做出了贡献"，并称赞亚太裔的"才能和努力增强了我们国家的成功和繁荣，帮助美国成为世界领袖。他们通过其强大的价值观，对家庭的爱

---

① 叶平凡：《华人在印尼贡献受到肯定》，《人民日报》（海外版）2007年1月30日第6版。
② Ronald Reagan. Speech to a Group of Asian and Pacific Americans in the White House. Feb 23, 1984, Reprinted in Asian Week, Mar 2, 1984, p. 6.
③ William Jefferson Clinton, State of the Union Address, http://www.let.rug.nl/usa/presidents/william-jefferson-clinton/state-of-the-union-1997.php, Feb 4, 1997.
④ Pew Research Center, The Rise of Asian Americans, updated edition：Apr. 4, 2013. 但此报告公布后，引起了亚裔的极大反响，亚裔团体、政要都称该报告有误导倾向。
⑤ 1978年10月，美国国会通过了一项法律，规定自次年起，每年5月从第一个周末开始，举办为期7天的亚太裔传统周。1990年，鉴于亚太裔"在美国的科学、艺术、工业、政府和商业的发展中做出了重要贡献，从而创建了动态和多元化的美国社会"，美国国会又通过立法将该项活动扩展到整个5月。国会明确要求总统每年以公告形式宣布联邦政府的这项活动，并且要求各州和地方政府首脑也仿效联邦，在各地举办亚太裔传统月。1992年，老布什总统签署法案，设立了亚太裔传统月。"Asian/Pacific American Heritage Month," http://www.loc.gov/law/help/commemorative-observations/asian.php.

和对社会的承诺,帮助塑造美国的国民性和认同感"①。2014 年,奥巴马在文告中再次赞誉"亚太裔将充满活力和独特视角的文化,带入了我们的国民生活"②。

此外,各国政要还通过中国春节这个渠道,盛赞华侨华人对本国经济、文化与社会发展做出的贡献。如 2002 年 2 月 9 日,在华侨华人举办的庆祝春节和纪念华人旅居丹麦 100 周年的联欢活动上,丹麦移民与一体化大臣贝特尔·霍德发表了讲话,赞扬了华侨华人的传统美德。他说,华人在丹麦一直都勤俭耐劳、踏踏实实,能够很好地融入社会,获得了当地人的尊重,为社会发展做出了自己的贡献。③ 2009 年春节前夕,毛里求斯总统贾格纳特在给新疆艺术团的慰侨演出发来的贺信中说,华侨华人不仅展示了自身的文化传统和价值,而且为毛里求斯经济振兴做出了贡献。④ 2011 年,澳大利亚总理吉拉德在澳大利亚华人团体协会举办的春节庆典上表示,自 19 世纪 20 年代赴澳大利亚淘金和创业以来,华人为澳大利亚的经济文化建设及社会发展做出了重大贡献。⑤

(二) 中华传统节日获得居住国的认可与重视

春节作为华侨华人最大的传统节日,已经获得居住国政府的重视。每年在中国农历新年辞旧迎新之际,世界各地的华侨华人都会开展各式各样的庆祝活动。每当此时,各国元首、政要也纷纷向华侨华

---

① "Asian/Pacific American Heritage Month, A Proclamation by the President of the United States of America", http://georgewbush-whitehouse.archives.gov/news/releases/2006/04/20060428 – 8.html, 2006.
② "Presidential Proclamation-Asian American and Pacific Islander Heritage Month," http://www.whitehouse.gov/the-press-office/2014/05/01/presidential-proclamation-asian-american-and-pacific-islan-der-heritage-m, 2014.
③ 《丹麦华人华侨举行盛大春节联欢活动》,新华网,http://news.xinhuanet.com/newscenter/2002 – 02/10/content_275369.htm, 2002 年 2 月 10 日。
④ 白景山:《毛里求斯总统与华侨华人共度新春》,《人民日报》2009 年 1 月 28 日第 3 版。
⑤ 于青等:《祝福中国春节 问候全球华人》,《人民日报》2011 年 2 月 1 日第 3 版。

人拜年，秀中文、发贺词、穿唐装、派红包，并参加华侨华人举办的各类庆祝活动。华社举办的春节游行、庆典等活动也得到许多地方政府的支持，活动的规模也越来越大。如在英国，自1986年伦敦市中心的中国城建立后，每年春节期间，中国城至特拉法加广场俨然成了华人英国人共庆节日的大舞台。为支持华社春节庆典，伦敦市政府每年都要投入大量资金，并且庆典当天伦敦市市长也会亲赴现场，向华人拜年，并对华社的贡献表示感谢。英国前首相布朗2010年还在首相府专门为华侨华人举办招待会，高度评价他们为社会做出的贡献和发挥的作用。如今，英国伦敦和各地的华人庆新春活动都成了"品牌"，获得了各级政府的大力支持。①

在一些国家，出于对华侨华人为主流社会所做贡献的认可，春节还被政府规定为法定假日，成为华侨华人和居住国民众共同欢庆的节日。如在菲律宾，2004年1月，阿罗约宣布春节为全国"工作假日"。2011年2月，菲众议院通过自2012年开始把中国春节定为"非工作假日"的决议。2011年12月，阿基诺签署总统公告，把2012年1月23日（春节）定为"非工作公共假日"。公告称，春节已成为华人和普通菲律宾人共同庆祝的节日。② 在印尼，2000年，瓦希德废除了1967年苏哈托政府颁布的限制华人公开欢度春节和元宵节的禁令。2001年春节前，瓦希德宣布春节为可选择性假日，华人可以自由庆贺。2002年2月，梅加瓦蒂宣布自2003年起，春节属于国家假日。

此外，元宵节、中秋节等传统中国节日也逐渐受到主流社会的认可。2002年，菲律宾马尼拉市议会通过决议，定于每年的2月举行中菲传统文化节，通过举办中国文化活动，庆祝元宵节。如今，该文化

---

① 《刘晓明大使在英国侨界欢迎招待会上的讲话》，中华人民共和国驻大不列颠及北爱尔兰联合王国大使馆网站，http://www.chinese-embassy.org.uk/chn/sfhd/t676475.htm，2010年3月31日。
② 《华人赞春节宣布为假日意义重大》，菲律宾《菲律宾商报》2011年12月7日。

节已连续举办十多届，受到菲律宾民众的喜爱。

（三）华人重视教育获得主流社会的认同

1. 华文教育获得认同

在东南亚，历史上各国的华文教育都受到压制，有的甚至被取缔。20世纪80年代后，在华侨华人自身的努力及中国的影响下，华文教育逐渐受到官方的重视。

在马来西亚，非华裔学生学习中文渐成潮流。20世纪80年代末尤其是20世纪90年代以来，到华文小学就读的非华族子弟逐渐增多，一些非华族子弟还到华文独立中学就读。甚至一些以宗教教育为主的回教中学，也开设华文班。马来西亚自小学至大学，都逐渐重视华文教育。1994年，马来西亚教育部在小学推广中国的珠算教学。1998年，马来西亚教育部在国民中学（马来文）设立华文科督学，现在已有越来越多的国民中学（马来文）开办华文班，学生人数也逐渐增多。马来亚大学1963年就开办了中文系，马来亚大学文学暨社会科学院还设有"华人企业文化学科"。此外，政府也主办了一些华文培训班和华文课程，通过对非华裔公务人员的培训，使其华文水平达到初中程度。1988年，马六甲州政府首次为官员开办华文班。政府开办的国家公共学院也开办华文课程，各类华文短期培训班数量较多。2009年，马来西亚霹雳州政府甚至做出州行政议员必须学习华文的规定。政府高官甚至首相也多次呼吁各族要加强华文学习。1988年，时任教育部部长安华指出华文的重要性，并呼吁各族学习华文。此后安华、马哈蒂尔和纳吉在各种场合多次发表重视华文教育和支持华文学习的言论，甚至鼓励马来人学习华文。另外，为了促使民众更好地了解中华传统文化，马来西亚国家语文出版局还组织人员翻译出版了中国的一些古典文学和哲学著作。马来西亚政府对华社举行的各类文化和民俗活动也表示出越来越多的支持，如历年的华人文化节，马来西亚首相必定出席。

在菲律宾，自 20 世纪 80 年代末开始，官方对华文教育的态度逐渐转变。1986 年阿基诺夫人执政后开始放宽对华文教育的政策。1994 年，菲律宾教育部表示将华语列入学校课程，同时还同意华校从中国聘请教师。2001 年阿罗约上台后，宣布华文为各大专院校的选修课，目的是让中华文化注入主流社会，从而推动国家复兴大计。此后，阿罗约多次在公开场合表示支持推广华文和中华文化。2009 年，教育部副部长拉布拉多女士在出席第八届东南亚华文教学研讨会时表示，菲律宾将选派更多的学生到中国学习华文，以增强本土的华文教师力量。2011 年，菲律宾教育部将汉语列入中学外语选修课程。2012 年，菲律宾教育部组织了首次校长和教育官员赴厦门参加汉语教学研修及汉语教材培训。

20 世纪 90 年代以来，菲律宾选择进入华校接受华文教育的非华裔学生逐渐增多。有的省份，如伊沙贝省，当地的毓侨和南星两所菲华学校，菲人学生已分别占 2/3 和 4/5，而南部的一些华文学校，菲人学生都占一半以上。[①] 菲律宾许多中小学开设华文课程，甚至一些贵族学校也对华文教育兴趣浓厚。如拉刹青山（La Salle Green Hills）学校自 2003 年起，与福建师范大学开展中文项目合作，开设了学生零起点班、成人周末短期汉语培训班等，面向在校学生和家长推广汉语教学。菲律宾大学也纷纷开设华文课程以适应时代发展和教学需要。最早开设华文课程的当属中央大学，1997 年该校就规定华文课为必修课。2000 年以后，多所大学开设了华文选修课，如菲律宾大学亚洲研究中心将"中国研究"纳入选修课程，圣卡洛斯大学、阿特尼奥大学、马尼拉大学也都开设了中文选修课。还有更多的大专院校正在积极推动，争取使华文课程成为选修的外语课程之一。此外，菲律宾社会上其他各类各层次的汉语培训班也争相开办。近年来，中国

---

① 《东南亚华人教育论文集》，台湾屏东师范学院印行，1995，第 102 页。

的多所大学也通过各种合作项目和渠道作为合作方而成为菲律宾华文教育的办学主体之一。

在欧美国家，中文也越来越受欢迎，非华裔也逐渐加入学习中文的热潮中去。美国《侨报》报道，从十多年前开始，美国人学中文就形成了一股热潮，美国当地的非华裔家庭非常乐意送自己的孩子学中文。[1] 如在帕沙迪纳社区学院开设的中文课中，非华裔学生占到了20%。帕沙迪纳的菲尔德小学2011年开设了针对幼儿的侵浸式汉语教学项目，一些美国家长纷纷把孩子送入该学校，让孩子更早地接触中文。[2]

2. 华人家庭教育获得认同

美国华人教授蔡美儿于2011年出版了《虎妈战歌》一书，引发了媒体、民众乃至政府关于中美教育方法的思考和大讨论。《华尔街日报》首先刊登了书摘，并对蔡美儿的故事进行了连续报道。随后《纽约时报》《华盛顿邮报》《纽约客》等美国主流报刊也纷纷刊登书摘。《时代周刊》在2011年第4期把蔡美儿作为封面人物，封面文章标题为《虎妈的真相》。文章认为，蔡美儿的育儿经之所以在全美引发如此大的反应，是因为其教育方式碰到了美国的痛处，美国人总担心会输给中国和其他新兴国家，害怕下一代没有做好在全球经济竞争中生存的准备。《虎妈战歌》一书在网上的点击率超过百万，许多投票者认为，他们会借鉴"虎妈"的育儿方式。虎妈走红后，奥巴马也公开言及中国式教育。鉴于同其他国家相比，美国存在中小学生成绩落后及教育经费不足、教育成本过高的问题，奥巴马多次提出要加大美国教育改革的力度。在2012年的国情咨文中，奥巴马提出要投资教育和加强技能培养，要加强中小学教育，降低大学费用。[3] 在2013年的国情咨文中，奥巴马强调不能削减教育经费，要加强幼儿教育，

---

[1] 郭剑：《要当中国通 先得学中文》，美国《侨报》2013年3月20日第A09版。
[2] 夏嘉：《学汉语"洋"人分数超华人》，美国《侨报》2011年8月19日第C02版。
[3] "Barack Obama, 2011 State of the Union," http://www.whitehouse.gov/state-of-the-union-2012, Jan. 24, 2012.

确保没有孩子输在起跑线上；改革高等教育，确保高中生毕业后就能找到好工作；同时降低大学成本和修改高等教育法案，使更多的年轻人接受高等教育及实现教育投资收益的最大化。①

英国黑人培训和创业组织于 2010 年 10 月发表了 "What More Can We Take away from The Chinese Community" 的报告，声称白人和黑人家庭应该向华人社会学习家庭教育的方法，以提高人们对华裔教育成功意义的认识。该报告提及 2001 年人口普查数据，16 岁以上华人仍是全职学生的比例达到其人数的 30%，而同期英国的平均比例只有 8%。华人学生在普通中等教育证书考试中的成绩大大超出其他族裔。在贫困家庭的学生中，70.8% 的华人贫困生获得了各科良好以上的成绩，但同期全英仅有 26.6% 的贫困生达到该标准。因此，"政府需要找出原因，为什么如此多的来自贫困家庭的白人和黑人学生在离开学校时不能受到良好的教育，而来自同样背景的华人学生却可以持续获得好的成绩"。该报告希望此现象可以获得政府关注，找到一种研究华人学生在学习上成功的秘密，并加以"复制"，从而减少族群在成绩上的差异。② 此报告一出，立即在各网站迅速传播，并引发了英国社会的广泛讨论。据此报告，BBC 英伦网发表了《教子有方 英华裔家庭成楷模》③ 一文，随后，欧洲时报网转引了该文章。各大网站也纷纷展开了有关中式教育的讨论。④

---

① "President Barack Obama's 2013 State Of The Union Address," http://www.whitehouse.gov/state-of-the-union-2013, Feb. 12, 2013.
② The Black Training and Enterprise Group (UK), Time for White and Black Families to Learn from the Chinese Community, Oct. 12, 2010.
③ 《教子有方 英华裔家庭成楷模》，BBC 英伦网，http://www.bbc.co.uk/ukchina/simp/uk_education/2010/10/101020_uk_edu_bteg.shtml, 2010 年 10 月 20 日。
④ Such as Hugh Muir, Hideously Diverse Britain: School Success-the Chinese Way," *The Guardian*, Wednesday, 27 October, 2010, http://www.guardian.co.uk/uk/2010/oct/27/diverse-britain-school-success-chinese; Andrew Holt, "Paper Highlights Chinese Academic Success, Charity Times," 10 Octber, 2005, http://www.charitytimes.com/ct/What_more_can_we_takeaway_from_the_Chinese_community.php.

(四) 华人的公益行为受到肯定与称赞

华侨华人社会从事的各种慈善和公益活动，惠及了众多的普通民众，逐渐受到民间和官方的认可。

在菲律宾，华人长期从事义诊活动，为贫困家庭免费提供医疗卫生服务，受到了菲律宾民众的欢迎，众多的穷人也从中受益。在崇仁医院免费治病的人中，菲律宾人占到 90% 以上。菲律宾在建国初期，公立学校匮乏，教室严重不够，许多学龄儿童无法持续接受常规教育。如今，菲华商联总会累计捐建的 5000 多座农村校舍，几乎覆盖了菲律宾群岛，这在很大程度上解决了菲律宾农村地区适龄儿童入学难的问题，让更多的儿童能够接受正规的教育。菲华志愿消防队从成立迄今已成功扑火许多次，一些华人消防员甚至为此献出了生命。如 1983 年，39 岁的防火会员张昭明，在救火中光荣牺牲。菲律宾各大媒体报道了此事，其家人也获得了民众的热心捐助。出殡当天，民众自发为其送行。20 世纪 80 年代以来，菲律宾当地人也开始加入志愿消防队。

菲华商联总会因为对"菲华三宝"的长期支持，迄今已多次获得总统嘉许和政府部门授予的匾额和奖状。1966 年 8 月，菲华商联总会召开第六次代表大会，马科斯总统对菲华商联总会在捐建农村校舍中做出的贡献大为赞许。1980 年和 1984 年，马科斯总统亲自为牺牲的华人消防员敬献花圈。1987 年，在菲华防火福利联合总会庆祝成立 23 周年时，阿基诺总统对其成就表示祝贺。[①] 20 世纪 80 年代以后，因为建筑速度快、价格公道、校舍坚固耐用，阿基诺政府和阿罗约政府都曾委托菲华商联总会代建校舍，菲律宾政府此举是对菲华商联总会的捐建校舍运动给予的肯定。阿罗约曾多次赞扬华社的公益活动对社会做出的贡献。2011 年，在菲华商联总会第 28 次全菲代表大会上，

---

① 宋平：《承继与嬗变：当代菲律宾华人社团比较研究》，厦门大学出版社，1995，第 83 页。

阿基诺三世在致辞时，也高度赞扬了菲华商联总会对菲律宾教育做出的贡献。此外，菲律宾政府还曾特意宣布每年的3月23～29日为"菲律宾华商联总会周"，并举行各种宣传和纪念活动。

在美国，华人精英积极从事慈善事业，获得了主流社会的认可。如陈颂雄的种种慈善贡献，使其获得了众多的国内和国际荣誉。2007年，他获得埃利斯岛荣誉奖章、圣玛丽医学中心的终身成就奖和圣约翰健康中心的博爱奖。2010年，他被《洛杉矶商业周刊》评为年度人物，并获得美国国家医学图书馆卓越医学奖。2010年，亚利桑那大学授予陈颂雄名誉博士学位。[①] 尤其是2010年8月，陈颂雄加入"慈善捐赠誓言"，宣布捐出一半财产，作为首位响应此号召的华裔，这在全美引起了一定的轰动。

美国众多的华人常年默默无闻地从事公益事业，近年来，华人义工的付出得到了主流社会的认可与肯定。如2011年，华盛顿的美京华人活动中心荣获马里兰州服务荣誉奖。加州优瑞卡市的华人慈善家关惠群，因为其常年的善举，获得了2008年加州的弥涅耳瓦奖及2010年的美国总统公民奖章。一些企业家和个人也深受感染，对关惠群给予资金、物资和人力援助。[②] 此外，每年许多华人精英和华人学生还获得美国总统公民服务委员会设立的"总统义工服务奖"[③]。

二 在中国的影响力

（一）侨捐文化推动了中国慈善事业的发展

与国外相比，目前中国的慈善事业在普及性上还存有较大差距。

[①] Visionary Healthcare Entrepreneur and Philanthropist, Dr. Patrick Soon-Shiong, to Speak at UCLA Engineering Commencement in UCLA Engineering, 2011.

[②] Thadeus Greenson, Minerva Award Winner Betty Chinn Talks about the Award, and Her Passion, Time-Standard, 2008－10－18; Thadeus Greenson, A Presidential Honor: Eureka's Betty Chinn to Be Honored at White House, Time-Standard, 2010－08－03; Mary Thibodeaux Lentz, Second Helping: Betty Chinn Serves the Poor, 2010－07－15.

[③] 美国总统乔治·W. 布什在2002年的国情咨文中提出全民一生至少需做4000个小时义工，并设立"总统义工服务奖"，以激励积极响应的义工。

据统计，在中华慈善总会每年接受的捐款中，仅有25%源自国内民众，其余大都源自国外。而在美国，85%的捐款源自民众，仅有5%、10%分别源自基金会和企业。① 另据2010年美国贝恩公司发布的统计数据，2009年捐款在各国GDP中所占比例如下：美国2.2%、英国1.3%、加拿大1.2%、印度0.6%、巴西0.3%，我国仅为0.1%。在我国，政府的捐赠额远远超过个人的捐赠额。②

海外侨胞、港澳同胞在中国的公益慈善方面贡献巨大。以广东为例，改革开放至2010年，侨捐额达462亿多元人民币，超过全国侨捐总额的60%。③ 从全国范围来看，2007~2009年，源自中国内地（大陆）以外的捐赠额分别占全国接收捐赠总额的28%、13%、14.1%，其中我国港澳台地区和华侨华人社会的捐赠额占了绝大部分，如2009年，我国港澳台地区和华侨华人社会的捐赠额占境外捐赠总额的80%。④ 海外华人的捐赠不仅在物质上充裕了中国的慈善资金，为中国的各项建设提供了硬件支持，而且海外华人大力弘扬的慈善精神与理念，对中国尤其是侨乡的慈善公益事业发展形成了巨大的助推力。

1. 促进了中国慈善风尚的形成

在海外华人大力弘扬慈善公益事业的推动和示范下，中国各地侨乡的慈善公益捐赠文化逐渐为广大民众所接受。近年来，侨乡的慈善活动无论从组织载体、内容形式，还是从募捐规模、参与程度和受益人群来看，都获得了迅速发展，侨乡的慈善事业也因此走在了中国的

---

① 陈劲松：《中国慈善呼唤全社会参与》，《人民日报》（海外版）2005年11月24日第4版。对于流传的"99%的中国企业没有尽到慈善义务"的说法，也有学者持不同意见，认为该统计方法缺少对民间隐性捐助行为的统计和分析。杨团主编《中国慈善发展报告》，社会科学文献出版社，2010，第4页。另外，有关中国人均捐款不足1元的说法，也有失偏颇，如果考虑到全国福利彩票和体育彩票、彩票公益金的慈善收入，人均捐款额应该会大大提高。但不可否认的是，中国企业和普通民众的捐助大多缺乏主动性，慈善理念确实有待提高。
② An Overview of Philanthropy in India, Bain & Company, Mar. 19, 2010, pp. 2 - 4.
③ 朱江：《发挥华侨港澳同胞慈善力量 加快广东社会保障事业建设》，广东侨网，http://www.gdoverseaschn.com.cn/qwyj/201104/t20110425_155295.htm，2011年4月25日。
④ 杨团主编《中国慈善发展报告》，社会科学文献出版社，2010，第4、5页。

最前列。

侨乡的慈善文化远比非侨乡发达，尤以广东和福建两省为最。以广东台山为例，台山有不少侨捐项目，海外华人的捐赠只占其中一部分，剩余部分多是地方政府和当地民众捐赠的。1994年，台山通济桥垮塌后，除海外华人给予了巨额捐赠外，台山市几乎人人都参与了捐赠。2006年12月台山慈善会成立，至2011年底，该会接受捐赠额达6425万元。2011年，台山市慈善会通过举办年度慈善公益万人行和"6.30广东扶贫济困日"活动，共筹款935万元。2012年台山市慈善公益万人行起步，在起步仪式上，台山市领导和纪委领导踊跃带头捐款，许多台山企业、商会和个人也积极捐款。[①] 每年，在"3.5学雷锋"全市义工统一行动月，很多单位和市民都志愿加入义工队伍中来。

侨乡的慈善家也远比非侨乡多。近年来，"胡润慈善榜"统计的结果表明，捐款最多的当属粤商和闽商。2009~2016年，"胡润慈善榜"中粤商的人数分别为：18、18、15、21、25、28、19和12人。闽粤富豪的捐赠额最高为数十亿元，如福建曹德旺家族2011年捐款达45.8亿元，2012年达36.4亿元，曹德旺两度成为"中国最慷慨的慈善家"。2016年，马化腾捐款139亿元，成为"中国首善"。相比而言，慈善家设立公司最多的地区是广东。[②]

传播慈善风尚与理念也已成为侨乡政府和媒体的共识。为了弘扬慈善文化、鼓励和支持全社会参与慈善，自2008年起，广东省侨办和广东南方电视台主办一年一届的"南方·华人慈善盛典"。该盛典意在对为广东公益事业做出突出贡献的海外华人表示感谢，也意在鼓励更多的普通民众能够学习他们，投身到公益事业中去，为人民谋福祉。

---

① 《聚集社会力量，扶贫济困赈灾救济 台山市2012年慈善公益万人行起步》，中国江门网，http://www.jmnews.com.cn，2012年2月15日。
② 根据历年"胡润慈善榜"发布的统计数据整理所得。

如今华侨华人乐善好施的慈善意识的影响已大大超出了侨乡的范围,在中国更广泛的地区形成了更大的影响力。近年来,在粤闽等沿海地区本土企业家慈善风尚的引领下,内陆地区热心于慈善的企业家越来越多。历年的"胡润慈善榜"统计数据表明,北京、河南、湖南、湖北、山东、四川、安徽、甘肃等地出生的慈善家不断涌现。

2. 推动了中国慈善机制的完善与慈善事业的革新

与中国其他地区相比,广东省作为侨乡,受海外华人侨捐文化的影响,在侨捐管理、促进慈善事业立法与慈善事业民间化方面做出了突出贡献。

在侨捐管理方面,广东省形成了中国侨捐和慈善项目最好最详细的监管制度。1978年,广东省革委会颁布的《关于受理华侨港澳同胞捐赠物资和捐办公益事业试行规定》,正式恢复受理华侨港澳同胞的捐赠。1984年,广东省政府颁布的《广东省华侨、港澳同胞捐办公益事业、支援家乡建设优待办法》,对监管华侨华人、港澳同胞捐赠公益事业的基本原则做了规定。1986年《关于进一步加强捐赠进口物资管理工作的通知》和1987年《关于认真做好捐赠审批把关工作的通知》,对规范广东的捐赠秩序起到重要作用。1997年,广东颁布的《广东省华侨捐赠兴办公益事业管理条例》,将捐赠监管工作纳入法制轨道。2005年,广东通过的《广东省华侨捐赠公益事业项目监督管理办法》,增强了全省对侨捐项目的监察和管理力度。该年,广东省侨办发布的《关于在全省建立华侨港澳同胞捐赠公益事业项目监督管理制度的意见》,明确了各部门对侨捐项目的监管职责。自2006年开始,广东建立了省、市、县、镇侨捐项目监管网络和制度,这实现了对侨捐的全面监管。[①]

在促进慈善事业立法方面,广东省也走在了前列。2009年,广

---

① 张应龙:《广东侨捐项目监管制度研究》,载国务院侨务办公室政策法规司编《国务院侨办课题研究成果集萃(2007-2008年度)(下册)》(内部读物),2009,第1175~1180页。

东省制定了《关于进一步促进慈善公益类社会组织发展的若干规定》，推出了四项创新性举措：简化登记程序、降低登记门槛、扩大募捐主体范围、发挥孵化基地作用。规定公益服务类社会组织可直接向登记管理机关申请成立登记，不需要再挂靠主管单位或者部门。2010年以来，许多慈善公益组织纷纷在广东省注册成立。

在慈善事业民间化方面，广东省加快推进慈善事业的民间化步伐。2009年，广东省实行的政府购买服务，需要民间公益组织出力支持。2012年，广东省推出"五自四无"公益慈善组织建设①。同年，广东省又颁布了《关于进一步培育发展和规范管理社会组织的方案》，意在推进公益组织的民间化。至2011年底，在广东省登记的公益慈善类社会组织有2414家，民间类占50%，广东省已基本形成覆盖至乡、村的全省慈善网络。②

广东省实施的《广州市募捐条例》和多年的慈善经验及大胆实践，为国家《慈善法》的出台带来重要的启示。2012年5月1日，《广州市募捐条例》出台，条例赋予民间慈善募捐合法地位，将募捐主体扩大到慈善公益类的社会团体、民办非企业单位和非营利的事业单位。该条例是全国首创性的改革措施，同时广州也因此成为中国首个为慈善事业立法的城市。2016年9月1日，国家《慈善法》出台。在《慈善法》出台之前，《广州市募捐条例》成为《慈善法》立法的地方案例，直接成为借鉴。广州在公益慈善方面的大胆创新，如向民间放开公募权、降低准入门槛、增进扶持引导等，为起草工作带来了诸多的启发和帮助。据悉，为推进慈善法立法工作，相关专家曾一年

---

① 即自愿发起、自选会长、自筹经费、自聘人员、自主会务，实行无行政级别、无行政事业编制、无行政业务主管部门、无现职国家机关工作人员兼职。戴晓晓：《260家公益慈善组织参加慈展会》，《新快报》2012年7月13日第S03版。
② 侯斌雄：《民间慈善广东上路：地方法规保护推进慈善事业发展，人人参与全民慈善渐成共识》，《时代周报》2012年第200期。

40 余次赴广州调研。①

（二）华侨华人助学传统对侨乡的教育影响深远

华侨华人在中国助学历史悠久，其为侨乡近代教育的产生和发展做出了很大贡献。如 20 世纪 30 年代，菲律宾华侨给祖籍国的侨汇大部分都用于置产，在厦门和泉州投资和支持文化及福利事业，尤其是学校。如在泉州一带尤其是晋江、南安两县，平均 2500～3000 人即有一间小学，几乎每一村庄都有学校。② 改革开放以来，华侨华人再次发扬助学传统，协助侨乡政府办学，成为政府之外社会办学力量的主体，这对侨乡的教育理念与发展产生了较大的影响。

其一，弘扬了教育为本的中华传统文化。1978 年中国改革开放前后，海外华人踊跃捐资助学，积极支持中国教育事业的重建和发展。福建省侨办统计，改革开放以来至 2017 年初，针对公益事业，海外侨胞、港澳同胞累计捐赠福建多达 268.5 亿元。其中属于文化教育方面的最多，约占 60%，如 2016 年，投入福建教育事业的侨捐 3.62 亿元，占 35.1%；文体事业 2.64 亿元，占 25.6%。接受捐赠的学校包括福建各大学和沿海侨乡的中小学。③ 在广东，海外侨胞、港澳同胞为兴办公益事业捐款赠物超过 462 亿元，兴办的公益事业项目达 3.2 万项，其中 2.4 万项涉及捐建学校、医院、图书馆、体育馆、道路、桥梁等；创办的各类基金会有 3000 多个，囊括了文教、卫生、扶贫济困等社会公益事业。④ 福建、广东省的海外侨胞及港澳同胞还捐资设立了各类教育基金，包括奖教基金、奖学基金、教师培训基

---

① 谭秋明、印锐：《慈善法立法吸纳"广州经验"》，《广州日报》2016 年 3 月 10 日 A3 版。
② 李亦园、文崇一、施振民：《东南亚华人社会研究（上册）》，台湾正中书局，1985，第 106 页。
③ 《港澳侨捐助福建公益已超 268 亿元》，中国新闻网，http://www.chinanews.com/hr/2017/02-09/8145675.shtml。
④ 朱江：《发挥华侨港澳同胞慈善力量 加快广东社会保障事业建设》，广东侨网，http://www.gdoverseaschn.com.cn/qwyj/201104/t20110425_155295.htm，2011 年 4 月 25 日。

金、教师福利基金等。可以说海外华人助学涉及范围广泛，影响面大，在很大程度上激励了侨乡政府和民众对教育的关注，进而使得中国重视教育的传统在侨乡得到弘扬。

其二，促进了侨乡教育理念的转型和教育现代化的发展。改革开放之初，中国的教育理念和教育现代化水平亟待提高与发展。海外华人的捐资办学和创业办学行为，给侨乡带来了最直观、最便捷的如何办教育及如何办好教育的启示，并为当地提供了值得模仿的办学模式，进而在很大程度上促进侨乡教育理念的转变和教育现代化的发展。

海外华人在侨乡创办了各类综合性的高等院校，这些院校成为促进侨乡教育现代化发展的重要环节。新中国成立后由海外华人资助的综合性大学有华侨大学、五邑大学、汕头大学、惠州大学、仰恩大学。华侨华人兴建或助建的其他学校包括：东莞理工学院、泉州慈山财经学校、中山学院、顺德永强电视大学、揭阳捷和工业中学、饶平县贡天职业技术学校、普宁职业技术学校、汕头市林百欣科技中专学校等。

海外华人注重教育的实用性，为侨乡发展提供了大量的实用性人才。创办仰恩大学的华人吴庆星认为，家乡的养殖、种植资源很丰富，但福建还没有一所这样的学校，当务之急就是在家乡创办一所新型的高等学校来培养当地急需而又十分缺乏的掌握生物工程、养殖和动物科学的人才，仰恩大学的科系设置都是与当地山区的建设与开发紧密联系的。[①] 如今华人创办或资助的高等院校已经培养了大量的农业、经贸、生物、电子、计算机、机械、会计、语言等方面的专才。

海外华人创办的大学也已成为引领侨乡高等教育现代化的"旗帜"。以汕头大学为例，在潮汕地区，从新中国成立至"文革"前，只有医专、师专类的专科院校，尚无一所大学。1981年，汕头大学

---

① 林金枝等主编《华侨华人与中国革命和建设》，福建人民出版社，1993，第686~690页。

被国务院批准建设,在以李嘉诚为首的潮汕籍海外人士的大力援助下,1990年建成。1991年,汕头大学被列为第一批本科招生录取学校,1997年通过"211工程"建设立项审批。汕头大学已建立了完整的本、硕、博人才培养体系。2008年,该校建成的至诚书院,系中国首家试点住宿学院,旨在破除专业界限,为不同背景、专业和兴趣的学生提供交流的社区和平台,实现"全人教育"和服务学习模式。汕头大学尤为注重科技创新,2007年《中国大学科技创新竞争力排行榜》显示,在综合性大学中,汕头大学排在第14名。另根据汤森路透2012年3月的统计数据,汕头大学的临床医学和化学学科,进入ESI(Essential Science Indicators)世界前1%的行列。2001年起,学校启动以国际化为导向的改革工程,聘外籍人士担任执行校长、院长等职务,在课程、教学、资源管理及人事制度等方面进行全面的教育改革探索,许多改革经验得到了国家的肯定、支持和推广,该校被评为"中国高校改革的试验田"。2009年起,汕头大学以构建先进本科教育体系为核心,积极探索创新国际化、精细化的本科人才培养模式,推进自主办学综合改革试点进程。学校目前已与16个国家和地区的56所高校建立了学术交流合作关系,制订并实施了本科生、研究生交流计划。2016年12月,由汕头大学和以色列理工学院合作创办的广东以色列理工学院获教育部批准,正式设立。[①]

厦门大学、暨南大学、中山大学等知名大学也都接受了大量的侨捐,海外华人对推动厦门和广东的教育现代化起到了重要的作用。以厦门大学为例,在厦门大学的发展历程中,陈嘉庚和李光前家族功不可没。近年来,李氏家族和李氏基金捐建的校舍多达25幢,并斥巨资翻修建南楼群和成伟楼、维修各种基础设施。李氏基金还多次捐赠珍贵书籍,资助厦门大学开展国际学术交流及设立助学金帮助贫困

---

① 汕头大学网站,http://www.stu.edu.cn/。

生。2011年,李氏基金捐资1.78亿元,用于在翔安校区建设成义楼、成智楼、成伟楼和爱礼楼,这些教学楼现已成为医学院和护理学院教学科研的主阵地。2013年,李氏基金又捐赠2500万元,建设厦门大学附属第一医院内科大楼。[①] 目前,厦门大学马来西亚分校是中国第一所获准在海外兴办的大学,海外华人积极捐资助推厦门大学进一步发展。2014年,郭鹤年捐资2亿元,用于厦门大学马来西亚校区主楼——图书馆大楼的建设;李深静捐资3000万元,用于厦门大学马来西亚校区主楼群一号楼建设。[②] 2016年6月,厦门大学马来西亚校区首次在国内招生,不仅招收中国和马来西亚的学生,而且将招收世界各地尤其是中国周边国家的学生。厦门大学将力推中国和马来西亚,中国和其他东南亚国家的教育合作,以将马来西亚分校办成一个具有多元文化的高水平大学。

[①] 《爱母校兴教育校友和各界踊跃捐赠》,厦门大学网站,http://edf.xmu.edu.cn/new/show.asp? id=4709,2013年4月6日。
[②] 《社会各界倾力捐资助力厦大发展》,厦门大学网站,http://edf.xmu.edu.cn/new/show.asp? id=4748,2014年4月6日。

第三章　华侨华人经济软实力

约瑟夫·奈在《"软权力"再思索》一文中,认为经济实力不一定都是硬实力,如果一国用经济来对他国进行制裁,那么这种经济制裁就是硬实力;如果一国"用财富可以使他国软化",那么其经济实力就会转化为软实力。最后奈肯定地指出:"毋庸置疑的是,一国成功的经济必定是其吸引力的一个重要基础。"① 那么,华侨华人的经济实力是否存在呢?众所周知,20世纪七八十年代东亚和东南亚地区崛起成为世界经济发展中心的时候,海外华人经济力量的扩张显得非常突出。② 自此以后,海外华人的经济实力成为人们关注的对象。美国和日本的报刊把华侨华人金融势力、犹太金融势力、伊斯兰金融势力并称为世界金融资本三强。20世纪90年代,约翰·奈斯比特指出,海外华人经济圈已成为全球第三大经济势力,仅次于美国和日本。1991年,世界银行估计,海外华人的经济产出达到4000亿美元。1996年,世界银行估计该数据已经上升至6000亿美元。③ 中国新闻社《世界华商发展报告》课题组的研究成果统计,世界华商总资产2007年约3.7万亿美元,2009年约3.9万亿美元。④ 目前,海外华人

---

① 〔美〕约瑟夫·奈:《"软权力"再思索》,蔡玮译,《国外社会科学》2006年第4期,第90页。
② 〔澳〕颜清湟:《海外华人的社会变革与商业成长》,厦门大学出版社,2005,第23页。
③ Murray Weidenbaum, Samuel Hughes, *The Bamboo Network: How Expatriate Chinese Entrepreneurs Are Creating A New Economic Superpower in Asia* (Free Press, 1996), p. 25.
④ 《2007年世界华商发展报告(全文)》,中新网,http://www.chinanews.com/hr/kong/news/2008/01-16/1135297.shtml,2008年1月16日;《2009年世界华商发展报告(全文)》,中新网,http://www.chinanews.com/zgqj/news/2010/05-20/2293574.shtml,2010年5月20日。

经济实力还在不断增长，资本积累也在加速，其在全球经济中的地位越来越凸显。综合上述分析，华侨华人的经济实力是存在的，并且是比较成功的。

第一节 华侨华人经济软实力的资源

本书认为，华侨华人经济成功的要素主要体现为有形的华侨华人资本和实力，无形的企业管理模式、华商的开拓精神及遍布全球的华商网络，而这几个要素也正是构成华侨华人经济实力的资源要素。因此，华侨华人经济软实力的资源包括有形的经济软实力资源和无形的经济软实力资源。这两种资源是紧密联系，相互依存的：有形资源是无形资源的基础，但有形资源的发展离不开无形资源的支持，无形资源在华侨华人经济软实力的扩大和发展中更为重要。

一 有形资源

众所周知，东南亚地区集中了世界近80%的华侨华人，而其经济实力又是较强的，在东南亚11国之中，又以新加坡、马来西亚、泰国、印尼和菲律宾五国华侨华人的经济实力最为强大。1997年金融危机之前，1996年《亚洲周刊》发布的"国际华商500强"统计数据显示，东南亚华商有230家，占总数的46%；在最大的100家华人企业中，东南亚华商拥有47家。[①] 1997年金融危机之后，东南亚华侨华人资本实力依然雄厚，华商发展势头依然强劲。《亚洲周刊》每年发布的"国际华商500强"资料显示，除去我国港台两地华商之外，其他的仍然大都是新加坡、马来西亚、泰国、印尼和菲律宾华商。《2009年世界华商发展报告》也指出，目前大约1/3的"国际华商500强"

---

① 根据香港《亚洲周刊》1996年11月4-11日号"国际华商500"提供的数字计算。

集中在东南亚，华人上市公司大约占东南亚证券交易市场上市企业的70%。① 庄国土教授主持的课题组的研究结论为：东南亚华商的资产约15051亿美元，其中新加坡为5986亿美元（占39.77%）、泰国3853亿美元（占25.6%）、马来西亚1812亿美元（占12.04%）、印尼1866亿美元（占12.4%）、菲律宾797亿美元（占5.3%），这五国的华商资产约占东南亚华商资产的95%。②

在东南亚华人经济实力迅速提高的同时，北美洲尤其是美国的华人"新"经济③实力发展势头迅猛。这与美国华人的专业特性和美国政府主导的新经济政策有很大的关联。20世纪五六十年代，很多自我国香港和台湾地区赴美的留学生完成学业后选择留在美国，其中科学技术专业人才居多，他们绝大部分留下来创业，以在硅谷创业为最。20世纪70年代后期以来，来自中国内地（大陆）的留学生逐渐增多，扩充了科技华人的队伍。据统计，2000年，硅谷的华人工程师多达2万名，约占硅谷工程师总数的14%。④ 因此，在美国掀起高科技产业化经济浪潮的大环境下，这些拥有良好教育背景、高科技创

---

① 《2009年世界华商发展报告（全文）》，中新网，http://www.chinanews.com/zgqj/news/2010/05-20/2293579.shtml，2010年5月20日。
② 王望波、庄国土编著《2010年海外华侨华人发展报告》，厦门大学出版社，2013，第7页。
③ 新经济也被称为"知识经济"和"网络经济"。人类历史发展经历了农业经济和工业经济时代，现在正在步入知识经济时代。在知识经济时代，知识逐渐取代以往的劳动力和资本，成为最主要的资本。2000年克林顿的经济顾问委员会将"新经济"的驱动力概括为四点：技术创新、全球战略、人才培育、正确政策。技术进步最引人注目的领域是信息技术，但材料科学、生物技术和医药技术也在迅速崛起。Economic Report of the President 2000, Government Printing Office, pp. 28-34. 20世纪50年代以来，以美国为首的西方发达国家掀起了以计算机、生物工程和航天通信为重心的第三次科技革命。20世纪90年代在信息技术迅猛发展和经济全球化浪潮的推动下，美国经济出现了持续性的增长和良好发展态势，这一现象被经济学家称为"新经济浪潮"。美国新经济的特征是：经济增长期延长，呈现一高三低（经济增长率相对较高、通膨率低、失业率降低、财政赤字占GDP比例低），劳动生产率大幅度提高。佟福全：《新经济：美国经济长久不衰之奥秘》，中国经济出版社，2001，第59~72页。这一以新科技产业为助推力的"新经济浪潮"也逐渐席卷到其他地区。自2007年以来美国经济出现了大衰退，美国的风险投资和金融运作受到普遍质疑，但美国的信息、通信、生物、制药、化工等高科技领域的产业发展依然居于全球领先地位。
④ AnnaLee Saxenian, The International Mobility of Entrepreneurs and Regional Upgrading in India and China, The International Mobility of Talent, 2008, p. 118.

新能力和现代经营理念的华人抓住这一时机,积极创办高科技企业,并使企业获得迅速发展,成为新一轮经济全球化竞争中不可小觑的参与者。20世纪70年代,华人开始在硅谷创办高科技企业,20世纪90年代,中国赴美留学生也开始创办高科技企业。据统计,1995年,美国新增企业中有12%是由移民创办的。[①] 2013年,在硅谷的150强企业中,华人企业共有10家。[②] 这显示了华人在硅谷的高科技企业,已经进入美国主流经济的前沿。另外,日本、巴西等地的华人企业偏重高科技的趋势也值得关注。

本节以东南亚和美国华侨华人为重点,阐述华侨华人经济软实力的有形资源。

(一)东南亚华侨华人的经济实力资源

1. 老东盟五国华侨华人经济实力雄厚

(1) 新加坡

新加坡的华人经济在东南亚国家中首屈一指。新加坡是以华族为主体民族的国家,根据新加坡国家统计局的资料,截至2011年6月,华族人口大约280.83万人,占新加坡常住居民的比例为73.9%。[③] 华人经济也一直是新加坡经济的主体之一。据统计,2007年,新加坡华人企业集团总资产为4356亿美元。根据2008年《福布斯》全球上市公司2000强新加坡公司数据,新加坡华人企业销售额、市值分别占新加坡上榜企业总值的31.1%、37.7%。[④]

新加坡华人企业投资主要涉及商业、金融业、银行业、工业制造

[①] Open for Business, How Immigrants are Driving Small Business Creation in the United States, A Report by the Partnership for A New American Economy, Aug., 2012, p. 3.
[②] San Jose Mercury News 公布的硅谷500强企业名单。
[③] Department of Statistics, Ministry of Trade & Industry, Republic of Singapore, Yearbook of Statistics Singapore, 2012, p. 26.
[④] 王望波、庄国土编著《2010年海外华侨华人发展报告》,厦门大学出版社,2013,第77、78页。

业、酒店业、房地产业、旅游业、服务业、食品加工业，并涌现了一大批实力雄厚、多元化和国际化的华人大企业集团，目前知名企业有：李光前家族的华侨银行集团、黄祖耀家族的大华银行集团、郭孔丰的丰益国际集团和益海嘉里集团、郭芳枫家族的丰隆集团、林金山家族的新加坡报业集团、黄廷芳家族的远东机构集团、邱德拔家族集团等。20世纪90年代以来也有一些白手起家的华人企业家出现，如"股票经纪王"林荣福、仁恒集团总裁钟声坚。

福布斯公布的2015年新加坡50富豪榜单中，华人有42人。在该排行榜中，前十大富豪中华人有7位，黄志祥、黄志达兄弟以87亿美元的净资产居于榜首；郭令明名列第二，净资产达72亿美元；吴清亮名列第三，净资产达69亿美元。① 近年来，新加坡前十大华人富豪的净资产总值不断攀升，2006年为216亿美元、2009年为295亿美元、2012年为326亿美元、2013年为412.5亿美元、2015年为425亿美元。②

（2）马来西亚

马来西亚是一个多元民族国家，主要由马来族、华族和印度族组成。马来西亚国家统计局公布的资料显示，2011年华人公民为639.26万人，约占公民总数的24.6%。③ 第二次世界大战后，华人经济逐渐成为马来西亚经济的重要组成部分，到了20世纪80年代，华人经济实力不可小觑。1969年，华资股权仅占马来西亚有限公司的22.8%；1982年，华资股权比重上升至33.4%，仅次于34.7%的外资股权；1990年达到了最高值45.5%；一直到2008年，华资股权比重为34.9%，仍然是拥有最多股权的族群。其间，华人股金市价从1969年的10.64亿马元增长到1995年的735.52亿马元，增长了68倍。

---

① 《2015福布斯新加坡50富豪榜》，福布斯中文网，http://www.forbeschina.com/review/list/002292.shtml。
② 根据福布斯发布的历年新加坡富豪资料统计。
③ Department of Statistics Malaysia, Statistics Yearbook Malaysia 2011, Sep., 2012, p.60.

1999 年华人股金市价达到了 1173.72 亿马元。2004 年突破了 2000 亿马元，达到了 2066.82 亿马元。① 另据统计，截止到 2008 年，马来西亚华商资产为 1811.9 亿美元。②

马来西亚华侨华人大都从事工商业，也有极少部分华人从事农业。目前华人投资几乎涉足马来西亚的所有经济部门：商业、制造业、金融业、保险业、建筑业、运输业、零售业、房地产业、旅游服务业等。如今，马来西亚知名的华人企业集团有：郭鹤年家族的郭氏兄弟集团、郭令灿家族的丰隆集团、陈志远的成功集团、林梧桐家族的云顶集团、李深静的工业氧气集团、郑鸿标的大众银行集团、杨忠礼的建筑集团、李爱贤和李孝贤的吉隆坡甲洞集团等。

2015 年，福布斯公布的马来西亚 50 富豪榜中，华商进入榜单的有 38 位，前十大富豪中，华商有 8 位，其中郭鹤年净资产 113 亿美元，位列第一，前十大华商富豪的总资产达到 385 亿美元。③

（3）泰国

2007 年，泰国总人口为 6506 万人，华侨华人约有 700 万人，占全国人口的 11%。④ 除印尼外，泰国华侨华人人数在东南亚居第二位。1975 年中泰建交后，泰国政府对国内各民族一视同仁，较大的人口基数和宽松的国内环境，促使华人经济获得了快速发展，逐渐成为泰国国民经济的重要组成部分。20 世纪 90 年代，日本学者岩崎育夫认为泰国资本可以分为：政府资本、皇室资本、民族资本、华人资

---

① Albert Cheng, "The Impact of Ethnicity on Regional Economic Development in Malaysia," http://www.academia.edu/745998/The_Impact_of_Ethnicity_on_Regional_Economic_Development_in_Malaysia; Second Malaysia Plan, Chapter 3, p. 40; http://www.epu.gov.my/en/c/document_library/get_file? uuid = 9088fa62 − a85b − 4520 − 8aa5 − c7558b5d6d32&groupId = 283545.
② 王望波、庄国土编著《2010 年海外华侨华人发展报告》，厦门大学出版社，2013，第 82 页。
③ 《2015 福布斯马来西亚 50 富豪榜》，福布斯中文网，http://www.forbeschina.com/review/list/002252.shtml。
④ 王望波、庄国土编著《2008 年海外华侨华人概述》，世界知识出版社，2010，第 16 页。目前，泰国总人口为 67741401 人，华人人口为 9392792 人，占到总人口的 14%。数据来源于 Thailand, CIA World Factbook。

本和外国资本。其中民间资本大部分是华人资本,大约占1/3。① 目前,华人资本所占比例仍为1/3左右,2009年,泰国前100家上市企业的总市值为4971586.97百万泰铢,华人企业市值所占比例为31%。前100家上市企业的总资产为13582405.01百万泰铢,其中46家华人企业的总资产为4654788.85百万泰铢,所占比例为34%。截止到2007年,泰国华商资产为3852.5亿美元。②

泰国华侨华人主要从事工商业、运输业、仓储业、建筑业、纺织业、食品加工业和金融业。泰国华人企业数量大,华商大企业集团已经成为泰国经济活动的主体。泰国知名的华人企业有:谢国民的正大集团、郑氏家族的中央洋行集团、苏旭明的泰国酿酒集团、李智正的大城银行集团、徐汉光家族的BEC World集团、许书标的红牛集团、郑明如的国泰集团、陈汉士的泰国万盛集团、陈龙坚的暹罗集团、郑午楼的德差派汶金融集团、黄子明的黄氏家族集团等。

2015年,根据福布斯发布的泰国50富豪榜的统计数据,泰国50大富豪中,14名华商榜上有名,排名前10的富豪中华商有6位。该榜中排名前6的均为华商:谢国民净资产为144亿美元、苏旭明净资产为130亿美元、郑氏家族净资产为123亿美元、许书恩净资产为96亿美元、李智正净资产为47亿美元、侯业顺净资产为40亿美元。③

(4) 印尼

印尼华侨华人约有1000万,华人数量虽只占国家人口的4.1%④,但其经济已是国民经济的组成部分之一。印尼著名的华人企业家李文

---

① 〔日〕岩崎育夫:《东南亚的华人资本与国民经济(下)》,郭梁编译,载《南洋资料译丛》1999年第2期,第55~57页。
② 王望波、庄国土编著《2010年海外华侨华人发展报告》,厦门大学出版社,2013,第87页。
③ 《2015福布斯泰国富豪榜》,福布斯中文网,http://www.forbeschina.com/review/list/002280.shtml。
④ 数据资料来源于王望波、庄国土编著《2008年海外华侨华人概述》,世界知识出版社,2010,第14页。另据2010年印尼人口普查统计,超过280万人自我认定为华人,占全国人口的1.20%,http://live.dbpedia.org/page/Chinese_Indonesians。

正指出：根据各方面公布的资料，在华商中，大企业家、中等企业家分别约有 170 名、5000 名，零售、餐馆和商店老板有 25 万名。印尼国内私人资本企业占国民经济的 13%，其中华人资本企业占 70%。[①] 另据估计，2009 年，这 170 家华人大企业资产约为 1045 亿美元。[②]

印尼华商涉及领域广泛：种植业、木材业、银行业、电子业、工业、房地产业、零售业、金融业、旅游服务业以及制造业等。目前印尼出名的华人企业集团有：林逢生家族的三林集团、黄惠祥与黄惠忠兄弟的针记集团、黄奕聪家族的金光集团、彭云鹏的巴里托太平洋集团、李文正的力宝集团、蔡道平的盐仓集团、林天宝的杉布纳集团、翁俊民的国信集团、吴笙福的丰益国际集团等。

2015 年，福布斯发布的印尼 50 富豪排名榜中，31 位华人富豪榜上有名，前 10 名中有 8 位华人富豪。前三名为黄惠祥与黄惠忠兄弟、蔡道平及林逢生，其资产分别为 154 亿美元、55 亿美元、54 亿美元。[③]

（5）菲律宾

菲律宾的华侨华人以经商著称。绝大多数华人都从事商业、制造业、房地产业、餐饮业及银行业等，只有少数华人从事农业。2007 年菲律宾华人人口约 150 万人，占全国人口总数的 1.6%[④]，但华人资本已成为菲律宾国内重要的经济资本。据统计，20 世纪 90 年代，公开上市的菲律宾工商控股公司有 45 家，大股东为华人的约有 20 家。在 1000 家最大公司和中型公司中，华商企业占据一半，华商企业集中在纺织、成衣、漂染、钢铁、五金、制糖、塑胶、木材加工、建筑材料、百货及金融等。[⑤] 至 2009 年底，菲律宾上市企业共有 248 家，

[①] 蔡仁龙:《印尼华人企业集团研究》，香港社会科学出版社有限公司，2004，第 10 页。
[②] 王望波、庄国土编著《2010 年海外华侨华人发展报告》，厦门大学出版社，2013，第 68 页。
[③] 《2015 福布斯印尼 50 富豪榜》，福布斯中文网，http://www.forbeschina.com/review/list/002331.shtml。
[④] 王望波、庄国土编著《2008 年海外华侨华人概述》，世界知识出版社，2010，第 19 页。
[⑤] 华人经济年鉴编辑委员会编《华人经济年鉴（2000/2001）》，朝华出版社，2001，第 96 页。

其中属于华商的上市企业有 73 家，华商上市企业总市值达 19400 亿比索（421.18 亿美元），占菲律宾上市企业总数的 30% 以上。① 据估计，截至 2009 年，菲律宾的华商资产为 797.2 亿美元。②

目前菲律宾著名的华人企业家有施至诚、陈永栽、吴聪满、吴天恩、吴奕辉、杨应琳、郑少坚、陈觉中、叶应禄、彭泽伦，这些大企业家都组建了多元化、集团化的企业集团。

2015 年，《福布斯》杂志公布了菲律宾富豪排行榜，施至诚、吴奕辉及其家族、吴聪满、陈永栽、郑少坚和陈觉中位列前十，施至诚再次蝉联菲律宾首富。六大华商富豪净资产分别为 144 亿美元、55 亿美元、45 亿美元、43 亿美元、40 亿美元、22 亿美元，位列榜单第 1、2、3、4、6、10 位。③

2. 印支三国华侨华人经济实力逐渐恢复和发展

与东南亚上述五国华人经济相比，印支三国因受长期战争和外交关系恶化的影响，不少华人被迫害或再次移民，这导致华人经济基础薄弱、落后。20 世纪 80 年代以来，和平与发展逐渐成为印支三国的共识，政府纷纷采取重视或调整华人的政策，华人经济逐渐得到恢复和发展。目前，印支三国华人大都从事工商业，越南华人的经济发展状况是其中最好的。

自 1986 年越南实行全面革新开放后，华人经济获得较快发展。目前，华人主要从事进出口贸易、工商业、银行业、房地产业、餐饮业、制造业及酒店服务业等，主要集中在南方尤其是胡志明市。据统计，胡志明市华人人口仅占 8%，但该市统计局数据显示，2007 年，全市各类企业总数为 45076 家，华族企业为 13522 家，占全市总数的 30%。如

---

① 王晓东：《从上市企业看菲律宾华商企业的发展特点和趋势》，《亚太经济》2010 年第 5 期，第 116 页。
② 王望波、庄国土编著《2010 年海外华侨华人发展报告》，厦门大学出版社，2013，第 73 页。
③ 《2015 福布斯菲律宾 50 富豪榜》，福布斯中文网，http://www.forbeschina.com/review/list/002306.shtml。

今，知名的越南华人企业有：陈金成集团的京都股份公司、郭万寿集团的天龙集团股份公司、邓文成集团的西贡商信 TMCP 银行、尤凯成集团的平仙日用品制作有限公司、陈巧基集团的友联亚洲钢铁股份公司、张子谅集团的新强盛电线电缆责任有限公司、朱立基集团的万盛发投资公司、川亚责任有限公司、蔡俊纺织成衣集团、高肇力集团的亚洲 ABC 饼家等。据估计，截止到 2008 年，越南华商资产总计 546 亿美元。①

(二) 美国华侨华人的经济实力资源

美国华人企业遍布各个行业，其中华人高新技术企业的实力和影响最大。在硅谷，"1980～1984 年，13% 的硅谷高科技企业由华裔和印度裔管理，1995～1998 年，这一比例跃升至 29%。1998 年，华裔工程师管理着 2001 家硅谷公司，其销售总额为 132.37 亿美元，提供的岗位达 41684 个"②。目前，在硅谷万家高科技公司中，由华人创办的或担任首席执行官的公司有 3000 多家。③ 另外，在 SV150 公司（硅谷 150 大企业排行榜）中，华人企业也表现出色，如 2003 年有 21 家华人企业上榜，2005 年 11 家华人企业榜上有名，2007 年 16 家华人企业出现在榜单上，2013 年有 10 家华人企业上榜。④

美国的部分华人高新企业在全美、全世界都具有一定的实力。2000 年，在美国《商业周刊》世界 1000 家大公司的排行榜中，美国华人公司有 7 家上榜。⑤ 以其中的雅虎为例，1994 年，杨致远创办雅

---

① 王望波、庄国土编著《2010 年海外华侨华人发展报告》，厦门大学出版社，2013，第 101 页。
② AnnaLee Saxenian, "Silicon Valley's New Immigrant High-Growth Entrepreneurs", *Economic Development Quarterly*, Vol. 16, No. 1, 2002, pp. 24–25.
③ 杨刚、王志章：《美国硅谷华人群体与中国国家软实力构建研究》，《中国软科学》2010 年第 2 期，第 15 页。
④ 根据历年 San Jose Mercury News 公布的硅谷 500 强企业名单整理所得。
⑤ 雅虎第 82 名、王嘉廉的 CA 公司第 182 名、陈文雄的旭电第 279 名、潘精中的 E-Tek Dynamics 第 422 名、陈丕宏的宏道 (Broad Vision) 第 577 名、陈澧的 Foundry Networks 第 681 名、张若玫的 Vitria Technology 则列第 998 名。"The Global 1000, Business Week Online," http://www.Businessweek.com, July 10, 2000.

虎，2001年，杨致远的个人财富已达58.5亿美元，在美国《财富》杂志公布的2000年美国40岁以下富豪排行榜中，其居第4位。如今雅虎已成为世界性的因特网通信、商贸和媒体公司，每月约有7亿人访问雅虎网站，该网站吸引了超过30种语言的5亿用户。2014年，雅虎凭借超出12亿美元的移动营业收入和约5.75亿移动端月用户访问量，成为"全球第三大移动广告公司"。[①] 2012年，杨致远辞去雅虎一切职务，但仍拥有3.6%的股份。最关键的是，雅虎的成长见证了华人在高科技领域的实力变化。

美国华人高新企业除了主要涵盖信息产业外，还涉及生物科技及制药工业、电子及电器制造业、石油化工、医学等领域。如1970年陶·詹姆斯及姚·纳尔逊在北加州海沃德市创办EREC公司，该公司专门生产电子显微镜。朱道淳是芬尼根公司的总裁，该公司专门供应工业及实验室的分光仪。1977年，丁莹在纽约成立了全美第一家由华人经营的电话工程公司"大东"，该公司专门销售、安装、维修各类型电话系统及电话传真机。1987年，丁莹又在旧金山湾区成立中美电话公司，以提供长途电话服务。在光学领域，魏弘毅在亚利桑那州坦佩市创办了"纤维光学公司"。在医学领域，1997年以来，陈颂雄创建了美国伙伴制药公司、阿博瑞斯生物科技公司等三家制药公司。如今，华人也有成立商业孵化器的，如2014年，刘乐然在达拉斯成立了集创新、创业、投融资项目一体化的达福创投。

自20世纪70年代开始，硅谷华人也成立行业协会，以共谋发展。在硅谷的几十家协会中，比较有影响力的专业技术组织有：硅谷中国工程师协会、华人工程师协会、华美计算机联合会、亚美制造协会、华人信息与网络协会、北美中国半导体协会、华人软件协会、硅

---

① "Meijer: Yahoo! Has Become the World's Third Largest Mobile Advertising Company," http://www.chinesedishes.tk/archives/15430.

谷华人无线技术协会等。① 其中创办于1989年的硅谷中国工程师协会，拥有来自美国、欧洲和亚洲的15000名成员，是硅谷及全美最大的华人工程师专业组织。② 这些协会不仅推动了华人高科技产业的进一步发展，而且确立了华人高科技产业在美国经济甚至世界经济范围内的优势。

二 无形资源

20世纪60年代以来，东南亚经济发展迅速，华侨华人在其中贡献较大。约翰·奈斯比特曾认为，第二次世界大战后，华商企业"把亚洲经济推向巅峰"。③ 本书认为，从内部因素来看，华人经济的成功得益于中西结合的企业管理模式，大胆、冒险、进取的开拓精神及遍布全球的华商网络。这三种要素即华侨华人经济软实力的无形资源。

（一）中西结合的企业管理模式

许多学者，如雷丁、郑伯、杨国枢、黄光国、冯邦彦等，都曾经对华人企业颇感兴趣，他们的研究结果表明：华人企业管理模式不同于西方发达国家的企业管理模式，也不同于日本的企业管理模式；中国传统的家文化和儒家伦理规范深深地植入华人企业管理模式之中；华人企业善于吸收西方先进的市场营销和管理经验。

华商企业管理模式融合了传统儒家文化和西方企业文化，从而形成了华商经营管理的自身特色，华商既具有勤奋进取、讲求信用、重视关系的传统经商理念，同时也具有西方人注重管理、人力、创新、竞争与资本运营的现代化商业意识。如王嘉廉创建的美国国际联合电脑公司（CA），实行以人为本的管理理念。CA为员工提供了许多便

---

① Bernard P. Wong, *The Chinese in Silicon Valley*, *Globalization*, *Social Networks*, *and Ethnic Identity* (Rowman & Littleifiled Publishing, 2006), p. 61.
② 硅谷中国工程师协会网站，http://www.scea.org/do.php? ac = about。
③ 〔美〕约翰·奈斯比特：《亚洲大趋势》，蔚文译，外文出版社，1996，第6页。

利设施，如为早来晚归的员工提供免费早餐和晚餐，为员工孩子提供一流的日托中心及现场健身中心等。CA 对职业母亲也照顾有加，如家人生病，她们可以请 11 天带薪假照顾病人，如果亲属病情严重，那么最多还可以请 4 周带薪假。① 王嘉廉富有人情味的管理理念，使得许多员工努力工作、恪尽职守，很多员工都在 CA 工作了 10 年以上。

华商家族企业也注重对企业实行现代化管理，将企业的所有权与经营权分开，并引进职业经理人制度，聘用专业人才管理企业并给予他们较大的经营权。如自 1966 年开始，新加坡华侨银行主席一直由专业人士担任，陈振传、杨邦孝、陈庆炎等都曾担任主席一职。许多华商企业实行多元化的发展战略和多种形式的融资策略，多渠道扩大企业规模。如菲律宾华商陈永栽在中国、东南亚、美国、加拿大、南太平洋等多个国家和地区进行投资，投资行业涉及烟草、啤酒、航空、银行、房地产、酒店、化工、炼油、养殖、旅游、教育等诸多领域，共建有 300 多个企业。② 一些华商企业还以知识和智力资源为依托，组建研发中心，推动企业的创新和科技开发力度，提高企业竞争力和发展后劲。如谢国民正大集团的口号是"重视科技、提升品质"。从 2010 年开始，正大集团在东营、慈溪、杭州等地建立规模化的现代农业园区，旨在"种养结合解决环境污染问题，解决食品安全问题，解决未来农业产业升级、劳动力短缺、农民致富问题"③。2012 年，正大集团在福建筹备建立中国最大的环境微生物生产研发基地。2017 年，在"第二届（2016）中国医药创新品牌系列评选活动"中，正大天晴恩替卡韦分散片（润众）获评"最具临床替代价

---

① "Working Mother, 2012 Working Mother 100 Best Companies: CA Technologies," http://www.workingmother.com/best-companies/ca-technologies-1.
② 董文海：《东方商道 亚洲商界巨子的钱权博弈》，上海财经大学出版社，2012，第 47 页。
③ 《宁波市首届企业家俱乐部交流活动走进正大现代农业生态园》，正大集团网站，http://www.cpgroup.cn/newsInfo.aspx? catID = 3&subcatID = 13&curID = 6840。

值仿制药",为我国慢性乙肝患者带来更加经济的治疗选择。①

如今,大部分华人家族企业都在由家族第二代、第三代经营管理,华商第二代、第三代大都接受过系统的教育,这有助于推动企业决策、管理的科学化。如郭鹤年长子郭孔丞毕业于澳大利亚摩纳大学,获得经济学学士。郭孔丞在全面负责家族酒店业期间,在国外成立了众多的香格里拉酒店,形成了独特的郭氏酒店文化——豪华舒适、殷勤好客、食物精美和注重环保,同时酒店设计和饮食尽量融合当地文化。英国著名的《商务旅行杂志》将香格里拉酒店评价为世界最好的酒店。②

(二) 大胆、冒险、进取的开拓精神

移民大都敢想、敢拼、敢闯,"闽南精神""客家精神"都反映了早期华人移民海外时的大胆、积极和锐意进取。正是这样的精神信念促使华侨华人在异国他乡积极地开拓和发展,以期获取更好的经济和社会地位。如马来西亚云顶集团的创始人林梧桐就是其中的典型代表。林梧桐曾经做过小商贩,种过菜,卖过茶叶、万金油、废铁和五金。第二次世界大战结束后,林梧桐通过转卖旧机械和投资铁矿公司,获得丰厚的利润。1951年,林梧桐成立建发有限公司,将其发展为马来西亚最大的建筑公司之一。1964年,林梧桐大胆拟定计划,梦想着开发荒芜的云顶高原,将其建造成为世界级的大型乐园,当时这在旁人看来是一个疯狂的想法。1965年,林梧桐就致力于开发云顶高原。1997年适逢经济萧条,但林梧桐仍按原计划耗资数十亿林吉特用于云顶第一世界酒店和广场的建设。③ 如今,云顶高原已是马来西亚最大、最负盛名的休闲娱乐场所。

---

① 《正大天晴恩替卡韦分散片(润众)获评"最具临床替代价值仿制药"》,正大集团网站,http://www.cpgroup.cn/newsInfo.aspx?catID=3&subcatID=13&curID=8048。
② 张海青主编《胜鉴:全球优秀企业经典服务案例》,机械工业出版社,2006,第266~270页。
③ 林梧桐:《我的自传》,Pelanduk Publications,2004。

与东南亚的这些经济型华商一样,知识型华商代表——美国华人高科技企业家,除了具有美国华人科技群体的高素质之外,华人敢想敢闯的精神信念也是支撑他们获得成功的一个重要因素。硅谷既是世界高科技中心,同时也是一个智力拼搏和科技创业的战场,善于开拓创新、求新求变的华人知识型企业家创造了许多硅谷奇迹。20 世纪70 年代,第一批华人开始在硅谷创业,如 1972 年李信麟创立了"魔鬼系统"和"奎茂",1978 年陈文雄等购买了旭电公司。20 世纪 80 年代后,更多的华人加入创业的潮流之中。如 1987 年臧大化的橡木科技公司、1987 年李广益的 Digicom System 数据机、1989 年陈丕宏的赢家技术公司、1993 年陈丕宏的宏通科技、1995 年杨致远等创办的"雅虎"、1995 年王犀的 Viador 公司、1996 年段晓雷的"网上网"电信、1998 年李广益的传媒译码。正是源于华人对科技的重视及大胆冒险的创业精神,一些学者认为华人和华人企业在硅谷的发展中扮演了重要的角色[①]。

(三) 遍布全球的华商网络

海外华商网络是"海外华商因市场、商品、活动地域、共同利益关系而形成的相对稳定的联系网络"[②],是以"世界华侨华人的血、地、神、业和文缘等'五缘'华人网络为基础而发展起来的经营关系网络"[③]。

一些学者通过研究认为,华商企业的网络特性是促成其成功的因

[①] AnnaLee Saxenian, "Silicon Valley's New Immigrant High-Growth Entrepreneurs," *Economic Development Quarterly*, Vol. 16, No. 1, 2002; AnnaLee Saxenian, *Silicon Valley's New Immigrant Entrepreneurs* (Public Policy Institute of California, 1999); Rafiq Dossani, Chinese and Indian Engineers and their Networks in Silicon Valley, Asia/Pacific Research Center, Stanford University, 2002.

[②] 庄国土:《十九世纪以前华商经贸网络的形成和发展》,载古鸿廷、庄国土等《当代华商经贸网络——海峡两岸与东南亚》,台湾稻乡出版社,2003,第 1 页。

[③] 廖小健:《世界华商网络的发展与潜力》,《世界历史》2004 年第 3 期,第 58 ~ 60 页。

素之一。雷丁在对中国台湾和香港地区及东南亚华商家族企业进行分析后认为,华商信用网络有助于减少不可靠性和降低交易费用。① 对于全球华人创新型网络,也有一些学者给予了较大的关注。美国学者安纳莉·萨克森尼安通过对来自中国和印度的第一代硅谷移民专业人士的研究发现,他们与祖籍国有着广泛的商业联系,如定期返回祖籍国与同事和朋友交流技术和劳动市场信息,或投资初创企业和风险基金等。第一代移民专业人士正在成为跨国企业家,并通过低劳动力成本和国内市场在祖籍国开展业务。②

对于海外华商网络形成的原因,不同的学者利用不同的理论进行解读:"差序格局"说③、家文化和"泛家庭主义"说、"想象的社群"说、"社会资本"说等。不可否认的是,儒家文化是华商网络得以形成的支撑点,华人经济网络的社会基础在于以地缘、血缘为纽带形成的宗乡会组织,而儒家的人际信用关系又推动着华商网络内资金、人员和信息的互通有无和不断发展。

海外华商网络经历了从单一化到多元化、集团化,从重视传统产业到高科技产业与传统产业并举,从居住国、东南亚到全球的发展历程。根据其发展历程和特点,可以将其划分为传统华商网络时期和现代华商网络时期。

1. 传统华商网络时期

19 世纪初东南亚华侨社会帮派众多,华侨主要来自福建、广东和海南。这些地方帮派又成立了各种宗乡和业缘组织,而华人又多从

---

① 〔英〕S. B. Redding:《海外华人企业家的管理思想——文化背景与风格》,张遵敬等译,上海三联书店,1993,第 36 页。
② AnnaLee Saxenian, Local and Global Networks of Immigrant Professionals in Silicon Valley, Public Policy Institute of California, 2002, Ⅶ.
③ "差序格局"的观点为费孝通提出,他认为"中国的社会结构……好像把一块石头丢在水面上所发生的一圈圈推出去的波纹。每个人都是他社会影响所推出去的圈子的中心。"他认为这种差序,是中国传统社会结构里最基本的概念,也就是儒家的"伦",即人和人往来所构成的网络中的纲纪,是一种有差等的次序。费孝通:《乡土中国·差序格局》,载《乡土中国》,上海人民出版社,2006,第 21~23 页。

事商业，因而这种帮派和华人资本（包括各种华人银行、钱庄、当铺、批信局、互助会等）结合在一起，形成了最早的华商网络。早期华人所在的宗乡帮派基本上决定了其所从事的职业，以英属马来亚为例，福建籍华侨多从商，闽南出身的华侨在新加坡、槟榔屿、马六甲等地商业和对外贸易中占据优势地位。广东籍华侨多为工匠和工人，职业遍及许多行业，在手工业部门占压倒优势。客家籍华侨大量从事锡矿开采以及裁缝、杂货业等，潮州籍华侨多从事米谷、食品等产品的贸易和贩卖。海南籍华侨多分布于小市镇和农村，从事小饭馆、饮料店以及渔业、橡胶园工人等职业。[①]

19世纪中叶以后，随着东南亚被纳入资本主义体系，西方资本加大对东南亚的投资，华人经济网络随之发展壮大。首先，西方殖民大国对东南亚的开发吸引了众多的中国移民，华人社会规模迅速扩大。1819年、1842年，新加坡市、香港和槟城先后被英国人开辟为商贸基地，"不仅为华人提供了向东南亚移民的新基地，而且使香港成为东南亚与香港及东南亚与中国内地贸易网的一部分，该情况迄今未变"[②]。其次，西方殖民者的投资和贸易为华商网络的进一步扩大创造了条件。大量的殖民投资和贸易为华商带来了资金和物品，尤其是在金融领域，由于西方的银行需要懂当地市场和语言的中介，华人遂通过做买办来处理当地商务，进而推动了华人经济网络的快速发展。

20世纪初期，东南亚各地开始建立中华总商会，各帮派之间进行整合。同时期，东南亚区域内部生产、流通日益专业化，华人商贸网络开始渗透到整个东南亚。第二次世界大战之前，东南亚一些大的华人跨国集团也开始出现。第二次世界大战后，华商网络迅速填补了

[①] 郭梁：《东南亚华侨华人经济简史》，经济科学出版社，1998，第93页。
[②] Kenneth Perry Landon, *The Chinese in Thailand* (New York: Institute of Pacific Relations, 1941), p.4.

殖民主义撤退后的经济空间。20世纪70年代尤其是中国改革开放以后，华商网络出现了新的发展机遇。一是随着华商与中国的联系日益增强，各种华人宗乡和商业组织的国际化，都促进了华商网络的迅速发展。二是东南亚华商以香港为据点，将华商网络首先扩展到中国沿海地区。此外，华商企业间的相互参股、派遣董事及姻亲关系等也推动了华商网络的发展。

2. 现代华商网络时期

进入20世纪90年代后，众多促进华人社会发展的内外部要素促使真正意义上的世界华商网络形成，传统华商网络开始步入现代华商网络时期。这些要素包括：1991年世界华商大会的成立实现了世界性华商经济的一体化；1995年世界华商网络工程带来了华商网络的电子信息化；硅谷华人企业的迅速发展带来了华商经济的知识化与科技化。同时，中国进一步的开放开发为华商网络的发展带来了更大的机遇，中国西部大开发、中部崛起政策及"一带一路"倡议的施行，促使华商网络扩展到整个中国。同时，中国的一些本土企业在华侨华人桥梁的作用下，利用华人的经贸网络，又成功地走了出去，进而促使华商网络的扩大。此外，近年来各类世界性华人宗乡组织的成立及相关活动的频频举办，使得华人之间的横向经济联系空前活跃。与传统华商网络相比，现代华商网络具有明显不同的特色。

一是更具规模与实力。随着第一代华商的接近尾声，第二代华商的逐次接班，建立在血缘和籍贯基础上的旧有华商网络已经过去，由获得工商管理学位的第二代华商组成的新华商网络开始覆盖旧有的华商网络。[①] 同时，新华商企业的创新、竞争、管理、科技与现代化的发展，有可能促使华商网络冲破旧的藩篱，在未来世界经济领域的竞争中，增强自身的竞争力。如金士顿科技有限公司是世界最大的独立

---

① 〔美〕吉姆·罗沃：《亚洲的崛起》，张绍宗译，上海人民出版社，1997，第248页。

内存产品制造商；ESS 科技成为混合信号的个人电脑声音解决方案的首席供应商；高明公司已成为全球最大的导航型 GPS 专业生产厂家。

二是世界华商网络的信息化和现代化发展。世界经济全球化、信息化与市场化的日益发展，为世界华商网络带来了信息化和现代化的发展契机。如 1995 年新加坡倡议的"世界华商电脑网络"的开通，是在世界信息化发展的背景下，华商经济网络积极主动、自觉的转向。其他的各类华人商业网络信息的快速发展，进一步推动了华商经济网络以更开放的姿态实现自身的现代化。

三是世界华人创新网络的出现。华人在美国、欧洲尤其是在硅谷创建的高科技企业和成立的各类协会，已成为世界华人创新网络中的重要一环。20 世纪 90 年代以来，随着中国高科技发展的需求和建立创新型国家发展的需要，硅谷的华人科学家和高科技企业通过硅谷高创会、美中硅谷协会、硅谷科技协会、美国华人创业者协会等众多的会议和社团组织，积极促进中美两国之间在科技和创新方面的沟通与协作，助推世界华人创新网络的发展。此外，科学和技术的跨国界特性及华人科学家和高科技企业的逐渐全球化，使得华人和华人企业可以同时为多个集团、国家和地区提供服务，如雅虎、CA、金士顿公司、UT 斯达康等诸多华人高科技企业的出现助推了华人创新网络的全球化发展。

四是关联企业群的出现。自 20 世纪 90 年代以来，华商网络出现了"关联企业群"。这种新型跨国公司是一种松散型网络，是水平组建的，每个个体企业都拥有较大的自主权。[①] 有的华商高科技跨国企业集团为了更好地实现自身的发展，通过与子公司和合作伙伴的多方面合作，以占领全球市场。金士顿公司也是通过此种方法成为世界排名第一的独立内存产品制造商的。如 2014 年，金士顿与群联共同投

---

① Gordan Redding, Overseas Chinese Networks: Under-standing the Enigma, Long Range Planning, Vol. 28, Feb 1995, p. 67.

资创办金士顿电子，主要生产嵌入式存储器产品，随后日本东芝、美国美光两大 Flash 厂入股金士顿电子，我国台湾地区的联发科也入股金士顿电子，如今上、下游相关大型企业都已入股金士顿电子。①

五是华商网络不再局限于华人网络，正在逐渐发展成为遍布全球的蛛网式网络。随着全球化的发展，华人经济的国际化和本地化趋势并行不悖，东亚、北美、南美等地的华商网络将各国华人经济、居住国经济、中国经济、跨国公司、国际资本都连接起来，成为真正意义上的"世界华商网络"，并日益发展成为一种开放性的蜘网状的国际商业网络。

不容忽视的是，华商网络也存在非制度性和非规范性的缺陷，1997 年，亚洲金融危机引发的金融业的呆账、坏账等问题就是深刻的教训，华商从中也吸取了一些经验教训。如何实现华商网络内的制度性与规范性发展，无疑是华商网络今后发展面临的最大问题。

此外，华商网络的地域化发展趋势也值得关注。随着华商网络国际化发展趋势的增强及美国、加拿大、澳大利亚等国移民政策的吸引力，未来北美、澳大利亚华侨华人的经济实力有可能超越东南亚华侨华人，同时北美华人创新网络的覆盖面将更为广泛。如今，美国的主流社会和高科技社区已视硅谷华人网络为沟通中华经济圈的重要"渠道"。② 如美国九九人网承办的一年一度的硅谷高创会吸引了众多中美相关人士的参与，已经成为硅谷地区规模最大的中美高科技优秀项目洽谈、合作和投资的高端平台。2011 年第一届硅谷高创会就吸引了 1000 多名中美政府代表、高层次创业人才和团队参加。③ 此后两年

---

① 《台媒：联发科入股金士顿电子 持股约 6.74%》，新浪科技网，http://tech.sina.com.cn/it/2014-11-18/doc-iavxeafr4839078.shtml，2014 年 11 月 18 日。
② 〔日〕蔡林海：《新经济时代传统华人网络的创新》，载世界华商经济年鉴编辑委员会编《世界华商经济年鉴（2000/2001）》，世界华商经济年鉴杂志社出版，2001，第 98 页。
③ 《2011 硅谷高创会在美国硅谷隆重举行》，九九人网，http://bbs.99people.com/99bbs/viewthread.php?tid=20525。

的参会人数逐渐增加，2014 年，7000 多人和 70 多家拥有自主产权的创新科技公司参会，讨论话题涉及穿戴智能设备、3D 打印技术、人性化机器人、手机游戏、云计算大数据及环保能源整合等。① 2015 年、2016 年的硅谷高创会均吸引了近万名参会者。其中，2015 年会议期间，20 个最具发展前景的"高创之星"项目脱颖而出。至少有超过 100 个项目通过参赛宣传，获得了资金支持。②

第二节 华侨华人经济软实力的影响力

一 在居住国的影响力

（一）华商财富和经营能力受到居住国政府的认可与重视

在海外华人社会，东南亚华人的经济实力是最强的，加之华人和当地民族相比，更有经济头脑，也更擅长经商，因而其财富和经营能力在居住国产生的吸引力也是最大的。

在东南亚，华侨华人经济软实力的影响力可以分为四个层次。第一类是新加坡。新加坡华族和华人经济都居于主导地位，华族经济的重要性不言而喻。新加坡历史上没有实行过任何打压民族经济的政策，在新加坡国家经济发展期间，华人企业也是借助政府的扶持而不断发展和壮大的。第二类是泰国和菲律宾。自 20 世纪 60 年代受到政府重视以来，两国政府对华人的经济政策基本没有再反复。在东南亚，除新加坡之外，泰国华人的经济发展环境最为宽松，发展也最为顺畅，华人经济已和官方、民间经济密不可分，呈现水乳交融的状态。菲律宾华人经济自马科斯上台以来，越来越受到政府的重视。第

---

① 《2014 硅谷高创会现场高朋满座 中美嘉宾云集 会场人气爆棚》，九九人网，http://www.svief.org/2014/newsletter15/。

② 硅谷高创会网，http://www.svief.org/2016/cn/index.php/about/。

三类是马来西亚和印尼。虽然两国政府对华侨华人经济也较为重视，但这两国对华人经济都较为敏感，华人经济的发展也几经波折。在印尼仍存在华人经济是否控制国民经济的论调，马来西亚仍坚持"马来人第一"的政策，华人经济发展与影响力多少受到一些压制。第四类是印支三国。华侨华人的经济也逐渐受到政府的重视，尤其是越南，表现比较突出。1986年以来，越南政府从政治、经济、文化和教育各方面逐渐调整华人政策，在经济上出台一系列法令和优惠政策鼓励华人参与国家经济建设。下面以菲律宾为例，阐述居住国政府对华商财富和经营能力的认可与重视。

1966年马科斯上台之后，菲律宾政府逐渐放弃菲化政策，鼓励华人参与国家经济建设。1966年8月，在菲律宾华裔联合会第二次代表大会上，马科斯提出"要重视华侨扮演的重要角色"。1967年3月，马科斯签署了《关于解决华人问题的基本政策》法令，要求利用华侨资金"发展和建设"，这表明菲律宾政府开始把华侨资本视为民族资本的组成部分。此后，菲律宾政府颁布了一系列法令，采取优惠措施鼓励国内外资本参与投资和菲律宾经济开发。1967年的鼓励投资法、1970年的鼓励出口法、1973年的废除米黍业菲化案、1974年的农业鼓励法令和外资实业管理法等诸多法令的出台，促使华人进一步参与国民经济的发展。同时，政府对华人入籍政策进行了大幅调整，通过1975年的第270号总统命令书、第836号总统政令，以及1976年第491号命令书修正270号命令书，大大放宽了华人入籍的条件，大多数华侨加入菲律宾国籍，华侨经济转变为华人经济，华人享有充分的公民权利，华人经济涉及的银行、商业、纺织、制衣、卷烟等行业获得迅速发展，华人经济逐渐成为国民经济的重要组成部分。

1986年阿基诺夫人上台后，将华人视为国家经济发展的可靠伙伴，政府对华商的认同和支持力度逐渐加大，华人经济进一步受到重视。1991年，阿基诺夫人在出席菲华商联总会第18次代表大会时发表的演讲中提出，希望菲华商联总会利用其海外的经济网络，吸引更多的海外商人到菲律宾投资，以促进菲律宾经济的繁荣。[1] 1987 年、1991 年，阿基诺夫人分别颁布了《综合投资法案》和《外资投资法案》，这两项法案给予投资者一定的所得税免税期、进口设备免除进口税等，鼓励国内投资和外商投资，促进华人经济的发展。

1992 年拉莫斯执政后，为了推行经济自由化政策，加快经济改革步伐，他非常重视华人和菲华商联总会的经济力量，鼓励华人积极参与国家经济建设。鉴于华人巨大的财富和经济影响力，拉莫斯曾指出，"应敦使菲华商联总会成为海外华人巨大经济力量的'大使馆'，重视菲华商联总会同整个亚洲和世界华族商人的商业接触，使这些友好关系和互利有利于菲律宾经济的发展"[2]。1994 年，在菲华商联总会成立 40 周年大会上，拉莫斯总统盛赞"商总的一些成员亦为我国经济的主要策动者。值兹 20 世纪的最后一个年代，商总的确能够在使菲律宾成为一个经济强国这一方面发挥关键的作用"[3]。

1993 年 4 月 26 日至 5 月 1 日，拉莫斯总统对中国进行了国事访问。在访问的大批商界人士中，有六个菲律宾华人企业"巨头"。出访前，菲律宾宣布，陈永栽、吴奕辉、施至成、杨应琳、郑少坚、吴天恩这六个长期竞争者已组成了一个由杨应琳为首的财团，该财团最初投资 6 亿比索用于政府计划中的电力、能源、电信、运输及旅游方面。[4] 菲律宾政府此举，表明了已将华人经济视为国民经济的重要组成部分。

埃斯特拉达时期和阿罗约时期，菲律宾政府对华人经济也都很重视。如菲华商联总会每届理事会成立之时，阿罗约都会前往祝贺。阿

---

[1] 《菲华商联总会红宝石禧纪念特刊》，马尼拉菲华商联总会，1994，第 319 页。
[2] 《总统促华裔菲人热爱关心菲律宾》，菲律宾《世界日报》1994 年 4 月 21 日。
[3] 庄炎林：《世界华人精英传略（菲律宾卷）》，百花洲文艺出版社，1997，第 131、224 页。
[4] 〔菲〕艾琳·圣巴勃罗-巴维耶拉：《拉莫斯访华与菲中关系》，黄滋生译，载《东南亚研究》1993 年第 5、6 期，第 57 页。

罗约还签署土生土长外侨规划法案，鼓励华族充当桥梁，促进菲律宾与中国的经贸关系进一步发展。阿罗约多次发表赞扬华人经济的讲话。如 2009 年，在第十届世界华商大会开幕式上，阿罗约表示，在抵御全球金融风暴的冲击方面，菲律宾华人社会给予了国家强力支持。华商头脑敏锐、工作勤奋，已是国家经济发展不可分割的一部分，并为国家创造了大量的商业财富。① 此外，菲华商联总会还派代表多次陪同阿罗约出国访问，与亚洲各国的领导和商会签署各项合作协议，建立起区域性的经贸合作网络，为国家的经济发展充当招商引资的桥梁。

（二）世界华商网络获得居住国的认可与重视

最早意识到华商网络在拓展海外市场，促进居住国经济、区域经济和全球经济联系与发展中的重要性的国家是新加坡。1993 年李光耀在第二届世界华商大会上讲道："凡是在外形上具有共同特征的人，都会对彼此产生自然的感情。如果他们也具有共同的文化和语言，这种亲切感就会加强，从而加强和睦关系，相互信任，为商业上的来往关系奠定基础。""如果我们不利用华族网络扩大和掌握这些机会，那将是很愚蠢的。"② 正是在这种意识的主导下，新加坡积极推动世界华商大会的成立和世界华商网络工程的创建。1991 年，世界华商大会在新加坡中华总商会的倡导和组织下成立，其宗旨在于向全球的海外华商和工商界提供加强经济合作、促进相互了解的论坛。③ 1995 年，新加坡中华总商会首创了世界华商网站，迄今为止，该网站存有 120 多个国家和地区的华商资讯，收录了各大华商企业和主要华人工

---

① 王传军：《全球华商携手共创美好未来——第十届世界华商大会开幕侧记》，《光明日报》2009 年 11 月 21 日第 8 版。
② 〔新加坡〕李光耀：《建立有作用的联络网》，载世界华商经济年鉴编辑委员会编《世界华商经济年鉴》（1996/1997）》，世界华商经济年鉴杂志社，1997，第 8~12 页。
③ 世界华商网，http://www.wcbn.com.sg/index.cfm? GPID = 3。

商团体的资料。①

20世纪90年代初期，马来西亚政府鼓励马华两族经济合作，并倡导利用华商网络促进马来西亚经济发展及推动马来西亚经济的全球化。马来工商会主席丹斯里旺阿兹米认为，马华两族除了在进军国内市场时需要相互合作外，在进军国际市场，如到海外投资时，华马两族都需要携手合作和相互配合。1993年，马哈蒂尔访华时特别指出，马来西亚应当利用和发挥自身的社会优势去中国做生意，像华语、华文及华人方言，就是有利条件。随同首相访华的马来西亚企业家丹斯里阿兹曼回国后曾说，华人在中国表现为100%的马来西亚人，华人懂华语使得他们在中国发展业务更方便，马来西亚华人去中国投资也会把本国伙伴带去，他们对马来西亚人去中国投资将很有用处。②

除了新加坡和马来西亚之外，其他不少华侨华人居住国政府也极为重视华商网络，尤其是世界华商大会。1995年，时任泰国总理班汉·西拉巴差在第三届世界华商大会的开幕致辞时强调，全球华商的经济力量是推动国际贸易和投资不断发展的重要机制，其他商业群体发挥的作用很难与华商相比。遍布全球的华商是促进中国与泰国及其他国家合作，实现经济方面共同目标的良好渠道。③ 自1991年开始，两年一届的世界华商大会均受到主办国政府、企业和商业社群的大力支持。泰国、加拿大、澳大利亚、韩国、日本、菲律宾、马来西亚等国都曾举办过该会，它们希望通过华商网络，促进本国经济的发展。

对于大型的华人社团组织的活动和周年庆典，一些居住国主流社会也很重视。如2004年，菲华商联总会举办50周年庆祝大会，来自印尼、马来西亚、中国、文莱的嘉宾以及菲律宾政要、菲华社团代表

---

① 《网站简介》，世界华商网络，http://www.wcbn.com.sg/index.cfm? GPID = 2。
② 陈凯希：《惺惺相惜到相互欣赏，马中关系添新章》，载马来西亚《工商世界》月刊1993年第8期。
③ 《第三届世界华商大会》，载世界华商经济年鉴编辑委员会编《世界华商经济年鉴（1996/1997）》，世界华商经济年鉴杂志社出版，1997，第7页。

1000多人出席了庆典晚会。时任菲律宾总统阿罗约出席大会并做主题演讲,她在致辞中表示,在对外方面,菲华商联总会领导人为菲律宾和中国牵线搭桥,多次派员随同总统访华,促成价值大约10亿美元的信贷与投资协议的签署。阿罗约还"期盼2005年胡锦涛主席前来参加菲中建交30周年庆典时,菲华商联总会人士可鼎力相助,使这次回访圆满成功"①。

美国华人创新网络也引起了主流社会的重视。如今,美国的主流社会和高科技社区已视硅谷华人网络为沟通中华经济圈的重要"渠道"。② 以硅谷高创会为例,2011年的首次硅谷高创会被誉为"中美之间由民间主办的规格最高、规模最大的一次高科技盛会"。中国人大常委会原副委员长成思危、美国前总统克林顿、中国驻旧金山总领事高占生、美联邦众议员赵美心、加州众议院副议长马世云、旧金山市长李孟贤出席了会议,1000多名来自美国和中国国内的高层次创业人才和团队参加了会议。克林顿在开幕式演讲中指出,为了促进中美之间的协作和互补,两国之间应加强包括高科技在内的各个领域的密切合作,致力于创造"双赢"和繁荣的局面。此次会议举办了"赢在苏州"硅谷创业大赛,中美市长论坛,金融IT创新与人类未来高峰会,中美合作和新能源、云计算、物联网等高新技术专题论坛,资本与风投论坛,开设了中国企业海外拓展之路及高端人才交流展区。③ 此次创业大赛后,有近20个创业团队在中国各城市科技园区相继落户。④ 目前,硅谷高创会已举办了六届,

---

① 《菲律宾总统盛赞菲华商联总会50年成就》,《华声报》2004年9月20日。
② 〔日〕蔡林海:《新经济时代传统华人网络的创新》,载世界华商经济年鉴编辑委员会编《世界华商经济年鉴(2000/2001)》,世界华商经济年鉴杂志社出版,2001,第98页。
③ 《2011硅谷高创会在美国硅谷隆重举行》,九九人网,http://bbs.99people.com/99bbs/viewthread.php?tid=20525,2011年10月26日。
④ 苏州市人力资源和社会保障局:《2012硅谷"赢在苏州"创业大赛启动》,苏州人力资源和社会保障网,http://www.rsj.suzhou.gov.cn/szwzweb/html/zxzx/zxdt/19019.shtml,2012年8月9日。

吸引了越来越多的来自世界各国的经济界、科技界人士的参与。而中美高科技界、投资界、企业界、政界重要人士的参加，已经成为该会的"重头戏"。

二 在中国的影响力

（一）华人经济软实力资源获得中国政府的认可与重视

1. 中国政府制定各种政策吸引华侨华人参与经济建设

（1）立法和机制保障

1986年，全国人大颁布《中华人民共和国外资企业法》和对1979年《中华人民共和国中外合资经营企业法》的修改方案。此后各地政府也颁布了相应的吸引海外华资的地方优待法规。如福建省政府1986年颁布了《福建省贯彻〈国务院关于鼓励外商投资的规定〉的补充规定》，1989～1994年颁布了一系列有关侨、外、台、港、澳资本开发经营成片土地，外商企业投诉，有形资产鉴定，鼓励投资农业等10多项专门规定。1998年，福建省人大颁布《福建省保护华侨投资权益若干规定》，明确了各项对华侨投资的优待政策。[①]

为了吸引华侨华人投资，中国政府高度重视国内归侨和侨眷的工作。1990年，第七届全国人民代表大会常务委员会第15次会议通过了《中华人民共和国归侨侨眷权益保护法》，该法是我国以人大立法形式通过的第一部保护归侨侨眷权益的法律。随后，各省政府、人大以省人大立法的方式制定了实施《中华人民共和国归侨侨眷权益保护法》的办法。各省人大侨委会、侨办、侨联与有关方面配合，加大该项法律的宣传力度，制定实施办法，在侨房、华侨农场、企业权益、华侨子女升学就业等方面制定实施细则；并认真抓

---

① 福建省人大《福建省保护华侨投资权益若干规定》，福建省侨务办公室发"闽侨（1998）内65号"文件《福建省侨办关于组织实施"福建省保护华侨投资权益若干规定"有关问题的说明》，载《侨务法规文件汇编（1955－1999）》，第675～677页。

好检查监督工作，对涉侨权益热点进行专题调研，追踪执法结果，提出热点问题新对策等。①

中国政府还推动建立了各级各类侨商投诉协调机制。目前，中央涉侨部门维权机制包括中国侨联法律顾问委员会、全国侨办侨商投诉协调工作会议、为侨资企业服务法律顾问团、领导联席会议等。截至2011年底，全国已有近30个副省级以上侨办部门成立了为侨法律服务机构。许多侨资企业集中的城市和沿海开放地区的地市级侨办也成立了法律服务组织。②

此外，全国各类侨联组织也纷纷涌现，竭力为华侨华人服务。在地方，截止到2009年上半年，各类侨联组织已经发展到15000多家。③

（2）多渠道招商引资

近年来，国务院侨办牵头组织了一系列吸引华侨华人投资中国的经贸会议及活动，如"华侨华人创业发展洽谈会""海外华商中国投资推介会""东盟华商投资西南项目推介会暨亚太华商论坛""华侨华人中原经济合作论坛""携手共建－知名侨资企业家四川行"活动等，旨在利用华侨华人的先进技术、资金与人才，促进中国区域经济和地方经济的持续、健康发展。

各地侨务部门和政府也积极把地方优势与侨资侨智结合起来，促进本地经济发展。如1995～2002年，四川省侨办每两年举办一届"川籍海外专家学者回乡省亲暨经贸科技合作洽谈会"（以下简称"洽谈会"）。自2004年起，"洽谈会"升格为省政府和国务院侨办共同主办的"海外华侨华人高新科技洽谈会"（简称"海科会"），当年促成经济合作项目67个，金额60多亿元人民币。目前，侨资企业约

---

① 庄国土：《华侨华人与中国的关系》，广东高等教育出版社，2001，第297页。
② 任启亮：《侨商投诉协调机制不断完善实效明显》，新华网，http://www.hq.xinhuanet.com/news/2011－12/24/content_24402288.htm，2011年12月24日。
③ 《以侨为本　为侨服务：全国归国华侨联合会章程三亮点》，新华网，http://news.xinhuanet.com/politics/2009－07/17/content_11726701.htm，2009年7月17日。

占四川外资企业总数的70%，侨资企业投资额占四川外资投资额的60%。仅成都市就有3000多位华侨华人创业，他们在成都高新区开办了近300家高新科技企业。① 2006~2012年，四川省侨办累计促成的投资项目合同金额超过1000亿元。②

各地省政府、市政府还积极主动"走出去"，充分发挥同海外华人联系密切的优势，派代表团到海外去吸引侨资。如2007年9月，广东省政府主办了在马来西亚举办的中国广东-马来西亚经济贸易合作交流会。其中汕尾市招商团队收获较大，签订吸收外资项目5个，投资总额13200万美元；签订贸易成交合同6个，成交金额1220万美元。③

北美高新技术和产业的发达使其逐渐成为中国地方政府赴海外招商引资的新焦点。如2011年3月，洛阳市招商引资经贸代表团赴美国、加拿大考察访问。其间，通过招商引资推介会，洽谈了一批合作项目，其中美中工商联合会成员有意同洛阳市共同开发硅抛光片产业化项目。④

2. 借助世界华商网络推动中国经济发展

20世纪90年代后，中国政府积极组织或加入各类世界性华人社团和活动，利用世界华商网络助推中国经济发展。

中国政府支持或推动了一些世界性华人社团的成立与发展。如1990年，在福州地方政府的支持下成立了世界福州十邑同乡总会。此后，在福建地方政府的推动下，1991~1995年，世界晋江宗亲总会、世界安溪宗亲总会、世界同安人宗乡总会纷纷成立。⑤ 2004年8月，根据中国领导人关于建设和谐世界的理念，全球华人华商联合总会在美

---

① 周敏谦：《发挥侨务优势 服务发展大局——建国60年以来的四川侨务工作》，《侨务工作研究》2009年第6期。
② 张红：《"三驾马车"拉动四川"大侨务"》，《人民日报》（海外版）2012年10月12日第12版。
③ 黄维明、林文彬：《签约五宗引资逾亿美元》，《汕尾日报》2007年9月13日第1版。
④ 胡广坤：《赴美国加拿大招商引资及商务考察报告》，《洛阳日报》2011年4月21日第4版。
⑤ 庄国土：《华侨华人与中国的关系》，广东高等教育出版社，2001，第299~300页。

国成立。该会设有"投资中国部",旨在为中国引进先进科技及投资。①

中国各级政府还组织了各类世界性的华人联谊会或大会。如从2000年起,国侨办主办每两年一届的世界华人论坛,意在整合华侨华人人力资源,为中国经济发展积聚智慧,并推动华商和中国的合作。2001年沈阳市侨务办公室、沈阳海外交流协会举办了首届"世界沈阳人联谊大会"。2001年国侨办和中国海外交流协会主办了首届世界华侨华人社团联谊大会,到目前为止,已举办了8届。2003年温州市政府举办了首届世界温州人大会,到目前为止,已举办了4届。2005年安徽省政府举办了首届中国国际徽商大会。2009年由梅州市委、市政府发起,联合其他客属地区和客商团体共同举办了梅州·世界客商首届大会。2012年,中共山西省委、山西省人民政府、全国工商联和中国侨联主办了首届世界晋商大会。

历届世界华商大会均受到中国政府的高度重视。中国政府还高度重视并积极参与各类世界性华人社团或华人大会举办的活动。世界客家人恳亲大会、国际潮团联谊年会等有世界影响力的宗乡会议多次在中国举办,其间都会受到举办地所在地方政府的高度重视,参会人数多达数千人。

(二) 华商是中国企业管理现代化的引领者之一

华侨华人和港澳台同胞是最早来中国内地(大陆)的投资者,他们带来了先进的技术、理念、经营方式及企业文化,从而成为中国企业管理现代化的引领者之一。

泰国的正大集团用现代化的企业管理方式运营,成为中国现代农牧产业发展和经营管理的样板。1979年,正大集团在深圳投资1500万美元建成正大康地有限公司,这是中国第一个外商独资企业②,同时也是中国第一个现代化饲料厂。正大集团秉行"利国、利民、利企

---

① 《商会简介》,全球华人华商联合总会网站,http://www.globalch.org.cn/about.asp。
② 《正大集团简介》,正大集团网站,http://www.cpgroup.cn/About.aspx?catID=2。

业"的经营理念,坚持以人为本,高投入、高效益、低成本的管理和敢为人先的创新精神,为消费者提供一流的产品和卓越的服务。1985年,正大集团建立了中国第一个具有国际水准的家禽一条龙企业;1986年,正大集团投资了中国第一个国际最优良的家禽育种公司;1997年,正大集团建成中国第一个覆盖城镇零售网络的企业集团。① 正大集团从畜禽、水产种苗到饲料、饲养、屠宰、食品加工的"一条龙"生产经营体系及"公司+农户"的经营理念和方式,促进了中国农牧业的发展和经营方式的变革。此后,中国本土的希望集团、大北农业集团等现代化饲料生产企业应运而生。

改革开放初期,华侨华人在中国投资宾馆和酒店业的比重较大,这些宾馆和酒店的良性运营,给中国的宾馆业带来了良好的服务意识、管理意识和重视人才的理念。如汕头的鮀岛宾馆②,实行严格的内部管理,坚持"顾客至上,服务第一"的理念,在教育培训、智力开发、员工奖惩等管理环节上,都引进或借鉴国际惯例。③ 1983年,鮀岛宾馆开设了汕头第一家西餐厅,每月花3万港币到香港聘请正宗的西餐厨师,用外汇到香港购买原汁原味的西餐用料。鮀岛宾馆非常重视人才,20世纪80年代,汕头普通民众月平均工资仅为三四十元,鮀岛宾馆的员工月收入就有两三百元。④

(三) 华人创新网络是中国新经济产业发展的助推力

进入21世纪后,全球华人创新网络成为培育中国新经济产业尤其是高科技产业的重要力量,为中国高科技产业发展带来了重要的智

---

① 《发展历程》,正大集团网站,http://www.cpgroup.cn/History.aspx?catID=2&subcatID=24。
② 鮀岛宾馆创办于1981年,1983年成为中泰合资企业。
③ 王望波:《从经营管理看东南亚华商对中国企业的借鉴与促进作用》,《南洋问题研究》2004年第6期,第28页。
④ 曾漫路:《"汕头的第一"鮀岛宾馆:汕头首家中外合作宾馆》,《汕头特区晚报》2008年6月2日。

力和技术资源。

中芯国际集成电路制造有限公司、中星微电子有限公司、南方汇通微硬盘科技有限公司、UT 斯达康（北京）技术有限公司均是目前中国国内知名的 IT 企业，其创办者和技术骨干均来自全球华人创新网络。这些企业能够迅速汇集全球科技精英，组建核心创业和管理团队，同时也带来了熟练的技术，有的还将核心技术直接带回中国。如北京中星微电子有限公司，其成员有美国伯克利加州大学、斯坦福大学的毕业生、硅谷的留美博士企业家，还有一批曾在 Intel、IBM、Sun 等世界大公司工作的资深工程师，形成了由 20 多位留美博士组成的核心创业团队。公司在硅谷设立了子公司 Viewtel Corporation，直接从美国吸取技术和人才资源，还与清华大学共同成立了清华－中星微电子联合研究中心，直接在国内培养人才。2001 年以来，公司成功开发出"星光一号"至"星光五号"等数字多媒体芯片产品，并迅速打入国际 IT 市场。"星光"数字多媒体芯片产品销往 16 个国家和地区，索尼、惠普、飞利浦、富士通、联想、波导、中兴等知名企业成为该企业的客户，这些产品占据了全球计算机图像输入芯片 60%以上的市场份额，使中国集成电路芯片第一次在重要应用领域达到世界一流水平。中星微电子有限公司还与电信、网通、移动、联通等中国通信企业达成合作协议，承担了国家发改委等重要部门的多个大型项目。北京中星微电子有限公司制定的安全防范视频监控数字音视频编解码（SVAC）国家标准，成为维护国家网络安全的屏障。目前，该公司突破了八大核心技术，申请的国际和国内专利有 2000 多项，并获得了年度国家科技进步一等奖。[①]

（四）华侨华人是中国企业"走出去"的桥梁与纽带

随着中国加入 WTO 及国内市场的开放，2000 年中国政府确立了

---

① 中星微电子有限公司网站，http://www.vimicro.com.cn/。

"走出去"战略,鼓励和支持企业向海外发展。2001年"走出去"战略正式写入了《国民经济和社会发展第十个五年计划纲要》。近年来,中国政府加大了推动地方企业"走出去"的步伐,如2012年3月,国务院侨办与广东签署《关于发挥侨务优势促进广东加快转型升级合作备忘录》,双方在加大侨务引智引资力度,推进广东深化与东盟战略合作、"走出去"等方面密切合作,以促进广东加快转型升级。①2013年,中国政府提出了"一带一路"倡议,该倡议旨在连通亚太和欧洲两大经济圈,实现沿线国家和地区的全方位联系。该倡议的提出为中国企业"走出去"创造了新的机遇,如今,许多地方政府都在借助"一带一路"倡议,加速推进企业"走出去"。

华侨华人在中国企业"走出去"战略中,具有自身特有的优势。①华侨华人具有多语言、多文化的优势,在语言和文化上容易和中国企业沟通,能够较快地与中国企业建立合作关系,同时也可以解决中国企业国际化人才匮乏的问题。②华侨华人在当地市场经营多年,熟悉居住国的市场机制、运行规范和法律制度,在各国经济领域尤其是东南亚国家经济领域具有较强的优势和资源配置能力,中国企业如果能够与他们合作,那么这不失为便捷地进入当地市场的有效方式。③华侨华人敏锐的商业头脑和世界市场意识,尤其是遍布全球的华商网络,可以为中国企业"走出去"搭建广泛的人脉与合作平台,有利于中国企业在当地拓展市场,甚至可以以当地市场为依托进军全球市场。④一些华人大财团和当地政府的联系较为紧密,通过他们的中介作用,可以促进居住国和中国的经济联系,同时也能够促进双边官方的友好往来。随着中国企业"走出去"的步伐加快,华侨华人正日益成为中国企业"走出去"的重要桥梁和纽带。

1. 华侨华人为中国企业"走出去"出谋划策

2000年以来,中国多次举办有关协助中国企业"走出去"的会议,

---

① 胡键:《加大侨务引智引资 促进转型升级》,《南方日报》2012年3月9日第A1版。

如中国企业实施"走出去"战略论坛,世界华人论坛,昆明的"服务桥头堡、走出去战略论坛",东盟华商投资西南项目推介会暨亚太华商论坛等,出席会议的华人代表对中国企业"走出去"都表示极大的关心,并积极出谋划策。如2006年,在"第四届世界华人论坛"上,围绕着"海外华商企业与中国民营企业的合作和发展"的议题,华商们结合自身成功的创业经验,热心向国内企业家解读如何拓展海外市场,并表示愿意协助中国企业"走出去",一起开拓双方共同感兴趣的国际市场。马中控股有限公司总裁吴国强提出,中国企业"走出去"首先要了解对象国的相关情况,并与海外的华人企业进行合作。正大集团董事长谢国民建议,中国企业需在国内打好基础,在"走出去"的过程中要有克服困难的思想准备,同时要和讲信誉、有实力的华商合作。金狮集团董事长钟廷森认为,中国企业"走出去"一定要重新学习和了解当地国的情况,配好专业的律师和会计公司,在企业控股方面,尽量控股。[①]

在中国政府举办的各类各级会议上,华侨华人代表也积极为中国企业"走出去"建言献策。如2012年,在广东省政协十届五次会议上,英国华人律师李贞驹对中国企业"走出去"提出了切实的建议。她认为,海外华人中律师、会计师、企业管理人才众多,他们熟悉当地国的法律和相关情况,可以在咨询、协作和交流上为"走出去"的中国企业提供方便。她还建议国内相关部门为企业"走出去"成立海外投资法律或经济顾问队伍,并加强海商法人才的培养。[②]

2. 华侨华人为中国企业"走出去"牵线搭桥

在海外尤其是东南亚国家,通过华商的牵线搭桥,一部分中国企业成功地走了出去。以长虹公司为例,20世纪90年代中后期,为了

[①] 连锦添:《华商热议:中国企业如何"走出去"》,《人民日报》(海外版)2006年6月21日第1版。
[②] 《广东政协华人代表建议建立海外投资法律顾问队伍》,中新网,http://www.chinanews.com/hr/2012/01-12/3601381.shtml,2012年1月12日。

实现长虹公司的国际化战略目标，公司优先选择在东南亚推广长虹品牌，并将印尼作为首选市场。长虹公司与3名印尼华商合作，由华商在当地组建长虹先锋电器有限公司。双方紧密合作，长虹公司出品牌、技术及零配件，华商出资金、厂房和工人。2000年长虹彩电生产线在印尼投产，2002年长虹空调在印尼投产。长虹公司还根据印尼当地市场的需要，及时调整产品的规格和品位，促使销售额逐年递增，并成功地击败索尼、三星等国际品牌。2006年，长虹彩电和空调在印尼的销量已居第一。如今，印尼已经成为长虹公司海外发展战略的重要支撑点和东盟生产经营基地，公司的下一个大目标就是将长虹品牌推向更多的东南亚国家。① 2014年，长虹公司在菲律宾、缅甸建立了品牌办事处。

在华人人数较少的国家，许多华商也乐见中国企业"走出去"，并积极创设条件，推动中国企业家前往海外投资。如秘鲁光彩事业促进会会长萧孝权和王亚南就积极致力于推动中国企业到秘鲁投资。促进会认为，由于技术落后和资金匮乏，秘鲁的许多自然资源无法开发利用；秘鲁投资政策优惠，商品出口到美国是零关税，对于出口商品政府还会有5%的津贴，秘鲁是美洲自由贸易区成员国；华人在秘鲁地位较高，这些条件使得中国企业投资秘鲁大有可为。2005年7月，秘鲁乌卡亚利省政府提供了一块200公顷的土地给促进会用以建立中国工业园。同年8月，光彩事业促进会奔赴广东宣传中国工业园计划，鼓励中国企业家投资，并乐意在组团、安排考察等事项上为中国商家提供援助。②

华侨华人社团也积极协助中国企业在居住国寻找投资机会和业务伙伴。如2005年，上海医疗器械行业协会赴加拿大进行商业考察，

---

① 《长虹出海，称雄印尼》，长虹公司新闻中心，http://www.changhong.com/changhong/china/7944_14725.htm。
② 辜王景：《淘金秘鲁的两名华商》，《中华工商时报》2005年9月13日第7版。

在华人专业社团的协助下，走访了加拿大多家医疗器械行业的知名机构和公司，效果良好。① 2006年，菲华商联总会和菲华联谊总会协办了中国广西（菲律宾）商品展销会。2007~2009年，菲华商联总会、菲华联谊总会与四川省委员会联合举办了三届"中国四川-菲律宾经贸洽谈暨商品展示会"。从2006年开始，菲华商联总会每年都承办中国农业生产资料（菲律宾）展洽会，力邀菲律宾相关领域的商家和用户前来参展。

近年来，针对欧美市场对中国企业准入的苛刻标准，一些华人社团，如美国亚洲贸易促进协会、在美中国企业联盟等，通过为中国企业提供专业化的指导和搭建公共服务平台等形式，维护中国企业在海外的权益，缓和中国和欧美存在的贸易摩擦。世界金融危机以来，美国亚洲贸易促进协会秉承"推动中国制造的全球营销，提升中国品牌的全球影响，助力中国形象的全球传播"的理念，致力于在欧美打造中国自己的品牌。该协会和中国轻工业协会等国内组织发起"中国品牌全球推广扶持计划"，支持500家中国优秀企业进军美国，并为每家优秀企业设立100万美元的中国品牌扶持基金。2009年，美国亚洲贸易促进协会推出了"中国优质生活用品海外直销项目"和欧美"中国精品城"商业模式，并得到了美国奥克兰等地方政府的支持。目前，"中国精品城"已进驻美国，包括美国东部的沃卡玛"中国精品城展示交易中心"、美国西部的奥克兰"中国精品展示交易中心"和"中国精品电子商务中心"，总面积达到12万平方米，"中国精品城"集展、批、零售功能于一体，让中国高质量商品以不同渠道进入美国消费市场。②

3. 华商网络推动中国企业的海外销售与研发

传统华商网络在促进中国中小企业"走出去"中的作用显著。美

---

① 上海市侨办：《充分发挥侨务资源优势帮助国内企业"走出去"》，《侨务工作研究》2006年第4期。
② 美国亚洲贸易促进协会网站，http://www.aatpa.org/index.html。

欧亚国际商务咨询公司董事长王辉耀总结了"中国企业走出去的十大模式",其中"星火燎原"的温州模式,已成为中国一些中小企业和家族型企业实现海外销售的重要模式。这些企业利用自身的灵活性及在海外的地缘、血缘等各种网络关系,把企业制造的产品(如皮鞋、小五金、打火机、服饰等)推销到全世界。在欧洲、美洲、非洲、东南亚等地区随处可见的中国小商品就是该模式的明证。

全球华人创新网络也在中国企业"走出去"战略中起到重要作用,成为中国企业全球化发展战略可以依赖的重要资源。一些著名的中国公司,如海尔、华为、联想、康佳、中兴通讯、格兰仕等,在拓展海外市场和建立海外研发中心的过程中,纷纷将目光聚焦于科技和管理等专业华人人才。如华为在全球已拥有16个研发中心和28个联合创新中心,研究人员大部分是华人。2009年华为已发展为全球第二大设备制造商。2013年,华为增长速度超过了瑞典的爱立信和法国的阿尔卡特朗讯等大型电信公司,这在欧洲甚至引发了一些电信运营商对本土设备供应商未来发展态势的担忧。[1]

4. 华侨华人为中国企业"走出去"提供人力资源

人才问题是中国企业"走出去"最亟须解决的问题。2005年麦肯锡公司的《中国隐现的人才短缺》研究统计,在未来的10~15年,中国企业需要75000名国际化人才,以满足国际化发展。[2] 2008年麦肯锡公司再次发布《应对中国隐现的人才短缺》的报告,指出在中国的外资公司,招募人才是公司经营最大的难题。中国的大学毕业生虽数量多,但由于其实践经验和英语口语水平的缺乏,仅有不到10%的毕业生符合跨国公司的要求。[3] 中国在海外的新移民及华人第二代、

---

[1] 《华为的秘密武器:工程师队伍》,美国《华尔街日报》2013年7月3日。
[2] Dinna Farrell, Andrew J. Grant, "China's Looming Talent Shortage," *The McKinsey Quarterly*, No. 4, 2005, p. 74.
[3] Kevin Lane, Florian Pollner, "How to Address China's Growing Talent Shortage," *The McKinsey Quarterly*, No. 3, 2008, pp. 33–40.

第三代数量众多，人才济济。大多数人都接受过高等教育；许多人有过在多个国家或地区工作和生活的经历；大多数人拥有两种或多种语言能力。因此，在中国企业"走出去"的过程中，这些华人可以成为很好的翻译员、技术员、法律顾问、管理人和经理人。

泰国湖南工业园董事长刘纯鹰，2009年在泰国组建湖南工业园，以吸引湖南企业赴泰发展，减少企业成本。2010年，工业园首期开园，吸引了5家湖南企业入驻。刘纯鹰联合了100多个国家和地区的华人社团，为中国企业"走出去"汇聚人力和智力资源。刘纯鹰还成立了泰国湖南商会，会员企业来自中国的一些省份，共有500多家，商会聘请了泰国政商界重量级人物为名誉会长。2011年，刘纯鹰领导的泰国湖南商会，被湖南省商务厅确定为湖南省商务厅驻泰国的代表联络机构，以协商有关经济技术及投资贸易等合作项目。[①]

英国华人律师李贞驹，担任中国驻英国大使馆首席法律顾问、国务院侨联特聘海外法律顾问和广东省侨办为侨资企业服务特聘法律顾问。其创办的英国李贞驹律师行，系首家获准在中国执业的英国华资律师行。针对中国企业的境外投资、境外上市融资，李贞驹律师行竭诚为中国企业提供辅导、咨询和专业服务。如2005年，李贞驹律师行帮助亚洲果业在英国创业板上市；2007年，李贞驹律师行帮助其成功在AIM二次融资。[②] 2011年，李贞驹律师行与北京融德出国咨询服务有限公司进行合作，为中国人赴英国投资、置业等提供专业服务。2014年，李贞驹律师行与中国东方民生投资有限公司签署战略合作协议。2011年，李贞驹在广州设立了李贞驹律师行广州代表处，意在协助中国中小企业"走出去"，并为中英之间的经济贸易发展提

---

① 《泰国湖南工业园董事长刘纯鹰："1+1大于2"》，中国新闻网，http://www.chinanews.com/hr/2013/12-19/5638655.shtml，2013年12月19日；《湖南侨领搭建泰国华商平台 志在进军世界市场》，国务院侨务办公室网站，http://www.gqb.gov.cn/news/2014/1120/34469.shtml，2014年11月20日。

② 王晔君、刘玉飞：《赴英上市给中小企业提供更多机会》，《北京商报》2014年6月16日。

供专业的法律服务。此外，人民网开设了李贞驹专栏①，内容涉及英国税收、移民法、投资移民、签证等详尽事项。英侨网也开设了李贞驹律师专栏。

三 在世界的影响力

（一）祖籍国和居住国经贸交流与合作的桥梁与纽带

华侨华人利用自己的语言、血缘和网络优势，活跃在居住国经济发展的许多领域，成为祖籍国和居住国之间经贸交流与合作的桥梁与纽带。

在印尼，印尼工商会馆中国委员会、印中投资协会、印尼中国商务理事会、印尼中华总商会等为促进中国与印尼之间的经济合作与交流做出了重要贡献。如印尼工商会馆中国委员会是印尼工商会馆的下属机构，是以华人企业家为主要成员的经济组织。该会前总主席纪辉琦指出，"中国委员会的责任是介绍中国企业到印尼去发展，帮助选择印尼合作伙伴，保障中国企业在印尼投资的利益。同时，要帮助印尼企业到中国投资。要使中国和印尼企业家经常有机会相互接触，相互了解，做到互赢互利"②。印尼工商会馆中国委员会多次派出考察团访华，并多次接待中国访问印尼的企业家、代表团。

在菲律宾，菲华商联总会长期协助菲律宾政府赴中国进行招商引资，多次组团前往中国参加各类投资洽谈会和商务会议，同时也热忱接待前往菲律宾考察的中国企业。菲华商联总会会长陈本显指出：菲律宾有很多可以开发的领域……对中国工商界是个大好机会。菲华商联总会由全菲170多个行业商会组成，得到政府重视。赴菲投资的中国企业可以寻求菲华商联总会的帮助。③ 许多菲律宾华商也为促进中

---

① 《李贞驹专栏》，人民网，http://uk.people.com.cn/GB/370630/370680/。
② 《印中经贸会谈本月在沪举行》，印度尼西亚《国际日报》2007年9月4日。
③ 覃世默：《陈本显：广西企业到菲律宾投资正是最佳时机》，《广西日报》2007年11月7日。

国和菲律宾的经贸发展做出了贡献。如 1993 年，蔡聪妙以菲律宾卫星公司董事长身份随拉莫斯总统访华，其间和中国签署了合作发射菲律宾卫星的备忘录。事后在蔡聪妙的多方努力下，1995 年，菲律宾卫星公司和中国长城工业总公司签署了发射合同，菲律宾拥有了自己的第一颗国际通信和广播卫星。①

在美国，华侨华人利用自身在高科技领域的优势，组建了一些高新技术团体，以为中美经贸、科技合作与交流创设条件，进而促进双边经济发展。如 2011 年 10 月，美国国际华人科技工商协会在纽约举办了首届中美创新与合作峰会，以应对世界金融危机，探索中美双赢的商业模式，创新是该会的主要议题。中美政府相关领导人，中美金融、投资和科技专家及中国 30 多个重要企业的负责人出席了大会。②此次会议的最大成果是达成合作意向，在纽约建立中美创新孵化中心。

（二）东亚区域经济一体化的助推力

自进入 21 世纪以来，东盟逐渐发展成为东亚区域经济一体化的中心。2002 年 11 月，中国与东盟签署《中国与东盟全面经济合作框架协议》，正式建立中国 - 东盟自由贸易区。自贸区建成以来，中国与东盟各国的经贸发展势头迅猛。2002 年，中国与东盟贸易额为547.67 亿美元。截至 2012 年，双边贸易额为 4001 亿美元，年均增长22%，达到 2002 年的 7.3 倍。中国与东盟累计双向投资额已达 1007 亿美元。③ 中国 - 东盟自由贸易区的成功建设，需要双边企业的积极

---

① 钟慧：《从打工仔起步到大实业家不止步　记菲律宾"华商联总会"理事长蔡聪妙》，《国际商报》2006 年 1 月 24 日第 5 版。
② 《首届中美创新与合作峰会新闻发布会》，国际华人科技工商协会网，http://www.casbi.org/cn/ucicc/downloads/PressRelease20111011 - 5 - 2. pdf，2011 年 10 月 11 日；《国际华人科技工商协会 2011 年年刊》，国际华人科技工商协会网，http://www.casbi.org/cn/ucicc/downloads/PressRelease20111011 - 5 - 2. pdf。
③ 《中国 - 东盟：十年合作共赢路》，新华网，http://news.xinhuanet.com/politics/2013 - 08/30/c_117163221.htm，2013 年 8 月 30 日。

配合、参与，其中华商的作用是不可替代的。

东盟华商作为东亚经济一体化的积极推动者，具有自身的优势。一方面，华人经济已是各国国民经济的重要组成部分。基于地缘、血缘、业缘的华商网络已发展为连接华人经济、本地经济和区域经济的网络。约翰·奈斯比特认为，"在当今这样一个资本与天赋不分国界的时代，华人正可以担任一个桥梁的角色，去连通整个亚洲的资金、观念、市场与谋略，并进行广泛交流，共创新世纪"[①]。另一方面，华商在居住国的社会和政治地位不断提升，与政界、商界等联系密切，由于华人官员众多，华商经济实力雄厚，华人通过组建重要的利益集团和压力集团，支持竞选、游说等各种活动促使政府进一步加快东亚经济合作的步伐。此外，华商在传媒、社会舆论方面具有很大的引导力。

马哈蒂尔曾指出，东南亚华人是中国与东南亚经济合作的桥梁，是连接东盟各国与中国的共同主线。如果没有华人，那么东南亚的经济状况肯定不会像现今这般有活力。[②] 有的华商认为，中国政府借助华人的力量推动中国－东盟自由贸易区的发展，是一种明智的选择。印尼华商林文镜指出，华商的双重角色，使其可以在推动中国－东盟自由贸易区建设中发挥重要的中介作用。[③] 许多华商也表示愿意促进中国与居住国的经贸合作与发展。如 2008 年在"海外华商相聚中国－东盟博览会暨印尼－广西企业家交流会"上，印尼的印中－中小企业商会总主席章生耀在会上表示，希望参与并带动更多的印尼企业参与广西北部湾经济区的开发，也希望广西企业家去印尼发展。双方应该扩大合作，实现互利共赢。[④] 新加坡工商联合总会的傅春安曾表示，

---

① 〔美〕约翰·奈斯比特：《亚洲大趋势》，尉文译，外文出版社，1996，第 16~17 页。
② 《马哈迪称华人将在中国与东亚关系中扮演排解纷争角色》，新加坡《联合早报》2002 年 5 月 22 日。
③ 《林文镜在"第三届华人论坛"上的发言》，《侨务工作研究》2004 年第 4 期，第 15 页。
④ 《2008 海外华商相聚中国－东盟博览会在南宁举行》，中国侨网，http://www.chinaqw.com/tzcy/hsxw/200810/24/135058.shtml，2008 年 10 月 24 日。

包括广西企业在内的中国企业可以充分利用新加坡这一平台，进驻东南亚市场甚至国际市场。新加坡工商联合总会愿意积极促进中新双方企业的合作。①

东盟华商在建设中国－东盟自由贸易区的过程中，利用熟悉双边语言、文化、政策的特殊优势，对东盟与中国的贸易和投资机会进行估量，积极促进中国与东盟合作，从而实现互利互惠、共同发展。在中国政府举办的中国－东盟博览会、中国－东盟商务理事会及各种贸易和投资政策推介会等活动中，都可以看到华商活跃的身影。华商企业与中国企业之间的合作成效明显，如2008年的"海外华商相聚中国－东盟博览会暨印尼－广西企业家交流会"使印尼华商与中国企业签署了7个项目，总意向投资额为2.3亿美元。② 在居住国，华商积极向企业、商协会和政府进行推介，力促各国与中国合作。如菲华商联总会每年都组织许多菲律宾企业及客商参加中国－东盟博览会，菲律宾建立了菲华商联总会牵头、政府多个部门和工商界共同参加的全新招商招展模式，形成了固定的博览会招商招展市场渠道。③ 如今，一年一度的中国－东盟博览会上，菲律宾的参展商逐年增加，签约合作金额也一届比一届多。

鉴于华商在东亚经济一体化中的桥梁作用，中国和东南亚各国政府对华商在中国－东盟博览会中的作用都高度重视。在中国，如广西以"中国－东盟博览会"为平台，组织开展了"海外华商相聚中国－东盟博览会暨广西北部湾经济区项目推介会""印尼广西中小企业家交流会""海外华商精英广西行"等活动，成效显著。如在"2009海

---

① 方慧玲：《利用新加坡"跳板"走向国际——访新加坡制造商联合会副会长傅春安》，《广西日报》2011年11月23日第14版。
② 《中国－东盟博览会：海外华商成中国东盟合作推手》，中央政府门户网站，http://www.gov.cn/jrzg/2008-10/24/content_1130051.htm，2008年10月24日。
③ 《中国－东盟博览会：海外华商成中国东盟合作推手》，中央政府门户网站，http://www.gov.cn/ztzl/2008-10/24/content_1130051.htm，2008年10月24日。

外华商相聚中国－东盟博览会暨广西北部湾经济区项目推介会"上，共有 20 多个国家和地区的华商与广西北部湾经济区各市达成投资合作意向项目 11 个，投资总额约 24.89 亿元。① 目前，中国－东盟博览会自 2004 年以来已成功举办 13 届。前 12 届共有 51.9 万客商参会，共达成国内外投资项目 3.5 万多个，促成中国与东盟相互投资额近 1300 亿美元。② 华商在其中的作用重大。在居住国，政府对华商在中国－东盟博览会中的作用也青睐有加。如马来西亚国际贸工部每年都大力支持马来西亚中国经济贸易总商会积极参与博览会，希望借此推动马来西亚经济发展；2010 年，第七届中国－东盟博览会召开前夕，菲律宾贸易和工业部特意举办了此次博览会推介会，邀请菲律宾工商业联合会、菲华商联总会及菲律宾重点企业代表参加，向菲律宾商界积极宣传中国－东盟博览会。③

---

① 《海外华商投资 25 亿掘金北部湾》，《人民日报》（海外版）2009 年 10 月 22 日第 1 版。
② 中国－东盟博览会网站，http://www.caexpo.org/。
③ 《菲律宾高度重视第七届中国－东盟博览会》，中国－东盟博览会网站，http://www.caexpo.org/gb/aboutcaexpo/caexponews/t20100901_89247.html，2010 年 9 月 1 日。

第四章　华侨华人人才软实力

人才是指专业、技术和同类工作者。① 牛津词典将其解释为拥有天赋或技能的人。② 在中国政府的政策界定中，海外华人专业人才包括公派或自费出国留学，学成后在海外从事科研、教学、工程技术、金融、管理等工作并取得显著成绩，为国内急需的高级管理人才、高级专业技术人才、学术带头人，以及拥有较好产业化开发前景的专利、发明或专有技术等人才。③ 中国科学技术信息研究所认为，海外华人科技人才主要是指在国外获得中级以上职称或虽没有中级以上职称但具有突出专长或复合型人才，可细分为尖子人才、优秀人才、特殊人才和普通人才四类，所占比例分别约5%、10%、25%和60%。④ 本书认为，华侨华人人才是指20世纪50年代以来成长起来的具有中高级职称或专业技能的华侨华人群体。华侨华人人才主要由中国留学生、技术和专业移民及新生代华裔组成。

中国留学生是华侨华人人才群体的第一个来源。20世纪50年代以来，每年都有大量的中国留学生申请在居住国的永久居留权。如从20世纪50年代中期至20世纪80年代中期，中国台湾每年大约有

---

① Definition of Talent, Statistical Abstract of the United States, 1985, p. 22.
② "Definition of Talent in English," http://www.oxforddictionaries.com/definition/english/talent.
③ 刘宏:《当代华人新移民的跨国实践与人才环流：英国与新加坡的比较研究》，《中山大学学报》（社会科学版）2009年第6期，第166页。
④ 《海外华人科技人才总数近百万　国际影响越来越大》，人民网，http://chinese.people.com.cn/GB/7762122.html，2008年9月2日。

2500 名学生和学者前往美国深造，而同期返回者仅有 5%。① 中国改革开放后，赴海外留学人数逐渐增多。1978 年至 2016 年底，中国留学生人数共 458 万人。② 港、澳、台地区每年也有不少学生出国留学。2006 年联合国教科文组织发布的《全球教育概览》数据显示，中国留学生人数居世界首位，约占全球出国留学生总数的 14%。③ 大部分留学生选择留在居住国。如 2002 年在美国获得科学和工程博士学位的中国留学生，2007 年留在美国的比例高达 92%。④ 2009 年澳大利亚国家统计局的数据表明：2007～2008 年，4.4 万名中国人和印度人获得了澳大利亚永久居留权，其中 36% 是在澳大利亚递交申请的，且大都是学生。⑤ 目前中国留学生出现回流趋势。

技术和专业移民是华侨华人人才群体的第二个来源。技术移民主要分布在美国、英国、加拿大、澳大利亚、德国、法国、日本、新加坡等国，他们中大多数人具有硕士或博士学位。⑥ 在美国，据 2000 年美国国家科学基金会报告，至 1998 年，美国接收的中国博士学位科学家、工程师总数为 13598 人，其专业领域及相应人数为：自然科学 7207 人、数学和计算机科学 1532 人、工程学 3576 人、农业科学 419 人、社会科学 864 人。⑦ 在加拿大，20 世纪 90 年代以来，赴加的华人新移民大都受过良好的教育。如 1989 年，约 14% 的中国移

---

① Stanley Karnow, The Screws Tighten in Chiang's China, The Washington Post, Times Herald, Dec. 8, 1973.
② 《海归创业：做好生力军 敢为先锋队》，中华人民共和国教育部网站，http://www.moe.gov.cn/jyb_xwfb/xw_zt/moe_357/jyzt_2017nztzl/2017_zt01/17zt01_mtkjy/201703/t20170316_299802.html.
③ Global Education Digest 2006: Comparing Education Statistics Across the World, UNESCO Institute for Statistics, 2006, p. 38, p. 133.
④ "Chinese Students Stay on," http://www.nature.com/naturejobs/science/articles/10.1038/nj7282-835d.
⑤ Expanding Links with China And India, Australian Social Trends, Statistics Canada, Sep. 24, 2009.
⑥ 王望波、庄国土编著《2009 年海外华侨华人概述》，世界知识出版社，2011，第 191 页。
⑦ Jean M. Johnson, Graduate Education Reform in Europe, Asia and The Americans. National Science Foundation, Apr., 2000, p. 46.

民拥有大学文凭；1995年，这一比例增至27%；1999~2001年，这一比例增长到近50%；2002~2004年，这一比例仍达到了40%。① 在澳大利亚，20世纪90年代，来自中国的永久移民还很少，但自2002年开始，该数字开始激增。数据显示，由中国赴澳大利亚的技术移民人数从2000~2001年的3800人增长到2005~2006年的12500人，增长了2倍多。② 另外，技术移民还包括从东南亚等世界各地移出去的华人知识分子。如20世纪70年代以来，自中国香港、马来西亚、新加坡移居澳大利亚的华人中，有很多人是具有专业技术或工商行政管理经验的精英。③

新生代华裔是华侨华人人才群体的第三个来源。如今，在欧美发达国家出生的华人第二代、第三代大部分接受了高等教育，逐渐摆脱了旧时华人体力劳动者大军的形象，投身于专业领域的人才越来越多。如2013年，皮尤研究中心报告指出，美国第二代移民④整体上比父辈要好。美国亚裔第一代，约50%拥有大学及以上学历，家庭中位收入为67200美元，贫困率为12%；美国亚裔第二代，约55%拥有大学及以上学历，家庭中位收入为67500美元，贫困率为12%。同时在职业选择上，和第一代主要从事蓝领工作相比，华人第二代更多地从事技术和管理类的白领工作。⑤ 此外，东南亚、非洲等欠发达地区的华人子女前往发达国家留学后，绝大部分都留在了发达国家，成为

---

① Peter S. Li, Immigrants from China to Canada: Issues of Supply and Demand of Human Capital, Canadian International Council & Conseil international du Canada, China Papers, No. 2, Jan. 2010, P. 6.
② Migration: Permanent Additions to Australia's Population, Australian Social Trends, 2007, Australian Bureau of Statistics, Aug. 7, 2007.
③ 张秋生：《二战后澳大利亚华人的参政历程》，《世界民族》2002年第4期，第30页。
④ 20世纪60年代到80年代赴美的华人移民主要来自中国台湾和中国香港，他们的子女大都已长大成人，而中国大陆（内地）的移民是20世纪80年代后才开始大规模到美国的，他们在美国所生的第二代多数尚未成人。
⑤ Second-Generation Americans A Portrait of the Adult Children of Immigrants, Pew Research Center, Feb. 7, 2013.

新的华人专业人才。

第一节 华侨华人人才软实力的资源

由上述三类人群构成的华侨华人人才已经形成了庞大的华侨华人人才资源库。目前华侨华人人才主要集中在北美、欧洲和大洋洲等地区，所从事的领域包括文化、教育、医药、材料、电子、网络、生化、物理、数学、工程、航空航天、金融等。

一 华人社会拥有庞大的专业人才数量

（一）美国：华侨华人人才的集中地

在美国，华人是亚裔中人口最多的少数族群，美国也是拥有华侨华人人才数量最多的国家。

从职业结构上来看，美国华人专门从事科技类职业的比例逐渐增大。1940年这一比例为2.5%，1950年为6.6%，1960年增至20.3%，1970年达到26%，1980年升至30%。[1] 根据1990年的美国人口普查数据，1989年美国华人中有48.23%从事金融、银行、专业技术、教育、医师及医疗行业。[2]《2004年美国亚裔社区调查》的结果显示，52%的华裔从事管理和各类专业性工作，而全美平均为34.1%，华裔中还有17%从事服务业工作，20.7%从事销售及办公室工作。[3] 2011年《美国华裔人口动态研究报告》数据显示，在就业方面，美国华人主要从事的是医疗保健、餐饮服务、制造业和科学研究，其中57.2%的人从事管理、软件开发、会计等高级白领工作，而同期美国的平均

---

[1]〔美〕李小兵等：《美国华人：从历史到现实》，四川人民出版社，2003，第116~118页。
[2] 1990 Census of Population, Social and Economic Characteristics, US, 1993, p.21, p.109.
[3] U.S. Census Bureau, The American Community-Asians: 2004, Feb, 2007, p.17.

值为 32.4%。①

美国华侨华人科技人才数量众多。20 世纪 80 年代,华侨华人科技人才已经在美国崭露头角。1989 年统计资料显示,美国华人中从事教育、科研、工程、医学和会计等的专业人员共有 15 万人,约占美国华人总数的 20%。全美第一流的科学家和技术专家约有 12 万人,其中华人有 3 万多人。② 目前,海外华人科技人才总数接近 100 万人,90% 以上具有硕士或博士学位,仅美国就接收了其中的 3/4。③ 美国硅谷集中了大量的华侨华人科技人才。如 1985~2000 年,硅谷的专业与技术移民人数多达 12.7 万人,其中中国移民约占 50%。④ 如今,硅谷华侨华人人口总数为 27 万人左右。这些新移民多从事科技、网络、教育、生物和新能源开发等行业。⑤

美国华人精英人才辈出,世界知名人士众多。在科学界,诺贝尔物理学奖、化学奖得主有李政道、杨振宁、丁肇中、李远哲、朱棣文、崔琦、钱永健、高锟,其中杨振宁和李政道提出的"弱相互作用中宇称不守恒理论"推翻了宇称守恒理论;李远哲设计的"分子束碰撞器"已在工业上发挥了重要作用。此外,还有众多的科学界著名人士,如数学家丘成桐和陈省身、物理学家吴健雄、力学和应用数学家林家翘、化学家潘毓刚、传热学家田长霖、电机工程学家卓以和、生物学家牛满江、结构工程师林同炎、建筑师贝聿铭、艾滋病专家何大一、植物学家胡秀英、光纤专家魏弘毅、电脑专家王嘉廉、太空科学家王赣骏、历史学家麦礼谦等。如今越来越多的年轻一辈的美国华人

---

① The United States National Committee of the Chinese and Asian American Center, University of Maryland, 2011 National Study of Chinese Population Dynamics, Feb. 10, 2011.
② 〔美〕李小兵等:《美国华人:从历史到现实》,四川人民出版社,2003,第 118 页。
③ 孙自法:《中国怎样推动华人专才创业?》,《人民日报》(海外版) 2008 年 10 月 9 日第 6 版。
④ AnnaLee Saxenian, Local and Global Networks of Immigrant Professionals in Silicon Valley, Public Policy Institute of California, 2002.
⑤ 王志章、陈晓青:《北美地区华侨华人族群研究——以硅谷为例》,载丘近主编《华侨华人研究报告 (2011)》,社会科学文献出版社,2011,第 96 页。

在数学、电子科学、生命科学、工程学等领域崭露头角。如加州大学数学家陶哲轩（1975年生）在24岁时成为加州大学洛杉矶分校建校以来最年轻的教授，2006年获"菲尔茨奖"。① 得州大学西南医学中心终身教授、生命科学学家王晓东于2004年当选美国科学院院士，当时年仅41岁的他成为美国科学院最年轻的院士。② 另外，在文学艺术界也涌现出一批知名华人，如聂华苓、於梨华、陈若曦、汤婷婷等华人作家曾获诺贝尔奖提名。

美国还拥有大量的华人人才后备军。每年有大量的中国学生选择去美国留学，近年来每学年在美国的中国留学生突破10万人大关，稳居世界第一。③ 据2010年美国国务院国际信息局的统计数据，2009~2010学年，在美留学生人数达到690923人，创下历史新高，增长的动力主要源于中国留学生高达30%的增长率，该学年中国留学生人数接近128000人。2010年中国留学生占全体在美留学生的比例已超过18%。④

（二）其他国家：华侨华人人才不断涌现

在美国之外，华侨华人人才比较集中的地区是北美洲、欧洲和大洋洲，主要包括加拿大、澳大利亚、英国、法国、新西兰等比较发达的国家。在亚洲，由于新移民的不断增加，日本和新加坡的华侨华人人才也逐渐增多。

1. 加拿大

目前华人是加拿大人口最多的少数族群之一。20世纪70年代，

---

① "Terence Chi-Shen Tao," http://www-history.mcs.st-andrews.ac.uk/Biographies/Tao.html.
② "Biochemist Becomes 15th UT Southwestern Faculty Member Serving on National Academy of Sciences," http://www.utsouthwestern.edu/newsroom/news-releases/year-2004/biochemist-becomes-15th-ut-southwestern-faculty-member-serving-on-national-academy-of-sciences.html.
③ 余东晖：《中国留美学生猛增两成》，美国《侨报》2008年11月18日。
④ "U.S. Department of State Office of the Spokesman, Rise in International Student Enrollment; More Come from China," http://iipdigital.usembassy.gov/st/english/texttrans/2010/11/20101117100230esiuol4.475713e-04.html#axzz2OEchipKI, Nov. 15, 2010.

加拿大华人就业专业化趋向明显,从事销售和私人服务业的占40%,商业或服务业的近60%,其中从事白领工作的占20%。[①] 20世纪八九十年代以后,越来越多的华人从事专业性的工作。1981年,在加拿大受雇劳动力中,15岁以上的华人所从事职业及其比例如下:专业技术性职业占17.8%,办公室及其相关职业占18.5%,管理、行政及其相关职业占4.9%,加工及建筑方面的职业占16.5%,服务性职业占24.5%,推销员占7.5%。20世纪90年代,在专门性职业领域的分布中,华人在自然科学、工程和数学领域就职的占48.5%,其他加拿大人占21.1%。[②] 2001年,在加拿大就业华人中,20%从事销售和服务业,20%从事商务、金融和行政业,16%从事自然和应用科学工作,13%从事管理工作,11%从事加工、制造和公共事业。[③] 2006年,加拿大人口普查报告显示,华人从事的行业集中在制造业、餐饮、批发零售业,以及科技服务、金融保险、管理、教育等行业,其中华人从事专业科技服务业的比例为10.64%,而全加拿大在该行业的从业人口比例为6.55%。[④]

加拿大知名华人众多,如科学家吴柯和乐晓春、分子遗传学家杜润伴、数学家章国华和赵晓强、建筑师傅国华、癌症专家林重庆、电脑专家谭光华、化学家崔武卫、石化科研专家伍绍海、社会学家李胜生及被加拿大律师协会评为"最有价值青年律师"的赵智城。华人中还出了一批加拿大国家工程院院士。在著名高校中,华人人才辈出,如阿尔伯塔大学是加拿大最好的研究性大学之一,该大学智能工程研究室的主要研究人员大都是华人教授和博士。

---

① 〔加拿大〕魏安国等:《从中国到加拿大》,许步曾译,上海社会科学院出版社,1988,第386页。
② 〔加拿大〕李胜生:《加拿大的华人与华人社会》,宗力译,香港三联书店,1992,第144~146、154页。
③ Shuguang Wang, Lucia Lo, Chinese Immigrants in Canada: Their Changing Composition and Economic Performance, Department of Geography Ryerson University, 2004, p.14.
④ Statistics Canada, http://www12.statcan.gc.ca/census-recensement/2006/, 2006.

2. 澳大利亚

澳大利亚华人新移民和华人新生代受教育程度不断提高，就业情况良好，这为华侨华人人力资源奠定了基础。20世纪60年代以后，一批来自东南亚、中国香港和新西兰等地的华裔学生赴澳大利亚留学，他们学成后获得澳大利亚居留权，便留在当地谋求发展。20世纪70年代末期以来，中国的专业人士赴澳大利亚的数量逐渐增多。据统计，2006年，31.9%的澳大利亚华人（不包括来自中国香港和台湾地区的华人）拥有学士及以上学位，同期，澳大利亚平均水平只有14.7%。[①] 在非澳大利亚本土出生的华人中，超过50%都拥有学士及以上学位。[②] 中国新移民大多在教育、法律、科技、医药和商业领域谋职。2006年澳大利亚人口普查数据显示，在中国出生并在澳大利亚就业的华人中，27.5%的职业属于技能水平一级，12.7%属于二级，10.8%属于三级。[③] 澳大利亚华人移民后代也表现优异，澳大利亚人口统计资料和相关学者及研究机构证实：相比主流人群（白人第三代及三代以上），澳大利亚华人移民第二代表现优异，他们受教育程度高，华人第二代平均受教育年限为14.3年，而主流人群的平均受教育年限为12.2年，华人的受教育年限要高出主流人群的平均受教育年限17%，并且华人更多地从事管理和专业工作。[④]

澳大利亚著名的华人人才有：心脏外科专家张任谦、化学工程专家梁亮新、会计师杨锦华、历史学家王赓武和颜清湟、作家黄惠元、画家翁真如和姚迪雄、脑外科专家林许国、音乐指挥家郭海伦、纳米

---

① The People of Australia, Statistics from the 2006 Census, Department of Immigration and Citizenship, 2008, p. 57.
② "Laurence J. C. Ma, Carolyn L., The Chinese Diaspora: Space, Place, Mobility, and Identity," quoted from Chinese Australian, http://en.wikipedia.org/wiki/Chinese_Australian.
③ 2006 Census of Population and Housing, Australian Bureau of Statistics, Feb. 4, 2007.
④ Jeffrey G. Reitz, Heather Zhang, Naoko Hawkins, Comparisons of the Success of Racial Minority Immigrant Offspring in the United States, Canada and Australia, Social Science Research, Vol. 40, No. 4, 2011, pp. 1051 – 1066.

技术专家逯高清、教育改革专家李光曙等。

3. 日本

日本华人人才主要集中在学术界、教育界和科技界，其政治和社会地位都较高。在学术界，各学术研究机构中，从事研究工作的华人有五六千人。在教育界，改革开放以来，在日本获得博士学位的中国留学生有6000多名，在日本的700多所大学中，华人学者多达3000名，研究的专业包括政治、经济、文学、哲学、历史、美术等。这些学者担任教授的越来越多，有的还担任了系主任、大学副校长、学会会长。华人学者成果丰硕，包括日本侨报社出版的博士文库在内的华人学者的日文版学术专著及各种日语著书，已经超过1000本。[①] 在科技界，日本华侨华人在工程、IT业、医药、生物、环境、机械、材料等领域均有出色表现，尤其在IT业。日本IT业的很多技术人员都是华人，日本华人还创办了JCD、纽康、PtoPA和共达等IT公司。

4. 英国

2010年伦敦政治经济学院的研究指出，作为一个群体，英国华人受教育水平和收入都要高于普通英国人。和其他少数族群相比，华人更有可能去更多的名牌大学或获得更高的学位。近45%的华人男性和超过1/3的华人女性获得一个甚至更多的学位。1995～1997年，29%的华人拥有高等教育文凭，华族是所有族裔中受教育水平最高的族群。2006～2008年，该数字已经上升至45%，华族仍然是所有族裔中受教育水平最高的族群。英国华人的小时工资在所有族群中位居第一。[②] 同时，英国华人从事专业工作的比例也高于其他族群，2010年

---

① 《华人活跃于日本各领域，影响力不断增加》，日本侨报社新闻中心，http://duan.jp/news/20101112.htm，2010年11月12日；《日本著名学府东京大学有了首位华人教授》，日本侨报社新闻中心，http://duan.jp/news/20100409.htm，2010年4月9日。

② An Anatomy of Economic Inequality in the UK, Report of the National Equality Panel, The London School of Economics, The Centre for Analysis of Social Exclusion, Jan., 2010, p.250, p.271.

统计数据显示,27%的华人从事专业工作,而白人的比例只有14%。①

近年来,中国留学生不断充实着英国华侨华人人才群体。英国已成为中国学生留学的主要目的地之一。如今,中国赴英留学生数量有8万名,其中全日制中国研究生学生数超过了3.8万人,几乎和英国本地研究生一样多,中国硕士研究生所学专业主要集中在数学、传媒、商业和管理。牛津经济研究院的报告称,英国国际学习中心附属学校每年接受的留学生达2.57万名,源自中国内地和香港的留学生的占比高达40%。② 在获得博士或硕士学位后,很多中国留学生已经成为英国高校、科研院所和大型企业的骨干力量或领军人才;有多位留英学者取得了英国大学的教授席位;一些学者创立了自己的企业、公司或成为跨国公司的高级管理和技术人员。③ 另外,近年来加入会计行业的英国华人群体正在不断扩大。

英国杰出的华人有:牛津大学首位华人教授崔占锋④,剑桥大学首位华人教授杜明清,英国皇家工程院院士宋永华、余海岁、陈嘉正、蒋向前、李林、林建国,金融学家及英国华人金融家协会会长厉彦民,英国华人金融协会首席运营官刘丹。

5. 新西兰

新西兰华人及其后裔主要来自中国及柬埔寨、马来西亚、新加坡等东南亚国家。2001年,华人人口达到了10.02万人,约占新西兰总人口的3%,是最大的亚裔群体。⑤ 进入21世纪以来,中国赴新西兰留学生呈逐年递增趋势,成为新西兰最大的留学生群体。2002年,

---

① How Fair is Britain? Chapter 11: Employment, the Equality and Human Rights Commission, Oct., 2010, p. 427.
② Richard Adams, Almost A Quarter of Postgrad Students at English Universities Are Chinese, The Guardian, Apr. 2, 2014.
③ 苗丹国:《出国留学六十年——当代中国的出国留学政策与引导在外留学人员回国政策的形成、变革与发展》,中央文献出版社,2010,第359~360页。
④ 也是英国皇家工程院院士。
⑤ Asian People, 2001 Census of Population And Dwellings, Statistics New Zealand, Oct. 2002, p. 11, p. 19.

在新西兰教育机构学习的中国学生有 3 万多名，比 2001 年翻了一番。① 2006～2012 年，新西兰每年招收的中国学生都在 2 万人以上，2006 年最多，达到了 33649 人。2012 年为 24412 人，占到新西兰留学生总数的 26.6%。② 自 1987 年新西兰移民新法案颁布以来，越来越多的中国人和在新西兰留学的中国学生选择移民新西兰，华侨华人人才队伍越来越庞大。

新西兰华侨华人多从事专业性的工作。据统计，2001 年，47% 在新西兰出生的华人和 44% 海外出生的华人从事白领工作，同期，新西兰整体比例为 40%，亚裔比例为 43%。③ 新西兰华人第二代整体表现优异，主要从事商业、科研、工程、健康和信息技术等工作。

近年来，新西兰华人中涌现了一批教授、医师、律师、会计师、建筑工程师、园艺师和工程技术人员等专业人员。"房地产大王"吴笠农、奥克兰大学商学院教授黄志诺、建筑设计师方励涵、女律师汪君尊、新西兰皇家科学院院士叶宋曼瑛和高唯、新西兰皇家科学院首席科学家高益槐、新西兰注册会计师协会前任主席 Sam Chan 等都是新西兰华人中的杰出人才。

6. 新加坡

新加坡是以华人为主体的国家，在以李光耀为首的政治精英的带领下，华人在新加坡现代化建设过程中，充分展示了自身的实力和人才优势。在政治、经济、文化、教育等诸多领域，华人人才济济。相关数据显示，新加坡华人取得学士学位的比例为 22.6%④，47.3% 的

---

① Heather Kavan, Lois Wilkinson, Dialogues with Dragons: Assisting Chinese Students' Academic Achievement, Massey University, p. 1.
② International Student Enrolments in New Zealand 2006 - 2012, International Division Ministry of Education, May 1, 2013, p. 5.
③ Asian People, 2001 Census of Population And Dwellings, Statistics New Zealand, Oct., 2002, p. 16.
④ Sing Stat, Key Indicators, Government of Singapore, 2011, p. 2.

华人从事白领工作，这高于44.8%的全国平均水平①。

20世纪80年代以来，马来西亚和中国的新移民进一步充实了新加坡华人的人才队伍。1980~2009年，新加坡接受的华人移民至少有130万人，其中前20年，马来西亚华人居多，后10年中国移民居多。1990~2009年，进入新加坡的中国移民总数约为50万~60万人，占总人口的10%~12%。②中国新移民中的知识分子、专业人才及各类留学生，活跃在新加坡的科研、商业、媒体、文化教育、体育等各领域，成为新加坡主要的外来人才大军之一。在新加坡高校和研究机构中，许多教授和学者都来自中国。如2001年，新加坡国立大学全职教学人员有2513名，中国公民有439人，多达17.5%。③2003年，新加坡Biopolis生物技术中心基因组研究所有150位科学家，只有1/5是本地人。领导非典病毒研究的两名科学家分别来自中国和英国。④如今，在新加坡的中国新移民人数众多，行业分布广泛，形成了特有的"新加坡中国白领现象"。

新加坡杰出的华人新移民众多，如优频道前新闻主播张海洁和王嬿青、华源会会长王泉成、国家交响乐团小提琴首席助理孔朝晖、前中国国家队步枪教练宋海平、南洋理工大学刘宏教授、狮城华人网创办人李志辉。2010年新加坡新华人移民团体华源会组织设立了"中国新移民杰出贡献奖"，当年黄显亚、吴永玲、方圆和黎列刚获得此奖项。

二 华侨华人组建了许多专业社团

华侨华人专业人员在创业的过程中，逐渐意识到联合华侨华人整

---

① SingStat, Key Indicators, Government of Singapore, 2005, pp. 1-2.
② 谢美华：《近20年新加坡的中国新移民及其数量估算》，《华侨华人历史研究》2010年第3期，第57~58页。
③ 刘宏：《当代华人新移民的跨国实践与人才环流》，《中山大学学报》2009年第6期，第169页。
④ Eric Ellis：《新加坡的崭新事物》，财富中文网，http://www.fortunechina.com/magazine/c/2004-01/01/content_804.htm，2004年1月1日。

体力量的重要性，华侨华人专业团体纷纷涌现。

(一) 美国华侨华人的专业团体数量多，实力强

在美国，最早的华人专业人士团体诞生于20世纪初期，如1917年，一群华人工程师成立了美洲中国工程师学会。近几十年来，华人专业人士团体越来越多，其中以科技团体为最，如美国华人石油协会（1984年）、硅谷中国工程师协会（1989年）、中国旅美科技协会（1992年）、美国华人生物医药协会（1995年）、美中经贸科技促进总会（1996年）、北美中国半导体协会（1996年）、国际华人科技工商协会（1997年）、华人生物学家协会（1998年）、华盛顿华人专业团体联合会（1998年）、波士顿128华人科技企业协会（2006年）等。

这些团体以交流信息为主要目的，通过举办各种专业研讨会，旨在促进同行之间和跨地区之间的交流，在华侨华人中具有一定的影响力。此外，它们也都非常关注全球华人社会的发展以及中国的发展，与中国各级政府、相关领域和学术机构之间有着广泛的联系和交流，已经成为中美之间科技和文化交流的重要渠道。美洲中国工程师学会成立于1917年，是北美历史最悠久的华人科技社团，在全美设有七个分会，共有一万多名会员，具有各领域专家与学者，遍及工程界、学术界及研究机构。自1993年起，美洲中国工程师学会开始与中国国际人才交流协会和国家经济贸易委员会联合举办"中美工程技术研讨会"，研讨会旨在通过中美双方相关领域专家的调研和研讨交流，为中方企业解决技术难题提供咨询。中美工程技术研讨会至今已成功举办十一届，前十届共有600多名外方专家和2000多名中方专家参会，共提出近千条技术创新和企业发展建议。[①]

[①] 美洲中国工程师学会网，http://www.cie-sf.org/index.php/about-us/intro-chinese；《驻旧金山总领事罗林泉会见美洲中国工程师学会主要成员》，中华人民共和国驻旧金山总领事馆网站，http://www.chinaconsulatesf.org/chn/kj/jlhaz/t1261752.htm。

(二) 其他各国的华侨华人专业团体纷纷涌现

除美国之外，其他各地的华人社会也组建了众多的专业组织团体或协会，如澳华科学技术者联盟、澳华工程师协会、留日中国人生命科学协会、加拿大中国专业人士协会、全法中国科技工作者协会、中国留德学者计算机学会、中国留德经济学会、英国华人金融家协会、旅英华人新高科技商业协会、法国华人律师协会、法中企业家及管理工作者协会、荷兰华人学者工程师协会、留瑞学者通讯与计算机学会、中国留比学人材料学会、葡萄牙中国学生学者联谊会、旅比华人专业人士协会、瑞士华人学者企业家协会、全欧华人专业协会联合会等。

除促进华人同业之间的交流外，许多团体还为促进华人与祖籍国的联系与交流提供了平台。全欧华人专业协会联合会，2001 年在德国法兰克福成立，成员协会包括欧洲十多个国家的五十多个华人专业协会和机构，两万名高层次专业人才，是欧洲最大的华人专业人士组织。联合会旨在团结在欧洲的华侨华人专业协会，吸引更多的有识之士加入为祖籍国服务的行列中来，促进中国的强大、民族的振兴及同行业和不同行业之间的学术交流。联合会组织了五十多次考察访问，先后在中国建立济南欧亚科技人才创业基地和徐州海外科技人才创业基地，在欧洲建立了微电子论坛、中欧生命科学论坛，举办了四十多次国际性学术研讨会。联合会自成立以来，多次举办年会，并保持与中国的相关协会、公司和大学的交流。[①] 又如英国华人金融家协会，旨在促进中英金融领域的交流与合作，团结壮大英国金融界华人精英力量，培养后续金融人才。个人会员 50 多人，均系华人金融专家，平均从业时间超过 10 年；会员单位数家，涉及中英金融领域的各个方面。[②] 该协会多次举办各类金融论坛、讲座，并与中国金融机构和

[①] 全欧华人专业协会联合会网站，http://www.fcpae.com/?page_id=658。
[②] 英国华人金融家协会网站，http://www.cafeuk.org.uk/cn/index.asp。

高校进行了多种形式合作，如培训人才、培养研究生、进行经济及金融情况的交流等，并为中国引进人才提供服务。

第二节 华侨华人人才软实力的影响力

20世纪80年代，诺贝尔经济学奖获得者卢卡斯指出：教育和人力资本是经济增长最主要的决定因素。[1] 随着人力资本取代经济资本成为经济发展的引擎，人才缺口即将成为威胁世界各国经济发展的重大因素。

在美国，2012年招不到合适人才的岗位多达300万个。如今，美国人才缺口最大的十大行业包括信息技术、医疗管理、工程、生命科学与生物技术、会计和财会等。至2018年，应用软件开发人员、计算机系统分析师、牙科保健师及科研人员的空缺职位将分别增长34%、20%、36.1%、40%。[2] 万宝盛华集团的《2012全球人才短缺》调查结果显示，中国有23%的企业面临着人才短缺的困扰，其中空缺最大的是技术人员。[3] 欧洲的劳动力短缺和技能缺口问题也极为严重。2001年，相关报告指出，欧洲的劳动力市场已经开始出现瓶颈问题，它可能会阻碍欧盟的经济发展，特别是在知识密集型行业。[4] 如2006~2007年，德国的工程师职位空缺增加了近30%，大约23000个，这些工程师的短缺造成的经济损失每年高达35亿欧元。[5]

如今人才争夺大战已在国家间打响，拥有良好教育素质和专业技

---

[1] Robert E. LUCAS, Jr., "On the Mechanics of Economic Development," *Journal of Monetary Economics*, Vol. 22, No. 1, 1988, pp. 3–42.
[2] 《2012年十大热门职业》，财富中文网，http://www.fortunechina.com/career/c/2012-01/09/content_86128.htm，2012年1月9日。
[3] Manpower Group, 2012 Talent Shortage Survey Research Result, pp. 4–5.
[4] European Employment Observatory Secretariat, Labour Shortages and Skills Gaps, European Employment Observatory, Annual Conference 2001, Jun., 2001, p. ii.
[5] "The EU's Labour-Shortage 'Time Bomb'," http://www.euractiv.com/socialeurope/eu-labour-shortage-time-bomb/article-164261.

术水平的族群或移民会吸引更多国家和机构的关注。各种统计资料和事实已经证明：华侨华人作为勤奋、智慧和整体具有较高素质的群体无疑在各国人才争夺大战中产生了较大的吸引力。

一 在居住国的影响力

（一）华侨华人人才资源逐渐获得居住国的认可

作为当今人口最多的少数族群和"模范少数族裔"重要代表的华人，其人才资源的重要性和影响力已经获得美国人的认可与重视。

美国华裔在亚洲移民中比例最大，即20%左右。Barringer 等研究了20世纪80年代初美籍亚裔人口的社会经济状态[1]，Kanjanapan 利用美国海关资料研究了亚裔新移民的职业分布情况[2]，都证明了亚裔移民的表现十分突出。

美国华人新移民尤其是高科技人才为美国做出了重要贡献，并产生了较大的影响力。2001年美国国家科学基金会发布了《中国对美国科学和工程学的人力资源贡献》的研究报告指出，中国科技人才对美国的贡献卓著。1986~1998年，获得美国科学和工程学博士学位的来自中国的华人博士生有21600人，在美国大学的基础和应用研究领域中占主导地位。他们在理科、数学、工程学等学科教学中担任助教，获得博士学位后依然在美国大学或其他机构中从事研究工作。中国出生的科学家和工程师已成为美国工商领域技术劳动力的组成部分。[3] 2002年，加州大学安纳莉·萨克森尼安发表的《硅谷的高科技

---

[1] Barringer-Herbert R., Robert W. Gardner, Michael Levin, *Asias and Pacific Islanders in the United States* (New York: Russell Sage Foundation, 1993).

[2] Kanjanapan, Wilawan, "The Immigration of Asian Professionals to the United States: 1988 – 1990," *International Migration Review*, Vol. 29, No. 1, pp. 7 – 33.

[3] "Jean M. Johnson, Human Resource Contributions to U. S. Science and Engineering From China, NSF (National Science Foundation) 01 – 311," http://www.nsf.gov/statistics/issuebrf/nsf01311/sib01311.htm, Jan. 12, 2001.

新移民企业家》研究报告指出,以华人和印度人为主的新移民,在硅谷高科技企业人员中的占比颇大,成为推动美国高技术产业发展的主力。新移民创办的企业为当地增加了许多就业机会,表现出色。这些新移民中的科学家、工程师为美国的经济增长做出了重要贡献。[1]

最新的研究数据也证实了以华裔为首的亚裔无愧于"模范少数族裔"的称号。2012年美国皮尤研究中心发布的《美国亚裔的崛起》报告指出,美国亚裔整体表现突出。在拥有大学学位方面,亚裔的比例是49%,全美平均比例是28%;在家庭年均收入方面,亚裔年均收入为6.6万美元,全美平均收入为4.98万美元。[2]

其他国家对华侨华人的人才资源优势也逐渐表示认同。如2010年,加拿大联邦政府公民、移民和多元文化部部长康尼指出,虽然很难对华裔人口在经济和文化领域的贡献进行量化,但可以肯定的是,来自中国的移民为加拿大社会发展做出了巨大贡献。中国移民在诸多领域表现非凡,不仅给加拿大带来了商业和技术,还给社会注入了更多的优秀品质,如敬业的工作态度、敏锐的商业意识、出众的迎难而上的精神及勤俭节约、善于理财等。[3] 2006年3月7日,英国内政部公布了新移民政策,布莱尔首相也为此发表了一封致谢信,表示,几十年来,英国的发展大大受益于移民尤其是中国移民的技能和才智。如果没有移民的贡献,那么英国在各领域的发展会比现在落后很多。[4]

新加坡政府一直都强调外来人才对国家发展的重要性。1997年,吴作栋在国庆群众集会上发表演说时指出,吸引外国人才是政府的首要工作之一。1998年的国庆集会上,吴作栋重申,只有从世界各地

---

[1] AnnaLee Saxenian, "Silicon Valley's New Immigrant High-Growth Entrepreneurs," *Economic Development Quarterly*, Vol. 16, No. 1, 2002.
[2] Pew Research Center, The Rise of Asian Americans, 2013, pp. 2-3.
[3] 《中加关系升温 康尼盛赞中国移民的贡献》,大华网,http://www.da-wanews.com/news_view.asp?id=4772, 2010年4月25日。
[4] 江玮:《英新移民方案公布 布莱尔致信感谢中国移民贡献》,《新京报》2006年3月8日。

挑选最杰出的人才，才能保证国家在未来的竞争中获得成功。① 2009年，李光耀强调，新加坡需要源源不断地从中国、印度、东南亚引进聪明能干和充满活力的新移民。有了新移民的加入，新加坡才能继续保持动力与活力。② 2013 年，新加坡人口白皮书指出，要在未来 17 年内实现人口增加 30%，2020 年人口数量达到 580 万～600 万人，2030 年人口数量达到 650 万～690 万人。每年批准 3 万名外籍人士成为永久居民，并吸收 1.5 万～2.5 万名成为公民。白皮书还指出，外国工人对国家经济与社会发展贡献巨大。外国工人提供技能和专长及市场知识和途径，使得新加坡公司创造新产品，并得以进入服务于区域内外的新市场。同时，外国劳工数量的增加，保持了新加坡整体劳动力市场熟练工和不熟练工的平衡，他们提供医疗、养老和家政服务，建造基础设施和住房，并从事保护和维修工作。他们使新加坡人以适当的价格享受良好的社会和市政服务，提升了新加坡人的生活质量。在经济繁荣时期，外国工人促使企业快速和灵活扩张，在经济衰退时期，他们又缓冲了新加坡工人的失业。因此，新加坡仍然需要大量的外国工人成为劳动力的核心。③

（二）中国人才和留学生成为各国移民政策青睐的对象

基于华侨华人人才尤其是科技新移民的重要性和影响力，华侨华人人才软实力产生了溢出效应。中国的专业人才、科技人才和储备人才逐渐成为各国人才争夺的焦点之一。美国、新加坡、加拿大、澳大利亚、日本等国紧盯中国人才，通过调整移民政策和推出各类优惠措

---

① 吴作栋：《1998 年国庆群众集会演说》，1998，第 49～52 页。
② 《〈联合早报〉"新汇点"开幕　李资政：不论新旧公民　政府一视同仁》，新加坡《联合早报》2009 年 4 月 12 日。
③ 2013 National Population and Talent Division, Prime Minister's Office A Sustainable Population for A Dynamic Singapore, population White paper, Jan., 2013, Oxford Graphic Printers Pte Ltd., Executive Summary, p. 29, p. 48.

施吸引更多的中国学生留学和专业人才前去工作。

美国通过放宽移民配额吸引中国人才尤其是科技人才前往。目前美国是中国新移民流向最多的国家，中国人移民美国经历了从被排斥到逐渐受欢迎的历程。第二次世界大战后美国修正了过去歧视和排斥华人的法令，华人可以合法地迁移和谋求职业。在此背景下，中国移民美国人数增长明显。1944~1952 年，中国移民约有 15110 人，平均每年移入 1679 人；1953－1965 年，中国移民约有 50456 人，年均移入 3881 人。1957 年，受苏联卫星升空的刺激，美国在更大规模范围内吸纳国外的优秀科技人才。1965 年，美国国会通过了《移民与国籍法修正案》，给中国内地移民配额 2 万人，中国香港单独移民配额 600 人。此后，中国移民人数迅速增加。1970 年美国华人总数为 435062 人，到了 1980 年美国华人增加到 806027 人，居亚裔人口的首位，占亚裔人口的 23.4%。[①] 1982 年起，美国政府给中国大陆与台湾地区各 2 万名配额，1987 年起给中国香港的配额增至 5000 名，1990 年后给中国香港的配额又增至 2 万名。[②] 此外，美国公民在中国的父母、子女及其他中国公民属于另外的名额，可能达到正式名额的 10%~20%；来自其他国家的华人也不受此限制。[③] 1990 年，美国国会通过了《美国新移民法案》，重点吸引投资和技术专业人才移居美国。随着美国经济对高科技的依赖越来越重，每年世界各地有数十万名技术人员进入美国，大多数人经过一段时间会获得绿卡，并选择在美国定居。不仅如此，1990 年，美国政府还特别为具有特殊专长的外国人签发为期 6 年的 H－1B 短期工作签证计划，年计划签发 6.5 万个。由于很难满足市场和劳动力需求，硅谷高科技公司不断要求国会增发签证数额。1998 年美国国会通过议案，将 1999 年、2000 年的 H－1B 签证的名额

---

① 〔美〕李小兵等：《美国华人：从历史到现实》，四川人民出版社，2003，第 90~92 页。
② 骆新华：《国际人口迁移与国际人才流动》，载国务院侨务办公室政研司编《侨务课题研究论文集（2002－2003 年度）》（内部读物），第 279~280 页。
③ Peter Kwong, The New Chinatown, Hill And Wang, 1996, p. 4.

增至 11.5 万人，1999 年又调高至 19.5 万人。目前，在硅谷的华人大约 90% 都取得了美国国籍。①

美国针对中国新移民的政策效果明显。1965 年以前美国华人以土生华人居多，约占 65%。② 20 世纪 60 年代至 2000 年，华人数量几乎每十年翻一番，2007 年美国华人数量已达 353.8 万人，其中新移民约占一半。③ 此外，每年赴美的中国留学生人数也在逐渐增长，据统计，在美来自中国内地（大陆）的留学生人数 2010 年为 157558 人，2011 年为 194029 人；同期在美来自中国香港、澳门和台湾地区的留学生人数分别为：香港 8136 人、8032 人，澳门 497 人、505 人，台湾 24818 人、23250 人。在美中国留学生人数占在美留学生总数的比例 2010 年为 26.4%，2011 年为 29.5%。④ 2010 年，中国首次成为美国最大的国际生源地。美国发布的《2016 年门户开放报告》数据显示，中国连续 7 年成为美国最大留学生生源地。2014～2015 年，在美中国留学生突破了 30 万人，2015～2016 年，达到 328547 人，占在美留学生总数的 31.5%。⑤

新加坡通过建立完善的人才机制吸引中国人才。为了积极吸引外来人才，从 20 世纪 70 年代开始，新加坡逐渐建立了一整套相应的体制：如扩大免税额、加大对初创企业的帮助；国外人才居住计划，为有住房需求的海外人才提供帮助；海外艺术人才计划，包括美术、舞蹈、音乐、戏剧、电视、文学、电影等艺术人才；设立新加坡留学奖学金，为留学生提供全额奖学金和政府助学金，鼓励其毕业后留在当

---

① 王志章、陈晓青：《北美地区华侨华人族群研究——以硅谷为例》，载丘进主编《华侨华人研究报告 (2011)》，社会科学文献出版社，2011，第 99 页。
② 麦礼谦：《从华侨到华人：20 世纪美国华人社会发展史》，香港三联书店，1992，第 422 页。
③ 数据来源于庄国土教授主持的《华侨华人分布状况和发展趋势》课题研究报告。
④ International Student Totals by Place of Origin, 2010/11 - 2011/12; Open Doors Report on International Educational Exchange, http://www.iie.org/opendoors.
⑤ "Number of International Students Studying in the United States in 2015/16, by Country of Origin," https://www.statista.com/statistics/233880/international-students-in-the-us-by-country-of-origin/.

地工作；1997年，新加坡经济发展局和人力部成立了"联系新加坡"，意在"与海外新加坡人和国际人才建立联系，并且协助他们到新加坡工作、投资和生活"①。"联系新加坡"已在上海、北京、伦敦、纽约等地设立了12个分支机构。2010年还推出了"联系新加坡"中文网站。"联系新加坡"在中国举办了多次行业推介会和人才招聘会，并通过"体验新加坡"计划，吸引中国优秀的大学生赴新加坡参观。新加坡还于2001年专门成立了21世纪科技企业委员会和吸引人才委员会，以吸引各类人才尤其是高科技人才前往新加坡。此外，为了促进新移民融入新加坡，政府还设立了公民与人口办公室、国民融合理事会及"社会融合基金"。

新加坡曾几次给予中国大规模的移民配额。1990年中新建交后，新加坡允许中国人到新加坡留学和工作。1997年香港回归后，新加坡分别给予中国香港和台湾地区各30万名移民配额。1997年中国与新加坡签署《中新教育交流与合作备忘录》，此后有大量的中国留学生流入新加坡。如今中国新移民成为新加坡第一大新移民群体，1990～2009年，进入新加坡的中国移民逐渐增加，约50万～60万人，占新加坡总人口的10%～12%。②

日本通过开发各种渠道吸引中国学生赴日留学。2008年，日本推出了"G30"计划，在2020年实现接收30万名留学生的目的。目前在日留学生中，中国学生占到一半以上。日本相关部门通过营造良好的留学环境，主要吸引中国学生前往日本留学，如降低学费，家庭只要提供15万～20万元的担保金和高中以上学历，就可以申请日本院校；进一步增加奖学金种类，包括国家奖学金、校内奖学金和企业团体设置的民间奖学金，如2013年从自费外国留学生中选出成绩优

---

① 《关于我们》，联系新加坡网站，http://www.contactsingapore.sg/cn/about/。
② 谢美华：《近20年新加坡的中国新移民及其数量估算》，《华侨华人历史研究》2010年第3期，第52页。

异者,将其录取为国费外国留学生;留学签证一体化,2010年7月1日起,日本停止发放"就学"签证,统一发放留学签证;在中国各大城市的书店里出售《日本留学指南》;提供多种报考费支付服务,如金融机构汇款、网络银行决算等,并开通中国网络信用卡支付服务,用以简化手续、降低汇费。日本的一些大学还通过在中国设立办事处,以招揽优秀的中国留学人才。如2007年,冈山大学分别在长春和沈阳设立了办事处。2012年,冈山大学又在北京设立了第三个办事处。①

其他如澳大利亚、加拿大、欧洲等国家和地区也纷纷采取多种措施吸引国际人才。如通过改革移民政策、降低留学条件和经济要求、提供高额奖学金、为高校和科研机构提供研究经费及为科技创业提供援助等主要措施吸引包括中国留学生在内的世界各国留学生。

二 在中国的影响力

中国是华人移民的祖籍国,自改革开放以来,中国政府都将华侨华人人才尤其是科技人才视为中国最宝贵的智力资源。邓小平曾指出,华人专家可以让我们在高科技领域的发展中"少走弯路"。② 江泽民在1999年提出了"分布于世界各地的广大华侨华人,是中华民族一个重要的人才资源宝库"的论述。③ 2004年,胡锦涛指出,几千万海外侨胞和国内3000多万归侨、侨眷,是推进我国现代化建设、实现祖国和平统一和中华民族伟大复兴的重要力量。④ 2014年,习近平指出,中国梦是国家梦、民族梦,也是每个中华儿女的梦。广大海外侨胞有着赤忱的爱国情怀、雄厚的经济实力、丰富的智力资源、广

---

① 江颐:《冈山大学吸引中国留学生设北京办事处》,《日本新华侨报》2012年4月3日。
② 《邓小平文选》(第三卷),人民出版社,1993,第279~280页。
③ 中共中央文献研究室编《江泽民思想年编(1989-2008)》,中央文献出版社,2010,第376页。
④ 《参加两会讨论:胡锦涛心系侨胞吴邦国关注港澳》,新华网,http://news.xinhuanet.com/newscenter/2004-03/08/content_1350217.htm,2004年3月8日。

泛的商业人脉,是实现中国梦的重要力量。①

改革开放以来,华侨华人专业人才成为中国吸引人才的主要目标。中共中央、相关政府部门及各地方政府通过制定和出台指导性方针、实行优惠政策和便利措施、建立各类"科研启动经费"政策、实施各类专项海外人才引进计划、鼓励和支持海外华人归国后组建科学团队或合作进行集体创业、在国内外招聘海外人才等诸多方式吸引华侨华人专业人才②回国服务。几十年来,华侨华人专业人才成为中国重要的智力资源,并推动了中国教育现代化和科技产业化的发展。

(一) 老一辈华人专才为中国教育和科技发展传经送宝

改革开放之前和改革开放初期,杨振宁、李政道、丁肇中、陈省身、吴健雄夫妇、林家翘、姚期智、潘毓刚、田长霖、牛满江等老一辈华侨华人为中国物理、数学、化学、生物学等学科和教育现代化的发展做出了重要贡献。

1971 年杨振宁第一次回国,向周恩来阐述了对中国教育和科技发展的建议。在他的示范和影响下,其他的华裔科学家也纷纷回国访问,1972 年李政道、陈省身、林家翘等 27 位华裔科学家组成了"美籍中国学者参观团"前往中国。1972 年在杨振宁的建议下,中国开展了拓扑学研究。20 世纪 70 年代后期在杨振宁等华人物理学家的支持下,中国高能物理研究取得了一些重大成果,如规范场理论经典解

---

① 刘维涛、王尧:《习近平在会见第七届世界华侨华人社团联谊大会代表时强调:共同的根共同的魂共同的梦 共同书写中华民族发展新篇章》,《人民日报》2014 年 6 月 7 日第 1 版。
② 自 20 世纪 90 年代以来,中国针对吸引人才或称"引智工作"所推出的政策,对其实施对象的称谓基本都是"留学人员""优秀留学回国人员""海外高层次留学人才(员)"或"回国(来华)定居工作专家""外国籍高层次人才"等。结合相关政策的历史沿革来看,海外高层次人才引进工作主要是吸引从中国赴海外留学并有相关专业领域国际工作经验的华裔人员(有中国血统的人)回国服务,特别是 1966 年以后去国(境)外留学并已在外居留的专家回国(来华)服务。程希:《中国和平发展进程中对华侨华人高层次人才的培养和吸引——2000 年以来中国留学人才政策概述》,《八桂侨刊》2011 年第 1 期,第 15~16 页。

的研究。陈省身、杨振宁提出在南开大学数学所内建立理论物理研究室，杨振宁担任学术委员会委员。1980年杨振宁在石溪纽约州立大学创建了"与中国学术交流委员会"（CEEC），资助中国学者赴该校学习和交流。1981~1990年，共计90人获得了资助。① 1983年设立于香港的"中山大学高等学术研究中心基金会"在杨振宁的建议下成立，该基金会致力于支持和促进中山大学的学术研究及与国内外的学术交流。1985年，为了鼓励中国青少年的发明创造能力和动手能力，由杨振宁提议、香港亿利达工业发展集团有限公司董事长刘永龄出资设立了"亿利达青少年发明奖"。1986年，杨振宁在刘永龄的资助下，提议建立了吴健雄物理奖、陈省身数学奖。1997年在香港特别行政区行政长官董建华的邀请下，杨振宁担任了香港高层委员会主席，职责是将香港建设成高科技发明中心。从20世纪70年代至今，杨振宁访问了中国的几十所高校，也担任了中国几十所高校的名誉教授。

1972年，李政道第一次访华，对当时教育状况提出意见和建议，促成了中国科学技术大学少年班的建立，在当时的环境下，这使濒于停顿的高等教育得到部分恢复。20世纪70年代末，李政道设立了CUSPEA（中美联合招考物理研究生项目），1979~1989年，通过CUSPEA共培养了915名学生。20世纪80年代初，李政道在美国专门设立了一个高能物理实验领域的中国访问学者项目，近百名中国高能物理学者进入了美国高能物理研究的各领域，这为以后北京正负电子对撞机的建设和中国高能物理研究培养了人才。② 1984年，邓小平会见了李政道，采纳了其提出的在中国建立博士后制度、建设正负电子对撞机工程、加速基本粒子研究的相关建议。1985年，李政道向中国领导人建言设立国家自然科学基金，并提出该项基金设立的具体实施方案。1986年，他在中国科学院的支持下，创立了中国高等科

---

① 余胜蓝、孟东明编著《杨振宁传》，复旦大学出版社，1997，第154页。
② 朱光亚、周光召：《记李政道物理生涯六十年》，《科学时报》2006年11月27日。

学技术中心（CCAST），并担任主任，多次主持国际学术会议，并指导该中心开展各种学术活动。他还在北京大学、浙江大学和复旦大学建立了北京现代物理研究中心、浙江近代物理中心和李政道实验物理中心。1998年，李政道设立了"秦惠－李政道中国大学生见习进修基金"，用以资助北京大学、复旦大学、兰州大学和苏州大学的本科生从事科研辅助工作。

（二）新一代华侨华人专才积极回国服务

1. 成为中国各领域各学科发展的重要智力资源

教育部统计数据显示，1978年至2016年底，中国留学回国人员总数达265万人。中国留学回国人员人数呈现不断增加的趋势。[①] 中国留学回国人员主要分布在教育、科技、经济、社会发展、国防等领域，其中还涌现了一批领军人物，如2004年教育部统计资料显示，78%的教育部直属高校校长、84%的中国科学院院士、75%的中国工程院院士、62%的博士生导师都是留学回国人员[②]。各种统计数据显示，"海归"已经成为中国学术和科技发展的重要智力资源。

自1994年实施"百人计划"以来，中国科学院引进、培养了2500余位海内外优秀人才。2010年启动"青年千人计划"以来，该院累计引进511名人才。[③] 引进的海外人才中，32人当选中国科学院院士。[④] 还有多人成为研究所领导。2005年底，美国哈特森研究所发表的《中国向前跳了一大步》科技竞争力分析报告，重点分析了中国

---

① 《发展海归创业：做好生力军敢为先锋队》，中华人民共和国教育部网站，http://www.moe.gov.cn/jyb_xwfb/xw_zt/moe_357/jyzt_2017nztzl/2017_zt01/17zt01_mtkjy/201703/t20170316_299802.html。
② 《中国留学人员回国创业成就展取得圆满成功》，中华人民共和国教育部网站，http://www.moe.gov.cn/publicfiles/business/htmlfiles/moe/moe_183/200409/1216.html，2004年2月29日。
③ 《中国科学院"百人计划"引入2500余位海内外人才》，中国新闻网，http://www.chinanews.com/gn/2016/09-06/7996002.shtml。
④ 中国科学院网，http://www.cas.cn/。

的三个自主创新案例，一是中国未来几年将发射100颗卫星，形成全球地面观测系统；二是曙光4000－A超级计算机；三是能支持Linux和Windows操作系统的龙芯2号CPU芯片。其中，曙光4000－A超级计算机和龙芯2号CPU芯片来自中科院计算技术研究所，由中科院微系统研究所为主研制的创新一号存储转发通信小卫星是形成全球地面观测系统的重要环节之一。①

1998～2014年，"长江学者奖励计划"实施以来，全国高校共聘任长江学者2251名，包括1546名特聘教授和705名讲座教授，涵盖了30个省（区、市）的166所高校，90%以上的曾在海外学习或者工作过。其中108人当选中国科学院、中国工程院院士，14人当选第三世界科学院院士。长江学者承担了大量国家自然科学基金重大项目、"973"项目、"863"项目、国家科技攻关计划项目、社科基金项目和重大工程项目，还有的成为国家重点实验室、985科技平台或创新集体负责人、国家工程（技术）研究中心主任和高校领导。十几年来，长江学者取得了重要的成果，成为国家基础研究和高技术领域原始创新的一支主力军：在国际顶尖学术期刊发表论文数百篇，有400多项由长江学者主持或作为主要完成人参加的科研成果获得了国家三大科技奖励，有的荣获"国际量子分子科学院奖""第三世界科学院数学奖"等多项国际学术大奖，还有的在基础前沿和战略高技术领域取得了一批世界级的标志性成果，如上海交通大学特聘教授张文军解决了7项重大关键技术，使中国成为世界上第四个独立掌握HDTV技术的国家。在"长江学者奖励计划"的示范和引领下，广东、福建、四川、湖南、湖北、河北、山东、黑龙江、上海等省市分别在省内高校实施各类学者计划，带动高校人才队伍整体水平提升。②

---

① 《中国科学院知识创新工程奏鸣曲》，《科学时报》2006年2月9日。
② 《出人才、出成果、出机制：教育部实施"长江学者奖励计划"成效显著》，中华人民共和国教育部网站，http://www.moe.gov.cn/publicfiles/business/htmlfiles/moe/s8133/201406/169992.html，2014年6月6日。

2005年建立的北京生命科学研究所，目标是成为世界一流的生命科学研究机构。该所采取与国际接轨的管理、运行和评价机制。2003年4月，该所理事会聘请美国得克萨斯大学西南医学中心的生物化学和细胞生物学家王晓东博士和耶鲁大学植物分子生物学家邓兴旺博士，共同担任北京生命科学研究所所长。至2015年，该所拥有25个实验室，12个科研辅助中心，共引进50多位海外杰出留学人员全职回国工作。科研人员独立发表文章257篇，在国外《科学》《自然》等核心期刊上发表论文31篇，这在国内外相同领域处于领先地位。① 在较短的时间内，该所便跻身国内外同类院所前列，并创造了世界一流的成果。2008年12月，由1名诺贝尔奖得主、6名美国科学院院士、2名英国皇家学会院士和1名法国国家科学院院士共10位顶尖科学家组成的国际科学指导委员会，对该所进行了深入细致的实地考察后认为，世界上其他研究所都不可能在这么短的时间内，在国际科研领域占据如此重要的地位。②

2. 助推中国科技产业化的迅速发展

1994～2014年，全国留学人员创业园有260多家，企业有1.6万多家，累计孵化企业3.5万多家，在园创业和工作的留学人员近4万人。③ 留学人员创业集中在互联网、新型材料、生物医药等高新技术行业，这有力地促进了中国科技产业化的发展。

如在深圳龙岗创业园，深圳市益心达医学新技术有限公司的一次性使用有创压力检测传感器为国内首创；深圳市广大纳米工程技术有限公司致力于新材料表面工程技术和纳米新材料产品的开发，开发的新材料在航空航天方面也有应用前景。④ 在中关村，恒泰艾普公司推

---

① 《中国美国科学院"双料"院士王晓东和他引领的北京生命科学研究所》，新华网，http://news.xinhuanet.com/tech/2015-05/26/c_1115414710.htm。
② 赵永新、张玉洁：《北京生命科学研究所这五年》，《人民日报》2011年2月21日第20版。
③ 《留学人员创业园20年孵化企业超3.5万家》，《科技日报》2014年11月27日第3版。
④ 曹太定、毛延发：《深圳：办好做大留学生创业园》，《深圳侨报》2005年7月15日。

出的"四维地震及其应用"等国际石油天然气勘探的先进技术，填补了国内空白；北京科兴生物在全球首次成功研制甲型 H1N1 流感疫苗；中星微电子有限公司实施的"星光中国芯工程"，在 PC 图像输入、移动多媒体领域全球领先；启明星辰公司完成的国家级和部级重点网络安全工程有 60 多项，2008 年北京奥运会官方网站和系统就使用了该公司提供的产品和技术；中信国安盟固利公司研发和生产的新型锂离子汽车动力电池，打破了中国对此长期依赖进口的局面，并将其应用于北京奥运会电动公交车。①

目前中国已成为世界最大的"人才回流"和"人才环流"国。21 世纪后，中国的这一现象引起了许多学者和媒体的关注。"自 1999 年以来，中国海归数量增长迅速。中国走的是韩国路线，即自身的经济繁荣和政策开放使得人才流失转向人才回流。"② 随着华侨华人高级人才回国趋势的加速，可以预见中国将拥有越来越多的智力资源。

---

① 董长青：《中关村海归创业人员占全国近 1/4》，《北京日报》2011 年 3 月 22 日第 2 版。
② Christiane Kuptsch, Eng Fong Pang, "Competing for Global Talent," *International Labour Organization*, 2006, p. 188.

第五章　新加坡模式

模式一词，系英语单词"model"的音译。模式是指一个国家或地区在实行现代化道路过程中对政治经济体制及战略等的选择。① 模式涵盖了很多方面，如经济发展模式、体制模式、文化模式、制度模式、现代化模式等。不同国家在各自特定的发展历程与生活场景中，演化出了不同的发展模式，如早期的英美式的自由资本主义模式、苏联高度集权的计划经济模式、德日的军国主义发展模式等。在以后的发展中，各国的发展模式又经历了不断衍化，形成了如今各具特色的发展模式。

新加坡模式也称新加坡经验、新加坡共识，我国台湾学者洪镰德甚至提出了"新加坡学"。新加坡处于东西文化的交汇处，按照自身的国情将东西方文化和机制进行融合创新，在建国后的几十年时间里，就建立了具有自身特色的治国方略，营造了政治清廉、经济昌盛、社会和谐、环境优美、百姓富足的景象。新加坡的成就被广泛关注，其成功的治理经验被众多国家和地区学习和借鉴。

第一节　新加坡模式的内涵

本书认为，新加坡模式的内涵主要包括：融合东西文化的新加

---

① 陈峰君：《论东亚发展模式》，《国际政治研究》1997年第2期，第3页。

坡价值观；创新、重商、人本主义及高效的经济发展模式；廉洁高效的政府管理模式；稳定的社会治理模式；严格科学的城市管理模式。

一　融合东西文化的新加坡价值观

新加坡价值观就是一方面要向西方学习，使自己迅速走向现代化，另一方面又要保持东方传统文化中的精华，使自己不迷失方向。可以说，对东西方文化保持一种清醒感，这是新加坡坚持自己独特的价值观念的精髓所在。[1] 融合东西方文化、兼顾物质文明和精神文明的价值观，是新加坡走向成功的文化和思想基础。

新加坡的价值观建设曾经历了曲折的历程。1965年新加坡建国之后，政府为实现经济的快速发展，实行文化上全面开放的政策。结果是经济虽然获得成功，但引发了社会整体道德水平的下滑，一时个人主义、自由主义和功利主义思潮泛滥。李光耀指出："进入20世纪80年代中期，我们发觉年轻人的态度有了改变。他们似乎没有那么强的儒家道德观念，比较强调个人的权利和自由。"[2] 新加坡的一些媒体也发表评论，认为有必要遏制年轻一代过多的自由和放任态度。

针对西方文化和价值观念给新加坡带来的不良影响，从20世纪70年代开始，新加坡有针对性地开展了反对西方腐朽价值观、倡导东方价值观的文化再生运动。20世纪80年代初还在学校里增设道德教育课程，后又改为宗教课等，但效果并不明显。1991年新加坡政府颁布了《共同价值观白皮书》，以突出新加坡社会的整体价值观，其内容为：国家至上，社会为先；家庭为根，社会为本；关怀扶持，同舟共济；求同存异，协商共识；种族和谐，宗教宽容。

---

[1] 中国赴新加坡精神文明考察团编著《新加坡的精神文明》，红旗出版社，1993，第56页。
[2] 《国际儒联名誉理事长、新加坡内阁资政李光耀先生致辞》，载《儒学与二十一世纪：纪念孔子诞辰2545周年暨国际儒学讨论会会议文集》，华夏出版社，1995，第7页。

共同价值观的内容是在新加坡多元种族、东西方文化融合的基础上提出来的。国家和集体利益高于个人利益，才可以使人们集中力量进行国家建设，这正是新加坡经济和社会发展获得成功的前提；家庭是社会的最基本单位，重视家庭不仅是一种基本的传统美德，也是现代社会结构的坚固基础所在，完整的家庭是培育下一代和照顾老者的最好方式，同时政府也为家庭提供力所能及的帮助；个人的权益受到社会的尊重和保护，社会为个人提供公平和平等，并能照顾弱者和弱势群体；国家各民族务必要团结一致，在遇到困难的时候，通过协商的办法解决，求同存异，从而避免引发冲突；不同宗教和种族之间要互相宽容、理解、和睦共处。

对于儒家文化和西方文化，新加坡采取了不偏不倚、客观公正的态度，新加坡根据国情，对两种文化做出鉴别和取舍，采取吸取精华、去除糟粕的态度。对于儒家文化，一方面新加坡将其中的勤劳、节俭、仁爱、孝顺、谦虚、重视教育等美德加以继承发扬。李光耀将儒家道德归纳为：忠、孝、仁、爱、礼、义、廉、耻，并赋予其新的内涵。李光耀多次强调东方价值观在新加坡国家繁荣与进步中的重要性，"家长们应向下一代灌输东方价值观"，"东方传统文化强调家庭关系，强调个人对父母与对下一代的责任，加上东方人刻苦耐劳的精神，是我们取得今日成就的最重要因素"。"我们能够取得惊人和非凡的转变，就是由于我们有勤奋、节俭的美德，具备惊人的耐力和灵敏，人民能把社会置于个人之上，尤其是占人口大部分的华人。"[①] 但是另一方面，对于传统文化中的消极部分，如封建家长制、迷信盲从、等级观念、平均主义、男尊女卑等思想坚决地摒弃，对于裙带关系、贪污腐化、缺乏效率，也坚决予以抵制。

在大力弘扬东方文化的同时，对于西方文化，新加坡人也有着自

---

① 〔新加坡〕李光耀：《李光耀谈新加坡的华人社会》，新加坡中华总商会、新加坡宗乡会馆联合总会出版，1991，第96、99页。

己的看法。吴庆瑞曾说，"不能把西方的东西拿来翻版，要有我们自己的价值观念……西方发生的奇奇怪怪的事情很多，如果我们依样画葫芦，我们也是会学坏的，这对我们经济的活力、经济的发展必将构成极大的破坏"①。同时，新加坡人也认为，西方文化有它自身优良的一面，如"我们可以学习西方的科学精神和守时精神。在日常生活中，西方人的讲礼貌和公德心也是值得我们学习的"。"我们应抱着开放的心胸，选择和吸收西方文明里优良的部分，使我们的生活变得更美好、更优雅。"②

对于东西方文化，李光耀曾说，"东方和西方的精华，必须有利地融汇在新加坡人身上。儒家的伦理观念、马来人的传统、印度人的精神气质，必须同西方追根究底的科学调查方法、客观追求真理的推理方法结合在一起"③。如今的新加坡在重视传承中华传统文化优良因素的同时，也重视吸收尊重个人、崇尚科学、民主法制、市场经济等西方文化的优良因素。正是源于文化上兼容并包的态度，兼收东西文化精华的新加坡逐渐走向繁荣与进步。

二 创新、重商、人本主义及高效的经济发展模式

自建国以来，新加坡从一个赤贫的第三世界国家迅速跻身为与欧美发达国家并列的世界经济强国，并创造了许多世界经济奇迹：人均GDP从1965年的516美元增至2013年的55182美元，位居世界第八④；新加坡还是世界第二大货运港、第二大电子中心、第三大石油炼油中心和第四大金融中心；新加坡的经济成就源于其创新、重商、人本主义及高效的经济发展模式。

---

① 中国赴新加坡精神文明考察团编著《新加坡的精神文明》，红旗出版社，1993，第57页。
② 刘蕙霞：《我们可从西方文明中学些什么》，新加坡《联合早报》1996年4月19日。
③ 〔新加坡〕李光耀：《李光耀40年政论选》，现代出版社，1994，第395页。
④ "GDP per capita (current US $)," http://data.worldbank.org/indicator/NY.GDP.PCAP.CD/countries.

（一）灵活务实、不断创新的经济发展策略

独立前，新加坡长期作为英国殖民地，经济结构单一，经济基础极为薄弱，经济发展缺乏定位。为了摆脱发展困境，1965年建国后李光耀请求联合国工业发展组织对新加坡经济发展提供指导。后来新加坡全面采用了联合国专家的建议，在20世纪60年代大量引进外资，建立劳动密集型产业，确保国家经济迅速稳定下来并在其后十余年间推动了经济高速发展。

20世纪70年代中期，发展中国家普遍采用了劳动密集型产业发展模式，新加坡迅速改弦易辙，从劳动密集型产业转向资本密集型产业，大力发展船舶制造、炼油业、电器制造、精密仪器工程，并利用中东丰富的石油资源大力发展炼油业，迅速发展成为世界第三大石油炼油中心，荣获"东方休斯敦"的美誉。其间，制造业的发展又推动了交通、贸易及金融业的共同发展。

20世纪80年代，新加坡提出"第二次工业革命"的口号，以推动经济结构进一步转向高技术层次，大力发展化学、电子、机械及运输设备制造等资本、技术密集型产业。1984~1985年，新加坡GDP首次出现负增长。1986年，新加坡经济委员会发布的《新加坡经济：新的方向》报告指出，在未来10年，服务业、制造业是推动经济增长的两大动力，资讯业、金融业是支柱产业，并优先发展服务业。20世纪80年代末期，新加坡顺利完成"第二次工业革命"的目标，再次实现了GDP的快速增长，并成为全球最大的硬盘制造国，航运业和物流业达到了世界一流水平。

为迎接21世纪的挑战和保持经济上的领先地位，1991年，新加坡政府又制定了"新加坡：新的起点"跨世纪发展战略，力争2030年人均国民生产总值达到美国的水平，成为充分发达的国家。新加坡政府设定了目标：争取更多的跨国公司在新加坡设立地区总部；把新加坡企业打造成世界一流水平；大力推进结构调整与产业升级；通过

普及与提高科学技术，推动经济从技术"引进型"向"创新型"转变。基于坚实的经济基础，新加坡成功抵御了1997年的亚洲金融危机。

新加坡政府以1997年亚洲金融危机为契机，再次调整经济结构和产业结构，首次提出向"知识经济"①转型的构想。进入21世纪之后，为增强竞争力，新加坡政府开始实施全方位的经济大转型，提出了"产业21计划"，意图将新加坡建设成为一个富有活力与稳定的知识性产业枢纽，确保制造业、制造服务业与贸易性服务业在21世纪的优势地位；新加坡还为此制定了三大经济发展战略：高科技战略、中国战略和扩大腹地战略。② 如今，新加坡已建立了以高科技、基础研发、生命科学等为支撑的知识密集型经济模式，高端制造业和先进服务业也获得了充分发展。

（二）重商的经济发展理念

新加坡政府素有"亲商政府"之称。政府注重资本和商人的作用，从各方面营造良好的投资和经商环境，以让本国和各国商人发挥作用，从而推动经济和社会的稳步发展。

完善基础设施，搭建经济发展平台。新加坡一直注重基础设施建设，政府注入大量资金，进行科学规划，建立了良好完备的陆地、港口、航空和通信基础设施，将新加坡打造成为世界一流的大都市。如新加坡樟宜国际机场，服务和配套设施均系世界一流，是亚洲主要的航空枢纽。航点遍布70个国家和地区的300多个城市，2013年接送乘客5730万人次。③ 2017年，连续第五次荣获"全球最佳机场"称号。

---

① 知识经济也被称为新经济。1996年经济合作与发展组织首次提出知识经济概念，按照经合组织的定义，知识经济就是以现代科学技术为核心，拥有、分配、生产和使用知识的新经济模式。
② 《21世纪新加坡经济发展战略》，中国驻新加坡大使馆经济商务参赞处网站，http://www.bizcn-sg.org.sg/chanye21.htm。
③ "About Changi Airport," http://www.changiairport.com/our-business/about-changi-airport.

大力营造"亲商重商"的浓郁氛围。新加坡经济发展局（EDB）成立于1961年，是负责规划与执行新加坡经济发展策略的主要政府机构，致力于加强新加坡作为全球商业中心的地位[①]，在美欧日等地都设置了招商引资机构。新加坡国家领导人、政府各部门部长及各高层主管都高度重视招商引资工作，通过接待、外访、大力宣传等方式吸引投资。政府与企业也保持着长期密切的联系，凡涉及经济政策的，政府会寻求企业家的建议和看法。对于企业的需求，政府各部门都能高度配合。政府还出资选派公务员到企业工作，深入了解企业发展的现状，配合企业处理面临的实际问题，并借机审查相关工商活动条例是否符合实际需求。

设立独具特色的工业园区，发挥重商的积聚效应。新加坡工业园区是新加坡经济发展的缩影，其成功发展也成为新加坡经济的强大推动力。自1961年开始，经过几十年的运营与发展，裕廊集团通过有效的征用土地，创造更多的土地和立体发展空间；通过土地集约化，实现产业升级和转型；打造世界一流的工业基础设施；坚持可持续发展理念；制定并贯彻实施完善的产业政策；以亲商为原则，提供简单、快捷、透明的服务[②]；具有较高的决策权和自主权；提供多项综合服务和各类园区发展配套设施，使得新加坡的工业园实现了从小到大，从一级到多级的发展。

（三）人本主义的经济发展理念

新加坡政府高度重视人力资源在经济发展中的重要性，认为科学技术和知识是推动国家经济发展的动力所在。

一方面，政府把教育和智力投资看作生产性投资，教育开支在国民经济中的比重不断提高。在小学和初中普及英语和电脑教育，实行双语教

[①] 《关于经济发展局》，新加坡经济发展局网站，http://www.sedb.com.cn/edb/sg/zh_cn2/index/about_edbd41d.html。

[②] 裕朗国际（中国）规划与城市设计部编著《借鉴与创新：新加坡城市规划理念在中国的实践》，世界图书出版公司，2010，第6~7页。

学。在高等教育方面，为适应现代工业发展的需求，调整和扩充高等院校，加强学科和专业建设，提高教育质量，增加教学和科研方面的投入，并促进产学研结合。同时提倡终身学习，大力发展职业技术教育。为培育国际化的本土卓越人才，自20世纪70年代开始，政府通过设立奖学金及与其他国家著名大学合作办学的方式，吸引优秀学子赴海外深造。

另一方面，大量引进全球优秀人才赴新加坡工作。新加坡以减免税，提供高薪和住房、优惠的待遇、开放的人口政策，提供奖助学金等方式吸引世界各地最优秀的人才前往。同时，制定自由的人才流动机制，营造良好的人才竞争环境。近年来，外籍人士数量在新加坡呈逐年增长趋势，从1990年的31.13万人增长到2013年的155.44万人。2013年，新加坡总人口为539.92万人，这意味着每3个新加坡人中就有1个外国人。[1] 同时，外籍人士在新加坡劳动力市场中的比例也在逐渐增加，从2002年的28%增长到2012年的37%。[2]

（四）高效透明的经济发展环境

对于新加坡的经济环境，李光耀曾感叹道，"我们的生存原则很简单，只有一个：新加坡必须比本区域其他国家更加刚强勇猛，更加有组织和富有效率。新加坡的条件再好，如果没有办法超越邻国，那么外国商家还是没有理由以这里为基地的"[3]。为了吸引国外资金和技术，新加坡注重营造高效透明的经济发展环境。

一是减少公务上的烦琐程序，降低交易成本。新加坡政府各部门职责分明，尤其注重工作效率和业绩。如新加坡经济发展局的主要任务就是引进外资，经济发展局对各类投资项目提供"一站式"服务，简单、方便，效率高。成立商业机构和公司，仅需到新加坡商业注册

---

[1] "Population Trends 2013," Department of Statistics, Ministry of Trade & Industry, Republic of Singapore, Sep., 2013, p. 1.
[2] "Labour Force in Singapore 2012," Ministry of Manpower, Singapore, 2013, XIII.
[3] 〔新加坡〕李光耀：《李光耀回忆录（1965-2000）》，外文出版社，2001，第59页。

局登记即可。

二是保证税收工作的高效和透明。新加坡国内税务局负责执行税收工作，实行电脑化税务监控，快速完成海量税务工作；所有税收环节相关人员都通过电脑从预先组成的审查组、批准组和出纳组人员中随机选定。如今，新加坡纳税人遵照税法和税务机关的要求履行纳税义务仅需 82 小时；总税负率仅为 27.1%；纳税人履行纳税义务所需的付款次数仅有 5 次。①

三是制定完备的经济法律体系。新加坡的经济管理法规体系非常完善，政府制定了投资法、税法、竞争法等诸多经济法律法规，政府还将各类经济法律法规印成小册子，供有需要的民众随时查阅。

三 廉洁高效的政府管理模式

新加坡政府治理的核心是廉洁与高效。李光耀曾认为，"身为一个具有中华文化背景的亚洲人，我的价值观是政府必须廉洁有效，能够保护人民，让每一个人都有机会在一个稳定和有秩序的社会里取得进步，并且能够在这样的一个社会里过美好的生活，培育孩子，使他们取得更好的表现"②。新加坡政府管理模式主要体现如下。

（一）严格、完备的公务员③制度

前瞻性的遴选机制。每年政府从高中毕业生中选出能力出众者，为其提供"总统奖学金"，送其到知名大学深造，并签署学业完成后为

---

① "Paying Taxes," http://www.doingbusiness.org/data/exploretopics/paying-taxes.
② 〔新加坡〕李光耀：《李光耀 40 年政论选》，现代出版社，1994，第 570 页。
③ 新加坡的政府官员，分为政治领导和公务员两类。国会议员、总理、总统、内阁成员等由选举制度产生的政务官，作为政治领导，不是公务员，他们负责国家大政方针的制定；常任秘书、副常任秘书、部门首长、打字员、杂工等是公务员，他们负责政策的执行和落实。政治领导须经选举产生，有一定的任期，如议员是直接选举产生的，部长、政务部长、政务次长等是由总理提名的，政府换届时他们的职务也随之终止；而公务员却是终身制，只要不犯大的错误就可以一直做下去。但新加坡政治领导的薪酬、监督都参照公务员的相关条例和制度。此外，国营企事业单位的雇员也属于公务员。

政府工作至少5年的协议。学生在读书期间，如果由政府选送攻读硕士学位，那么还要再延长3年服务期限。在这8年的时间内，政府和总统奖学金获得者可以进行双向选择。

科学严密的管理体制。一是建立健全的公务员管理机构。通过独立的公务服务委员会和隶属于总理公署的公共服务署来完成。前者主要负责政府最高级别官员的招聘、考核和晋升，计划和实施各类进修、训练和奖学金事务，公务员的编制、任用、升迁、免职、开除及采取惩处行动等。后者负责发布有关公务员的指示，管理公务员，制定执行具体的人事政策，公务员的工资福利待遇，拟定公务员队伍的发展规划和负责公务员的培训等。二是规范的公务员职位分类和等级制度。公务员的职位分为管理职位、社会及社区职位、工程职位、医疗及科技职位、警察及民防职位。公务员等级分为超级、一级、二级、三级和四级。三是制定详尽的公务员规范与准则。《公务员纪律条例》、《公务员法》、《公务员指导手册》及《财产申报法》等，对公务员的录用、考核、晋升、薪资、福利、培训及言行举止等都做出详细具体的规定。

注重德能、公开的录用制度。一是强调公开、公正、择优的原则，所有的公务员职位都公开录用。公共服务委员会专门处理有关公务员招聘、审查、任用等相关事项。二是遵循严格的录用程序。经过严格的资格审查、首次面试和考核合格、一年的试用期、第二次面试及筛选、两年的考察期和第三次考核合格者，才能成为正式的公务员。

高薪养廉制度和严格的反贪制度。新加坡领导人认为只有高薪才能建立一个高效率的政府，新加坡公务员待遇的原则是"至少不低于私人企业的水平"。而新加坡关于廉政方面的法律法规主要有《防止贪污法》、《公务员惩戒规则》及《没收贪污所得利益法》等，它们分别规定了反贪污贿赂的法律措施；公务员委员会对尚不够刑事处分的公务员渎职和玩忽职守行为的调查和处理程序；惩治腐败犯罪的程序法。新加坡实行严格的公务员监督制度。官方机构主要有贪污调查局、公共服务委员会和总理公署诠叙组等。民间监督主要包括公开受理民众投诉、议会议员监督和新闻媒体监督等。新加坡还实行翔实严格的公务员财产申报制度。新加坡《行为与纪律准则》第135～139条对公务员的财产申报做出了翔实的规定，对于任职以来的财产变动，肃贪局负责审查其真实性与财产来源的合法性。

科学的绩效考评体系。新加坡建立了一整套科学、完整的考评体系。每年年终，按照自我报告、上级考评和更高一级复签的程序，进行绩效考核评估。考评报告分为工作报告和潜能报告，前者主要评估工作完成情况及主要表现，并对公务员的工作质量、能力、承受压力情况、团体精神及责任感等进行排序。评估结束后要形成评估报告，结果要告知被考评人本人。年终绩效评估为最差一级的公务员被给予警示，半年后再考核评估一次，仍为最差一级的就要被辞退。后者采用 HAIR 精英人事评估标准，即 H－开阔的视野、A－分析能力、I－想象能力、R－现实感，以此为标准来衡量公务员的远景发展情况，预测其所能胜任的最高职位，并作为公务员升迁级别的依据。政府部门会对那些被认为有发展潜力的公务员安排适宜的培训及发展机会。

持续、法定化的培训制度。新加坡政府对公务员进行持续化培训，政府会将常务秘书以上的公务员及后备人选安排在多个部门接受锻炼，并轮流派送他们到国外一流大学学习。培训实行多层次培训体系，包括员工引导培训、基本知识与技能培训、高级知识与技能培训、延续培训以及持续培训。政府下设的国家民事服务学院承担了大部分公务员培训的任务。公务员培训时间至少占每年工作时间的5%，至少有60%受训科目与工作有关。新加坡公务员培训的法定化主要体现在两个方面。一是设定资格和经费标准，工作满三年的公务员都可以要求政府提供助学金资助，政府部门负责确保经费到位，各部门负责制定具体的公务员培训计划。二是将公务员培训结果与个人年终考核和部门考核挂钩。①

(二) 不断革新的政府管理和运作机制

为适应时代变化和民众发展需求，新加坡政府不断调整思路，力争使政府管理和运作求新求变，同时又能使其获得持续发展。20世纪60年代，新加坡政府的管理和运作方法是"五化"，即法律化、制度化、程序化、集权化、透明化。20世纪90年代政府提出了"八化"，即法律化、制度化、程序化、集权分权化、透明化、创新化、电子化、亲商化。②1995年政府提出的"21世纪公共服务计划"，旨在确保公共部门的人员以高质量、迅速的回应和礼貌的态度来满足民众对公共服务的需求；同时运用现代管理方法和工具，不断变革创新，以提高工作效率。新加坡政府计划在2017年让所有公共部门全面使用Facebook Workplace公务体系。

新加坡电子政府是政府改革中成效最快、最突出的。20世纪90年代以来，新加坡电子政府发展迅速：1992～1999年，通过IT2000计划将信息技术的使用扩展到社会生活的所有方面；2000～2006年，通过电子政府行动计划，实现所有政府服务的网络化；2007～2015年，通过智慧国2015计划，实现从电子政府到网络政府的转变。如今新加坡能够提供全年每天24小时的"一站式"电子政府服务，市民和企业可以获得由政府提供的1600多个在线服务和300多个移动服务。③新加坡财政部和资讯通信发展管理局每年进行一次电子政府用户感觉调查，2013年的调查显示，88%的民众和99%的企业采用电子方式办理政府业务，96%的民众和93%的企业对电子政府服务质

---

① 潘福能：《新加坡公务员培训模式及对我国市级干部培训的启示》，国务院机关事务管理局网站，http://www.pxzx.ggj.gov.cn/hqpxyj/201107/t20110727_275269.htm，2011年7月27日。
② 宋雄伟：《新加坡建设服务型政府的经验》，《学习时报》2012年10月22日。
③ The Present and Future-eGov2015 Masterplan (2011–2015).

量表示满意，94%的民众和89%的企业对政府移动服务的质量表示满意。①

四 稳定的社会治理模式

在社会治理方面，新加坡最引以为豪的是其稳定与和谐的社会。具体而言，新加坡的社会治理模式主要体现如下。

(一) 高度法制化的社会

首先，新加坡形成了世界上最完备缜密的法律体系。现行法律调整的范围从政治制度、经济管理、商业往来、旅店管理、地区规划、民族宗教到公民的权利和义务、日常生活、言谈举止、衣食住行、交通规章、公共卫生、抽烟、礼仪礼节等各个方面。新加坡法律还处在不断完善之中。

其次，新加坡社会执法严格，效率高且惩罚严厉。新加坡在打击犯罪上实行严刑峻法、铁面无私。公民一旦犯法，不论官阶、社会地位高低，都要受到惩罚。外国公民犯法，政府同样严惩不贷。法律还规定因违法犯罪行为被开除公职的，其个人中央公积金也会被全部没收。

最后，新加坡司法具有很强的制度性、独立性和执行力。新加坡设立了"法律服务委员会"，以贤能为标准，负责聘任法律官员。宪法规定了司法机关的独立审判权，政府或个人不得干预司法活动。司法官员享有司法豁免权，不可因其审判行为被民事起诉。宪法还规定国会不可审议法官的司法行为，除非1/4的国会议员请求审议。新加

---

① "Annual eGovernment Customer Perception Survey Conducted in 2013," http://www.ida.gov.sg/In focomm-Landscape/Facts-and-Figures/Survey-Reports/Annual-eGovernment-Customer-Perception-Survey-Conducted-in-2013; "Annual eGovernment Perception Survey on Businesses Conducted in 2013," http://www.ida.gov.sg/Infocomm-Landscape/Facts-and-Figures/Survey-Reports/Annual-eGo-vernment-Perception-Survey-on-Businesses-Conducted-in-2013.

坡不实施错案追究制度,进一步维护司法独立。

正是源于完备的法律制度和民众守法意识的逐渐增强,新加坡在建国后的很短时间内就一改往昔的脏、乱、差形象,成为社会秩序井然、生活环境幽雅、市容整洁美观、劳资关系融洽、官员廉洁奉公、人民守法有礼的国家。长期以来,新加坡的犯罪率世界最低,暴力犯罪事件更是罕见。1994 年,新加坡《海峡时报》曾做了一次民意调查,认为在新加坡生活很安全者比例达 99%,认为在郊区走路很安全者比例达 96%,对于政府在维持治安尽责方面,持肯定态度者比例达 98%。① 新加坡的工业和交通事故也很少见。2007~2010 年,每年的工业死亡人数仅为 55~70 人。② 新加坡的道路交通死亡人数比例每年仅为 0.0051%,而非洲这一比例达到了 0.0241%,欧洲这一比例为 0.0103%。③

(二) 和谐的民族与宗教关系

新加坡是一个民族、语言和宗教多元化的国家,2012 年统计,前三大族群人口④和百分比分别为:华族人口 280.83 万人,占 74.17%;马来族人口 50.66 万人,占 13.3%;印度族人口 34.9 万人,占 9.2%。⑤ 第四大族群主要包括欧亚混血人、阿拉伯人、高加索人、菲律宾人。⑥ 与人口的复杂组成相对应,新加坡的语言多达 20 多种,宗教信仰也多样,如佛教、伊斯兰教、基督教、道教、印度教、天主

---

① Gopal Baratham, *The Caning of Michael Fay* (Singapore: Singapore Press, 1994), p. 65.
② "Singapore 2012 Crime and Safety Report," https://www.osac.gov/Pages/ContentReportDetails.aspx?cid=12247.
③ "Global Status Report on Road Safety 2013: Supporting a Decade of Action", World Health Organization, p. 248; 5.
④ 仅包括公民和永久居住者。
⑤ "Singapore Residents by Age Group, Ethnic Group and Sex, End June 2011," Yearbook of Statistics Singapore 2012, Department of Statistics, Ministry of Trade & Industry, Republic of Singapore, July, 2012.
⑥ 〔新加坡〕苏瑞福:《新加坡人口结构的变化》,《南洋资料译丛》2008 年第 4 期,第 42 页。

教、锡克教以及诸多民间宗教，新加坡是世界上宗教信仰最多的国家。① 历史上，新加坡也发生过较为严重的民族与宗教冲突。1965年12月18日，新加坡第一届国会召开时，尤素福总统表明了希望将新加坡建设成为"通过共同的经验纽带联系得更为密切的多元种族、多元文化、多元宗教的宽容社会"。② 新加坡领导人和政府官员在各种场合多次强调种族和谐的重要性，并认为新加坡的种族和谐是社会各界共同努力的结果。

培养新加坡人意识及国家意识。李光耀认为，新加坡是一个"综合民族的国家"，只有整合新加坡人的国家意识，才能建设好新加坡。"新加坡人是一个出生、成长或居住在新加坡的人，他愿意维持现在这样一个多种族的、宽宏大量、乐于助人、向前看的社会，并时刻准备为之献身。"③ 1982年、1988年，新加坡分别举行了两次有关国家意识的讨论。自1988年开始，政府每年开展一次"国家意识周"活动，以增强国民的国家意识和凝聚力。1990年新加坡政府提出"一个民族，一个国家，一个新加坡"的口号。1991年政府发表的《共同价值观白皮书》确立了新加坡人的五大共同价值，将国家利益置于个人利益之上。1996年，新加坡教育部推出国家意识教育计划，从1998年开始实施，其被称为"国民教育"。该计划是让新加坡下一代在接受基础教育的过程中，充分了解国情，培养共同的国家认知及为国献身的精神。

和谐的宗教政策。1959年3月，新加坡政府成立了由各派宗教领袖组成的宗教联合会，旨在使新加坡各种宗教成为促进国家团结的力量。建国之后，新加坡采取了诸多措施促进各种宗教的和谐发展。

---

① "Global Religious Diversity, Pew Research," http://www.pewforum.org/2014/04/04/global-religious-diversity/, Apr. 4, 2014.

② "President's Address for Opening of 2nd Session of 12th Parliament," Opening of Parliament, May, 2014, President's Address, Pledging Ourselves to a Better Singapore, http://www.istana.gov.sg/content/istana/news/speeches/2014/president-s-address-for-opening-of-2nd-session-of-12th-parliamen.html.

③ 〔英〕亚里克斯·乔西：《李光耀》，安徽大学外语系译，上海人民出版社，1976，第368页。

新加坡明确规定了各宗教平等和公民的宗教信仰自由。1989年新加坡发布《维护宗教和谐白皮书》，1990年通过了《维持宗教和谐法案》，1992年成立了"宗教和谐总统理事会"，1994年颁布了《维护宗教和谐法》，2003年发表了《宗教和谐声明》。政府还严格控制媒体传播，禁止媒体发布任何有碍宗教和谐的言论，对于各种破坏宗教的行为和宗教犯罪实行严厉打击。在新加坡的11个全国节假日中有6个与宗教有关。政府还对少数民族的宗教信仰给予相应照顾。

新加坡政府还积极促进各宗教之间的和谐共存。一方面，政府从立法上进行宣传。1989年的《维持宗教和谐白皮书》，确定了各宗教团体、信徒在处理与其他宗教关系时必须遵循的共同准则。[①] 另一方面，政府鼓励各宗教间加强接触和了解，促进宗教团体间的和谐与容忍。如在中学生中开展有关宗教知识的教育，增进他们对不同宗教信仰的理解和认识；在宗教团体成立各类组织，为不同宗教之间的对话设立交流中心。

和谐的民族政策。新加坡政府在语言上实行双语政策；经济上，消除马来人与华人之间的经济差距；法律上，通过宪法保障各民族权益平等；政治上，确保少数民族在议会中的代表权，并设立"少数种族总统理事会"；教育上，各民族平等接受教育；文化上，尊重各民族的民族特性和文化。政府还颁布了"防止建屋发展局组屋区族群聚居"的政策，规定居住在每个小区、每栋组屋的各族群居民，其种族比例要与人口比例大体吻合。2010年又推行永久居民配额[②]。政府还要求企业为所有人提供平等就业机会，雇用员工时不得有种族偏见；企业征聘广告不得列有年龄、种族等要求。政府支持跨种族的社团活动。此外，大量非政治性基层组织如人民协会等，进一步为新加坡民

---

① "Maintenance of Religious Harmony White Paper," Government of Singapore, http://www.academia.edu/1740679/Maintenance_of_Religious, Dec. 26, 1989.
② 《建屋局即日起推行组屋区永久居民配额》，新加坡《联合早报》2010年3月6日。

族与宗教和谐提供了组织保障。新加坡的民族与宗教和谐政策获得了巨大的成功，以下数据可以从很大程度上说明新加坡种族团结、宗教和谐的事实。

新加坡学者赵善光曾经在1969年和1989年，两次对新加坡民众进行抽样调查，结果显示新加坡各族对和谐共处取得愈来愈大的共识。在不同种族之间的友谊上，华人拥有马来人朋友的比例由42%提高到57%，华人拥有印度族朋友的比例从60%提高到67%，马来人拥有华人朋友的比例由85%上升到92%，印度人拥有华人朋友的比例从42%提高到60%，马来人拥有印度族朋友的比例更是从72%激增至93%。在测验各族相互依赖关系，特别是合力抵抗外来侵略，促进经济增长和提高邻里社区的生活水平时，三族中表示赞成的人都超过80%。在有关种族关系的看法上，三族中高达90%的人都同意新加坡的种族关系是和谐的。对于异族通婚，47%的华人表示愿意和马来人通婚，62%的马来人认为只要对方肯改信回教，也愿意与华人结婚；赞成与印度人通婚的华人占45%，印度人愿意和华人结婚的占58%；马来人愿意与印度人通婚的占58%，印度人愿意与马来人通婚的占57%。[①]

自20世纪80年代开始，新加坡各宗教逐步打破民族界限，信徒的民族成分开始具有多元性。据1980年的人口普查统计数据，全国穆斯林有38.5万人，其中马来族占90.2%，其他民族占9.8%；基督徒有20.35万人，华人占79%，其余的是印度人、欧洲人和其他种族；佛教徒有52.914万人，华人占98.6%，印度族占0.2%，马来族和其他种族占1.2%；在印度教中，也出现了少量的华人和其他民族的信徒。

在诸多宗教信仰中，变化最大的是佛教信仰比例逐渐下降，基督教信仰比例逐渐上升。据统计，1931年，基督教徒仅占新加坡全国人口的5.3%左右，佛教、道教和儒教信徒占到72.5%。[②] 在1980年

---

① 洪镰德：《新加坡学》，台湾扬智文化事业股份有限公司，1997，第30～32页。
② Lai Ah Eng, "Religious Diversity in Singapore," *Institute of SEA Studies*, 2008, p.32.

的人口普查中，15 岁以上的新加坡人信仰基督教的比例为 10.1%，1990 年为 12.7%，2000 年为 14.6%，2010 年增至 18.3%。目前新加坡华人中学生、大学生、研究生约有 30% 信仰基督教。1980 年，15 岁以上的新加坡人信仰佛教的比例为 27.0%，1990 年为 31.2%，2000 年为 42.5%，2010 年迅速降至 33.3%。[①]

（三）健全的社会保障制度

新加坡根据自身的国情，基于"以预防为主""工作奖励"，倡导国民自力更生的理念，推行了新加坡特色的社会保障制度。

首先，实施了以工作福利为导向的社会保障政策。对低收入家庭不设救济金，而是在水电费、就业、消费税等方面进行补贴。目前低收入家庭成员一生可以从政府拿到的津贴，预计 50 多万新元[②]。

其次，建立了较为完善的社会保障体系。该体系由四大部分组成，即中央公积金制度、"居者有其屋计划"、就业奖励花红和培训计划、医疗保健储蓄政策。其中，前两者被认为是立国之本。如今，新加坡中央公积金制度已从简单的养老制度发展成为包括养老、医疗、住房、家庭保障和资产增值在内的综合性储蓄制度。个人账户分为普通账户——用于住房、保险、投资和教育，特别账户——用于养老和退休相关的金融产品投资，医药账户——用于支付住院医疗费用和批准的医疗保险。[③] 截至 2014 年 3 月，新加坡中央公积金制度覆盖了绝大多数人口，会员有 353 万人，基金累计结余 2595.65 亿新元[④]，达到国内生产总值的 69.6%[⑤]。

---

① 数据来源于新加坡统计局发布的 1980 年、1990 年、2000 年和 2010 年的人口统计数据。
② 何惜薇：《低收入户一生可获 50 万津贴》，新加坡《联合早报》2012 年 5 月 2 日。
③ "Overview"，http://mycpf.cpf.gov.sg/CPF/About-Us/Intro/Intro。
④ 数据截止到 2014 年 3 月，参见 http://mycpf.cpf.gov.sg/CPF/About-Us/CPF-Stats/CPF_Stats.htm。
⑤ 新加坡 2013 年的 GDP 为 3728.13 亿新元，数据来源于新加坡统计局网站，http://www.singstat.gov.sg/statistics/latest_data.html#1。

"居者有其屋计划"是新加坡引以为傲的住房福利制度。新加坡以法律的形式确保公共组屋制度的推行。20世纪60年代政府颁布了《建屋与发展法令》，明确政府发展住房的方针和目标，根据该法令，1960年成立了建屋发展局。政府还颁布《建屋局法》《特别物产法》《土地征用法令》等，严格限制炒卖组屋行为，并确保组屋建设所需的土地资源。1964年政府推出了"居者有其屋计划"，政府组屋由建屋发展局统一承建，以低于私人房地产公司30%~50%的价格出售给民众。政府还给中低收入家庭提供了大量的资金补助，如建房贷款、购房资金贷款和政府津贴等。一般而言，"中低收入家庭4~5年的收入之和，或者20~30年可用于住房消费的公积金之和，就能够购买一套组屋"，目前98%的中低收入家庭都买得起公共组屋。[1]

"居者有其屋计划"使新加坡彻底改变了独立前的房荒现象，基本实现了"居者有其屋"。第二次世界大战后，战争的破坏和住房不足使得新加坡的住房情况极为糟糕。1947年英国殖民政府房屋委员会报告指出，新加坡的住房状况极为糟糕，大约有30万人居住在临时的肮脏住处，没有水、医疗设备和任何基本的卫生设施。还有25万人居住在城市地区摇摇欲坠的临街店铺，过度拥挤成为常态。[2] 到1959年自治，新加坡住房仍严重匮乏，绝大部分人仍居住在贫民窟、店铺和简陋的木屋区。到了20世纪70年代，新加坡已经基本上解决了住房问题。截至2012年，新加坡政府总共建造了100万套组屋，81.9%的居民居住在组屋[3]，其中超过95%的居民家庭拥有组屋的产

---

[1] 孙荣飞：《新加坡中低收入家庭5年收入可买套租屋》，《第一财经日报》2007年10月18日。
[2] Belinda Yuen, "Squatters No More: Singapore Social Housing," *Global Urban Development Magazine*, Vol. 3, Iss. 1, http://www.globalurban.org/GUDMag07Vol3Iss1/Yuen.htm, Nov, 2007.
[3] "Latest Data," http://www.singstat.gov.sg/statistics/latest_data.html#20; "Overwhelming Majority of PRs are HDB Owner-Occupiers," http://www.propertyguru.com.sg/property-management-news/2012/1/32066/overwhelming-majority-of-prs-are-hdb-owner-occupie, Jan. 10, 2012.

权，低于5%的贫困家庭住在政府提供的租赁组屋，富裕阶层自购房产。新加坡因而成为世界住房自有率最高的国家。2008年建屋发展局抽样调查结果表明，96.4%的组屋家庭都对组屋表示满意。①

（四）完善的社会管理体系

新加坡政府直接负责社会管理，为社区管理提供指导和进行科学规划。在每个社区，政府都会配套建设学校、图书馆、办公、娱乐、俱乐部、老年公寓、室内外运动场馆、公园等各种基础生活服务设施；政府还提供绝大部分的社区基本设施建设费和一半的日常运作费。在具体的社区建设和管理中，政府推行社区和民众的自我管理机制，由此政府建立了包括官方、半官方及民间组织共同参与和管理的多方位机制。

官方机制。人民行动党制定了议员接待日制度，人民行动党议员必须严格执行每周五一次的接待选区民众的活动。对于民众反映的问题，议员都要一一解答。议员接待日制度使政府可以在第一时间了解民众要求，随时发现并解决社会矛盾，及时改正政府工作问题。政府官员和国会议员还通过其他的渠道和机会接近民众，如定期和各行业的代表见面会谈，协商解决问题；定期走访居民；通过媒体为民众释疑；在出台大政策前夕，多方与民众沟通、协商及让民众了解相关资料。政府还在社会发展、青年与体育部内设置了民意处理组，负责征集民意和各行业的建议，好的意见都会被政府采纳并给予奖励。

半官方社区管理机制。新加坡的半官方社区网络体系健全、组织完善。社区管理的政府部门是社会发展、青年及体育部，其负责社区发展的政策制定、职能策划；下辖社区管理的三个指导机构：人民协

---

① "Sample Household Survey 2008: Majority of HDB Residents are Happy with Their Living Environment and Proud of Their Flats," http://www.hdb.gov.sg/fi10/fi10296p.nsf/PressReleases/C982024B92F84092482576CD0083862D, Feb. 18, 2010.

会、社区发展理事会、市镇理事会。在新加坡社会管理中，人民协会起到了重要的作用。协会的主要任务是：通过组织和促进群体参与社会、文化、教育和体育活动，促进多种族和谐；通过领导培训，增进领导的民族认同感和为多种族社区服务的精神；增进社会联系和增强社会凝聚力等。[①] 人民协会管理着1800个基层组织网络、5个社区发展理事会、全国青年理事会、国家社区领袖学院、外展训练中心和社会发展服务部。[②]

民间组织。在新加坡，注册社团手续较为宽松，程序较为简单。《新加坡社团法》规定："社团"包括任何性质或者目的、具有10个或10个以上成员的俱乐部、公司、合伙或者协会。因而每年都有许多新兴社团组织诞生。新加坡政府注重利用各类民间组织的自我管理机制，通过官方资助和发起一些种族自治、社会福利和基层社团组织，发挥其联络民众和促进社会稳定与和谐的作用。新加坡印裔发展协会、新加坡社会服务全国理事会、新加坡护士协会、新加坡瘫痪援助协会等各类民间组织活跃在社会的各个领域，自愿为民服务，有助于良好社会风气的形成，便于政府管理，同时也极大地促进了新加坡各民族和宗教团结。

五 严格科学的城市管理模式

全面的城市管理法规和体系，人本主义的城市管理理念，使新加坡人养成了良好、文明、卫生的习惯，并创造了和谐、整洁和美丽的城市环境。

（一）严格完备的城市管理法律体系

立法的全面性与可操作性。从环境保护、道路设施、交通规则到广告牌、个人的行为举止等，政府都做出了细致而明确的规定。以环

---

① The People's Association Act (2000 Rev), Cap. 227, ss. 8 (a) - (c).
② "About People's Association," http://www.pa.gov.sg/.

境卫生为例,在立法方面,新加坡环境与水资源部主要执行《公共环境卫生法》《环境污染控制法》两部法律;初级生产部执行《濒危物种(进出口)法》《野生动物和鸟类法》两部法律。各项城市管理法律法规对各种违法违规行为都进行了翔实的规定,执法程序环环相扣,确保执法人员有法可依。

严格的处罚制度。在有关市政管理的领域,基本上都有相应的违规后罚款规定;罚款数额不仅大,而且处罚严厉,累犯可能被拘役。另外,罚款执行严格,无论政府官员还是普通百姓,一旦违规,都要接受相应的处罚。政府高度重视罚款的执行力度和执行效果,还经常派专人进行监督。

严密的自查和外部监督体系。每天早上,新加坡各公用事业局的工作人员都会巡视各公共场所,下午通过开会或写报告说明有破损或不合要求的地方,并及时派人去整治。政府还注重发动群众检举违法违纪行为,甚至连国家领导人也加入环境卫生和城市管理监督工作中去。

(二) 科学的城市规划体系与管理体系

统筹协调的城市规划体系。一是连续性。市区重建局是新加坡的国家城市规划局,负责各层面的规划工作,从土地的中长期规划、公共和私营部门的开发、城市设计、建筑保护到政府土地售卖和停车场管理等。[①] 二是整体协调性。新加坡城市规划考虑了社会发展需求与经济增长、优质环境及文化遗产维护的关系。三是远见性。新加坡将城市规划分为概念规划和总体规划。概念规划是对经济与社会发展40~50年的展望,每10年修改一次,综合考虑人口增长及各大类用地等方面的需求。[②] 总体规划是对经济与社会发展10~15年的展望,负责

[①] "About Us," http://www.ura.gov.sg/uol/about-us/our-people/groups-departments.aspx.
[②] "Draft Concept Plan 2001, Urban Redevelopment Authority," http://www.ura.gov.sg/skyline/skyline01/skyline01-03.pdf, May/Jun., 2001.

监控土地利用,每 5 年修改一次。四是公开性。政府有关城市规划的过程、方案的最终结果都会及时公布于众。在规划制定中,政府会举办规划公共展览以征询民众意见。

建管分离、责任明确的管理体系。新加坡政府对城市管理机构进行了科学设置、合理配备、细致分工,以确保管理明确与规范。市区重建局负责城市的整体规划;建屋发展局承担建筑的单体设计与建设;市镇理事会、园林部门和卫生部门共同行使城市管理职能。城市管理的具体事务由相关部门具体负责,公园管理局负责园林绿化,国家环境局负责环境卫生,陆路交通管理局负责道路设施。新加坡还特设了统筹各部门管理和建设的"花园城市行动委员会"。

(三) 以人为本的城市管理意识

在硬件建设方面,新加坡的城市设计细节,处处体现对民众的关爱。如建立人行道有盖走廊;在公共场所和居民社区建立无障碍环境,方便特殊人群出行;设置可拒绝垃圾邮件的邮箱、共享的绿色公共空间;所有的公园 24 小时免费对市民开放;公交巴士专用道和转弯优先通行的绿灯。

通过对民众的宣传与教育,促进城市的持续发展。新加坡政府对每项城市管理和法规都会首先进行大规模的宣传和动员活动,做到从意识上杜绝脏乱差行为。建国后,新加坡政府开展了"反吐痰运动""取缔乱抛垃圾运动""保持新加坡清洁""防止污化运动"等数十次全民教育运动。各企业、机关、团体和学校也将环保作为重要的宣讲内容。

确立民众在城市管理与建设中的主体地位。如市镇理事会成员不仅有国会议员,还有社区基层领袖和知名人士。社区成员可以向市镇理事会反映任何问题,在每两个月召开的理事会会议上,理事与社区成员一同商讨管理的具体事项。理事会注重与政府部门、基层领袖、企业家和底层员工的沟通和联系,还定期与各类承包商和清洁员工会谈。一些影响民众利益和生活的决议，如在繁忙时段驾车进入市中心是否要交费等问题，政府还通过媒体让全民参与讨论。

推行首问责任制。新加坡政府规定，实行首问责任制，凡是民众对城市管理进行的投诉，即便该投诉事宜不属于该部门分管，该部门也需要及时向相关部门反映。对于民众的每一件投诉，相关部门要做到件件落实。

第二节　新加坡模式的影响力

自1965年建国，新加坡经济和社会就开始了超乎寻常的发展过程，这一度被称为"新加坡之谜"。20世纪70年代以来，"新加坡奇迹"引发了世界众多学者甚至一些政府的关注。进入20世纪90年代，"新加坡模式"逐渐被一些学者提出来。2011年美国学者帕拉格又提出了"新加坡共识"。新加坡一直是世界关注、讨论、思考的焦点之一。新加坡"在国际上的声望，远远超过人口与土地的比例"[①]。吕元礼认为，李光耀通过影响周边国家，使自身的有限之地，变为无限。[②] 新加坡模式成为许多国家政治、经济、社会体制改革学习和借鉴的样板，在世界产生了巨大的影响力。

一　在中国的影响力

（一）新加坡经济发展模式对中国的影响

1994年以来，新加坡裕廊国际在中国60多个城市承接了400多个项目，涵盖战略定位、规划、建筑设计、建设和项目管理。[③] 中新

---

① 陈烈甫：《李光耀治下的新加坡》，台湾商务印书馆，1985，第22页。
② 吕元礼：《三大理由支持中国学习新加坡》，《南方都市报》2009年6月16日SA26版。
③ 《裕廊国际执行副总裁毛慧英：四公司合并不会与政联公司形成竞争》，新加坡《联合早报》2014年10月23日。

双方重要的合作项目包括：苏州工业园区、无锡工业园、天津生态城、大连港集装箱码头、中新知识城、新川创新科技园等。其中苏州工业园区的成功创办是中国借鉴新加坡经济发展模式的"标志性事件"。

1992年初，邓小平在南方讲话中称赞新加坡经验并指出要学习和借鉴，在李光耀的推动下，中新两国确定合作开发、建设苏州工业园区。1994年双方签署合作协议书，并成立了中国－新加坡苏州工业园区联合协调理事会。多年来，园区先后派出了多批次、多人次的各类人员赴新培训，编制、实施了多项融合全球先进发展理念、符合园区实际的政策制度。① 园区建成了科学、人本、环保和高效的体系，在建设管理、环境保护、行政管理、服务设施、人力资源、职业技术教育等方面，走在了全国前列；在主要经济增长指标方面创造了诸多经济奇迹②，还创造了许多中国第一③，因而被誉为"中国开发区的明天"、"中国改革开放的试验田"、"科学发展的示范区"及"亚洲

---

① 陈钢等：《"圆融魔法"变出一个发展的天堂》，《新华日报》2009年5月26日第A01版。
② 截至2012年，园区主要经济指标年均增长30%左右，以占苏州市3.4%的土地、5.2%的人口创造了15%左右的经济总量，25%左右的注册外资、到账外资和30%左右的进出口总额。主要经济指标对全市的贡献份额比开发初期提高了8倍，园区已成为区域发展强劲引擎和主要增长极。2003年，苏州工业园区经济总量就达到开发前苏州全市水平，等于10年再造了一个新苏州；2005年，园区率先高水平达到江苏省小康指标；2007年，实现GDP 836亿元，人均达3.6万美元，相当于苏州市平均水平的3倍、江苏省的8倍，接近新加坡水平；2008年，园区创造了GDP超千亿美元、累计上缴各种税收超千亿美元、实际利用外资（折合人民币）超千亿、注册内资超千亿的"四个超千亿"成绩。参见《园区简介》，中国－新加坡苏州工业园区网，http://www.sipac.gov.cn/zjyq/yqgk/201301/t20130123_196862.htm；《苏州工业园区跨越的关键秘匙》，中国－新加坡苏州工业园区网，http://news.sipac.gov.cn/sipnews/gd/201203/t20120310_142546.htm。2016年，园区累计吸引外资项目5800多个，实际利用外资294亿美元，汇聚了92家世界500强企业，投资项目156个，投资上亿美元项目145个。园区实现地区生产总值2150亿元；公共财政预算收入288.1亿元；进出口总额4903亿元、实际利用外资10.5亿美元；城镇居民人均可支配收入6.13万元；R&D投入占GDP比重达3.36%，万元GDP能耗为0.254吨标煤，人均GDP超4万美元。累计入选国家"千人计划""江苏省高层次创新创业人才"总数分别达135人、164人。参见《园区简介》，中国－新加坡苏州工业园区网，http://www.sipac.gov.cn/zjyq/yqgk/201703/t20170317_541391.htm。
③ 如服务型政府的第一个窗口、第一个虚拟空港、第一支创业投资引导基金、利用外资连续多年名列中国开发区第一、中国首批新型工业化示范基地、中国首批生态工业示范园区、中国首批国家知识产权示范创建园区、中国城市最具竞争力开发区排名第一。

的硅谷"。

随着借鉴新加坡经验的效果日益显现，苏州工业园区成为国内许多地区学习的榜样。2001年、2002年，中国开发区协会在园区举办了两期"苏州工业园区借鉴新加坡经验研讨班"，培训了200多名国内开发区的干部。平均每年参观、考察的人员有3万多人。山东、江苏、广州等多省开发区负责人都曾学习园区的城市规划、全球招商策略、生态环保建设、体制机制创新、科技创新及城乡协调发展。在开发建设10年后，园区干部被输送到其他地区任职。如今园区通过外溢效应使其发展经验扩散至全国，减少了其他地区改革发展的成本。2006年，园区经验走出苏州，宿迁市政府从园区考察归来后，全盘拷贝园区规划、开发、建设与管理等经验，建设苏州宿迁工业园区。2009年，园区经验再度跨越长江，苏州、南通联手打造苏通科技产业园。① 2008年，商务部与苏州中新工业园中方理事单位组成调研组，在实地考察的基础上，由商务部起草了《苏州工业园区发展经验总结》②，随后，园区发展经验在全国推广开来。2015年，经国务院批准的苏州工业园区开放创新综合试验方案中，园区将落实"一带一路"倡议，依托中新合作优势，探索建立面向新加坡、辐射东盟的投资贸易平台，以提升向东开放水平，使其作为构建开放合作新机制的新举措。③

苏州工业园区还将经验延伸到国外。如和老挝合作开发万象综合开发项目，并与以色列、印度等国进行交流与合作。④ 2012年，白俄罗斯表示要借鉴中国-新加坡工业园的成功管理经验，在明斯克郊区

---

① 田舒斌、李灿、郭奔胜：《苏州工业园区启发中国》，《瞭望》2009年第21期；陈钢等：《"圆融魔法"变出一个发展的天堂》，《新华日报》2009年5月26日第A01版。
② 《珠三角取经长三角：广东借鉴苏州中新工业园》，中国商务部网，http://www.mofcom.gov.cn/article/difang/anhui/200807/20080705687177.shtml，2008年8月15日。
③ 《苏州工业园区转型升级，各方战略合作更上一个台阶》，《21世纪经济报道》2015年12月18日。
④ 裴玥：《苏州工业园在学习中践行错位竞争》，《国际商报》2008年9月17日第1版。

建立白中工业园。2014年，中白工业园奠基，意欲成为"丝绸之路经济带"上的"旗舰"项目。

(二) 新加坡社会保障制度对中国的影响

"居者有其屋计划"和中央公积金制度是中国学习新加坡社会保障制度的主要方面，在参照新加坡经验的基础上，中国结合自身的国情建立了住房公积金制度、经济适用房和廉租房制度。

中国的住房公积金制度。上海是中国住房公积金制度最早的试点城市。1988年，上海市住房制度改革领导小组成立。1990年，上海住房问题研究小组赴我国香港地区和新加坡进行调研。1991年，上海正式启动住房改革方案，公积金是其中最重要的一项。此后，上海逐渐完善并建立了住房公积金制度。自1992年起，其他各城市也都相继建立了住房公积金制度。同时政府也出台了许多政策法规，以促进住房公积金制度的健康发展。近年来，各城市的公积金覆盖范围逐步扩大，缴存数额大幅增加，上海、北京、广州等地走在全国前列，在一定程度上改善了民众的住房条件，并推动了中国经济增长。

中国的经济适用房和廉租房制度。1996年，国家发改委、建设部等单位成立了专门课题组，研究深化住房分配体制改革和加快住房商品化的政策措施，于1998年3月出台了《关于住房分配体制改革的政策建议》，提出"建立住房社会保障"，要求政府承担低收入家庭廉租房责任。1998年7月，《国务院关于进一步深化城镇住房制度改革加快住房建设的通知》提出，"最低收入家庭租赁由政府或单位提供的廉租住房"，使经济适用房供应面向80%左右的家庭。[①] 1999年12月，时任国务院总理朱镕基考察了新加坡的建屋发展局和大巴窑组屋区，了解新加坡在解决普通民众住房方面的成功经验。2001

---

① 杨正莲：《保障房新契机》，《中国新闻周刊》2012年11月19日，第30页。

年，朱镕基在九届全国人大四次会议上做的报告提出，大力发展经济适用住房，建立廉租房供应保障体系。①

1998~2003年，经济适用房快速发展，共解决了600多万户中等收入家庭的住房问题。2003年后，经济适用房的发展速度减缓，而廉租房的建设规模一直远远落后于经济适用房。2007年，国务院颁布了《国务院关于解决城市低收入家庭住房困难的若干意见》，提出要进一步建立健全城市廉租住房制度，解决低收入家庭住房困难，并改进和规范经济适用住房制度，经济适用房供应对象与廉租住房保障对象衔接。② 国家主席习近平也多次强调加强保障性住房建设的重要性。十八大以来，中国的保障性住房建设加快了速度。2015年，我国城镇保障性安居工程住房基本建成772万套，棚户区住房改造开工601万套，农村危房改造432万户。③ 2016年，棚户区住房改造600多万套，农村危房改造380多万户。在2017年的国务院政府工作报告中，李克强强调要坚持住房的居住属性，落实地方政府主体责任，加快建立和完善促进房地产市场平稳健康发展的长效机制，以市场为主满足多层次需求，以政府为主提供基本保障。加强房地产市场分类调控，房价上涨压力大的城市要合理增加住宅用地，规范开发、销售、中介等行为。目前城镇还有几千万人居住在条件简陋的棚户区，要持续进行改造。2017年再完成棚户区住房改造600万套，继续发展公租房，因地制宜提高货币化安置比例，加强配套设施建设和公共服务，让更多住房困难家庭告别棚户区，让广大人民群众在住有所居中创造新生活。④ 2017年4月1日，国务院做出设立雄安新区的决定，

---

① 《朱镕基总理九届全国人大四次会议报告摘要（8）》，《人民日报》2001年3月6日第2~3版。
② 国务院办公厅：《国务院关于解决城市低收入家庭住房困难的若干意见》，国发〔2007〕24号。
③ 《政府工作报告公布十三五规划和今年八大任务（全文）》，新华网，http://news.hexun.com/2016-03-17/182819358.html。
④ 《政府工作报告（全文）——2017年3月5日在第十二届全国人民代表大会第五次会议上》，中华人民共和国中央人民政府网站，http://www.gov.cn/premier/2017-03/16/content_5177940.htm。

有专家指出，雄安新区的房地产开发或将借鉴新加坡模式。

对于中国可不可以学习新加坡及如何学新加坡，在学界和政界始终存有争议。新加坡虽有许多值得中国学习的地方，但没有任何一个国家的经验或模式是万能的，新加坡模式是在其特殊的国情和环境下产生的，中国作为一个大国，国情远比新加坡特殊、环境远比新加坡复杂，在学习新加坡模式的过程中，不可流于表象，简单地模仿或照抄新加坡的做法，务必保持客观、冷静的心态，要有针对性、选择性和创造性地学习。新加坡模式虽然是不可被完全复制的，但不可否认的是，新加坡模式中的一些操作性强的、成效较快的经验可以较好地用于中国各地政府市政建设与管理之中。

二 在世界上的影响力

新加坡从"一个弹丸小国发展成为繁荣兴盛的现代社会"的历程吸引了全世界的目光，伴随着新加坡的快速成长，新加坡价值观被广泛讨论，新加坡模式也成为许多国家学习和借鉴的主要对象。

（一）新加坡价值观的影响力

学界对包含新加坡价值观在内的亚洲价值观褒贬不一。1996 年，在吉隆坡举办的"新亚洲论坛"上，詹姆斯·加里森认为，"亚洲复兴对亚洲是重要的，可是对世界其他地方却是无关紧要的"[1]，也就是说亚洲模式不具有普遍意义。国际货币基金组织前总裁康德苏认为，亚洲经济模式已经过时，东南亚的错误在于将其模式过于理论化，并把它同亚洲价值观混为一谈；当这种模式失败时，可以看出在储蓄、劳动和社会同情观念上存在的问题。[2] 而陈峰君则认为，新加

---

[1] 〔美〕詹姆斯·加里森：《在吉隆坡"新亚洲论坛"的演讲》，马来西亚《南洋商报》1996 年 2 月 25 日。

[2] 黄心川：《亚洲价值观与亚太文明和宗教的发展》，《当代亚太》1998 年第 11 期，第 5 页。

坡经验是"欧美的新教伦理创造的先进体制和先进技术"与传统文化结合而创造出的"一种全新的'再生机制'"。这种文明，既保障了市场原理的适用和开放性，又使传统的伦理和秩序的存续与传承变为可能。新加坡将西方文化的积极成果与东方文明的优秀积淀，恰到好处地结合起来，取得了令世人瞩目的突发性的成就。① 人们对新加坡价值观的争论本身就说明了新加坡价值观已经开始形成自己的影响力，成为在一定程度上可以与西方价值观抗衡的东方价值观的代表。

1. 颠覆了现代化就是西方化的论断

新加坡在李光耀提倡的"共同价值观"和"亚洲价值观"的引导下，不盲从西方的文化价值理念，也不复制西方社会，新加坡的特立独行和成功反倒令西方另眼相待，并促使西方学者对西方价值观进行反思。如亨廷顿在《文明的冲突与世界秩序的重建》一书中指出："西方的价值观遭到不同方式的反对……我们正在目睹由西方意识形态主宰的进步时代的结束。新加坡、中国、沙特阿拉伯已成为现代社会而没有变为西方化。现代化并不一定意味着西方化……世界正在从根本上变得更加现代化和更少西方化。西方要避免非西方社会的挑战，需要把自己的文明看成独特的而不是普遍的"。② 亨廷顿对西方文明即将衰退的忧患意识，足以反证走另一条符合亚洲或本国实际环境的道路，有其重要价值。

许多第三世界国家都在想方设法地摆脱贫困，但只有东亚国家获得了成功。从突破西方文明的意义上说，它体现了东亚民族主体性的发扬，东亚的勃兴，不是仅仅表现在该地区经济的繁荣上，它首先是文化观念上的复兴。有关亚洲价值观的争论当然是不会有结果的。但争论本身的意义恰恰就在于，它突破了西方文明是现代文明的唯一载

---

① 陈峰君：《东亚与印度——亚洲两种现代化模式》，经济科学出版社，2000，第190~191页。
② 〔美〕塞缪尔·亨廷顿：《文明的冲突与世界秩序的重建》，周琪等译，新华出版社，2002，第5、70、92页。

体的观念。① 正如1998年诺贝尔经济学奖获得者阿马蒂亚·森认为的那样，不同的价值观都有可能为经济发展带来重大影响，"在过去的几十年中，东亚经济发展成就引人注目。尽管目前发生了金融危机，但其成就依然给人印象极深"。从亚洲的经济增长和发展中得到的最重要的经验就是"欧洲文化并不是通向现代成功的唯一的道路"②。约翰·奈斯比特通过对亚洲各国现代化发展的研究，认为亚洲正在"重塑自我价值观"，"随着技术和科学的引进，亚洲向世界展示了现代化的新型模式，这是一种将东西方价值观完美结合的模式，一种包容自由、有序、社会关注和个人主义等信念的模式。东亚崛起的最大意义是孕育了世界现代化的新模式"③。

2011年5月，李光耀宣布正式离任新加坡内阁，这引发各国学者对"新加坡模式"的争相讨论。美国学者帕拉格·康纳认为，新加坡的发展证实了即便没有西方式的民主，国家也同样可以负起责任。在21世纪管理模式的竞赛中，"新加坡共识"更有可能获胜。④ 帕拉格的表态至少表明，一些西方学者已经在很大程度上认可了非西方化的新加坡模式，也是实现现代化的重要途径。

2. 符合了道德主义与新保守主义的思想趋势

人类社会发展迄今，演绎出了各种社会制度，但没有一种制度堪称完美，即使被人们视为很"现代"的市场制度、民主制度和法律制度，也不能构成一个完整的制度结构；而被认为很"传统"的家族制度、宗教制度和伦理道德规范恰恰成为"现代"制度必不可少的补充。因为市场、民主和法治主要是依靠人与人之间的利益抗衡，即"他律"来实现对人的行为规范的；而家庭、宗教和道德主要是依靠

---

① 王锐生：《儒家思想与东亚的现代化》，《中国哲学史》1996年第4期，第10页。
② 联合国教科文组织编《世界文化报告（1998）——文化、创新与市场》，关世杰等译，北京大学出版社，2000，第16～17页。
③ 〔美〕约翰·奈斯比特：《亚洲大趋势》，蔚文译，外文出版社，1996，第44、275页。
④ Parag Khanna, "LeeKuanYew-istan Forever," *Foreign Policy*, May 24, 2011.

"自律"来实现其功能的。没有"自律"的制度安排,"他律"的制度安排也不可能有效运转。① 李光耀正是运用"现代"的市场与法治使新加坡获得了最初的成功,而后其对传统中华文化的高度重视和对"亚洲价值观"的阐释,正是新加坡试图用"自律"的制度安排来实现"他律"的制度安排的意识体现。

新加坡的这种重视道德和文化作用的价值观无疑克服了现代经济与社会发展给人类带来的冲突、不安、紧张与对抗的状态,契合了未来人类社会重视道德与文化作用的发展趋势。马哈蒂尔曾指出,"亚洲价值观"优于西方价值观。建立在物质主义、财富和个人主义基础之上的西方价值观失败了,并且给全世界带来了苦难。亚洲价值观并没有像西方价值观那样给世界造成如此多的破坏,因而显得重要。② 法国学者让-路易·马戈兰也指出,新加坡所宣扬的亚洲价值观,尽管还不明确,但在欧洲、北美洲和澳大利亚被广为谈论。亚洲价值观还使新加坡得以跟上一种朝向道德主义与新保守主义复兴的日益增强的世界性思想趋势,这种趋势在美国特别明显。直到现在,新加坡的思想观念还不是很完美,但已相当成功地打入了国际思想"市场"。③

3. 克服了西方文化极端个人主义倾向

个人主义是近代西方宗教改革的产物,在资本主义的兴起阶段,个人主义确实起了较大的推动作用。个人主义使得个人可以摆脱群体和社会关系的束缚,从而得以最大限度地追求自身的权益。这种主观上追求个体利益的行为,也在一定程度上达到了促进社会发展的客观目的,即亚当·斯密所认为的"主观为自己,客观为社会"。但随着19世纪以来社会达尔文主义的流行,"物竞天择,适者生存"的生物

---

① 盛洪:《经济学精神》,四川文艺出版社,1996,第263页。
② 钟旭辉、罗洁:《"世界因为西方价值观的失败而遭难"——对话马哈蒂尔时间》,《世界知识》2009年第10期,第33页。
③ 〔法〕让-路易·马戈兰:《新加坡:新的地区影响,新的世界观?》,谧谷译,《南洋资料译丛》1999年第4期,第25、30页。

进化论思想被引入人类社会，其结果就是导致了只顾自己、不顾社会的极端个人主义的兴起。随着西方社会的不断发展，这种个人主义带来了许多负面问题和影响，如贫富悬殊、人际关系冷漠、社会有失公平等，并在很大程度上威胁到社会稳定和民主秩序。自19世纪末期以来，西方社会逐渐兴起了反思个人主义和西方文明的思潮，人类学、民族学、宗教学、社会学等社会科学都出现了重大的转向。如今，西方国家的政界要人和学者名流纷纷对现代西方价值观产生怀疑，或者号召人们向东方人的价值观学习。东亚国家的领导人正是针对西方的这种社会病而提出"亚洲价值"，以将其作为西方价值观的代替物。[1]

新加坡价值观注重强调儒家文化中的群体意识，注重人际关系的和谐，提倡国家意识，重视家庭及合作意识。这样的价值观有利于维持社会秩序的稳定，有利于社会的长远发展与长治久安。同时，新加坡也重视维护个人的权益与发展，提倡个人价值的实现，这既超越了儒家的群体意识，又超越了西方的个人主义，实现了群体与个人的结合。如今，随着资本和科技的迅猛发展，出于维持生存的需要，人们会陷入无限、盲目的竞争漩涡之中，而新加坡结合群体与个人的价值观会在一定程度上避免这种恶果。

（二）新加坡经济发展模式的影响力

新加坡的经济竞争力和吸引力世界一流。新加坡优惠的政策及优越的经济发展环境，吸引了众多的外资。1965~1993年，新加坡成为吸引外资最多的发展中国家，其42%的国内生产总值由跨国公司创造。[2] 新加坡也是美欧日公司设立亚洲总部的首选地点，目前拥有26000家国际公司及1/3的"财富500强"公司的亚洲总部。[3]

---

[1] 王锐生：《儒家思想与东亚的现代化》，《中国哲学史》1996年第4期，第9页。
[2] 杨建伟：《再思新加坡的成功之道》，新加坡《联合早报》2011年4月8日。
[3] 《新加坡：国际总部的首选地点》，新加坡经济发展局网站，http://www.sedb.com.cn/edb/sg/zh_cn2/index/singapore_s_strengths/international_headquarters0.html。

新加坡经济竞争力全球领先。2010年，瑞士洛桑国际管理学院发布了《世界竞争力年度报告》，在整体竞争力综合排名中，新加坡位居全球第一，这是新加坡首次成为世界最具竞争力的经济体。[①] 在其他机构发布的世界竞争力报告中，新加坡表现优异。如2011年的世界经济论坛《2011~2012年全球竞争力报告》显示，新加坡竞争力位居全球第二。其中廉洁、政府效率、货物市场效率和劳动力市场效率排名第一，金融市场的成熟度排名第二，交通基础设施排名第三。[②] 2016~2017年，该报告显示，新加坡竞争力仍稳居第二名。

新加坡是全球最佳经商地。2001年，在我国香港地区政治经济风险咨询公司（PERC）发布的评估报告中，新加坡位居榜首，在亚洲国家中经商环境最好。在《福布斯》2011年最佳经商地排名中，新加坡位于第六。2012年，Janus企业方案公司发布的报告再次证明新加坡是全球最佳经商地。在世界银行《全球经商调查2012》报告中，新加坡连续7年被选为全球最佳经商地点。在185个经济体中，新加坡的越境贸易项目全球第一，在设立业务、申请建筑准证、取得电力、保护投资者、缴税与处理清盘的便捷程度方面，都排在前五位。[③]

新加坡的银行业也数次获得佳评。如2012年，在《全球金融》的世界50大最安全银行排名中，新加坡的星展银行位列第14，该银行已连续第4年获得"亚洲最安全银行"称号。新加坡的华侨银行和大华银行位列第15、第16。[④] 新加坡稳定的金融环境也获得标准普尔、惠誉、穆迪等主要国际评级机构的长期高度认可。

新加坡的科技创新产业吸引力逐渐增强。2012年，国际咨询公

[①] "IMD World Competitiveness Yearbook 2010," IMD World Competitiveness Center, May 20, 2010.
[②] "The Global Competitiveness Report 2011–2012," 2011 World Economic Forum, pp. 11–12.
[③] 《一项报告：新加坡是全球最佳经商地》，新加坡《联合早报》2012年2月23日；赵恺健：《我国连续七年 获选最佳经商地》，新加坡《联合早报》2012年10月24日。
[④] 《星展第四度成为 亚洲最安全银行》，新加坡《联合早报》2012年3月17日。

司 Frost & Sullivan 授予新加坡科技研究局"2012 亚太地区国家创新发展奖",认为开拓性的创新战略使新加坡跃升为亚洲乃至全球领先的"创新之都",吸引了葛兰素史克、宝洁、尼康、博世、霍尼韦尔等世界知名企业到新加坡设立研发中心,参与政府创新研发项目。①

新加坡工业园模式在海外被大量复制。自 20 世纪 90 年代开始,裕廊集团开始通过其下属的政联公司,把先进的园区规划、建设与管理经验复制到海外,在周边国家和地区建立了十多个海外工业园区,这些园区面积远远超出新加坡国土面积,新加坡因而获得了"工业园区商业复制大师"的称号。裕廊集团在海外的合作项目主要包括:印度班加罗尔科技园、印尼巴淡工业园、菲律宾卡梅尔第二工业园、越南-新加坡工业园、卡塔尔自由贸易及物流储存区、阿联酋阿布扎比工业城等。

在海外工业园区的建设中,新加坡一直恪守基础设施建设的高标准和奉行廉洁高效的行政管理理念,意图在东道国园区内营造适宜的商业投资环境,从而增强东道国吸引外资的能力,因而受到东道国的普遍欢迎。如在越南,1996 年、2006 年,越新工业园合资公司在平阳省推出第一和第二座越新工业园;2007 年,在北宁省推出第三座工业园,2010 年在海防动工建立第四座工业园。四座工业园占地 4845 公顷,2012 年上半年吸引了 465 名客户约 53 亿美元的投资,雇用员工 11 万人。② 2013 年以来,新加坡又在越南创建了广义、海阳、义安三个工业园。

(三)新加坡政府管理模式的影响力

新加坡政府的廉洁获得了世界公认,新加坡多次被国际机构评为世界最廉洁的国家之一。在柏林"透明国际"历年公布的清廉指数

---

① 陶杰:《新加坡:推动研发创新成为发展动力》,《经济日报》2012 年 12 月 8 日第 7 版。
② 《投资 4 亿元 建第五个越南-新加坡工业园》,新加坡《联合早报》2012 年 4 月 24 日。

中，新加坡的排名一直位于前七名，2010年甚至获得与丹麦、新西兰并列第一的好评，长期保持亚洲最廉洁国家的地位。在我国香港地区PERC发布的历年《政经风险评估报告》中，新加坡的廉洁度在亚洲国家中一直高居第一。瑞士洛桑国际反贪组织发布的历年报告同样显示，新加坡是亚洲最廉洁的国家。

新加坡政府的高效率也获得了外界认可。如2010年我国香港地区PERC针对不同国家政府部门办事效率和1373名中、高级的外籍商务人士进行了调查，新加坡政府部门在调查中被列为亚洲地区最有效率的政府部门。①

(四) 新加坡社会治理模式的影响力

新加坡用了不到50年的时间就实现了"居者有其屋计划"，在世界享有极高的评价。如2008年新加坡建屋发展局因"居者有其屋计划"获联合国经济社会局"联合国公共服务奖"。2010年建屋发展局又获得联合国人居署颁发的世界人居领域最高荣誉奖项——联合国人居荣耀名册奖。联合国人居署表扬建屋发展局为新加坡80%的人口提供了住房，在国家建设上扮演了重要角色，提供了亚洲和全世界最绿化、最干净和最亲切的住房。②

新加坡多元民族与宗教和谐共存的治理模式博得国际上的普遍赞誉和好评，被誉为"世界宗教博览会"。如1982年，英国圣公会坎特伯雷大主教在新加坡访问时，曾对新加坡各种宗教间的融洽和谐大加赞赏。他说，"新加坡的安定稳定，人与人之间的互相尊敬，宗教多元化，民族间的和谐，都说明了新加坡人民的素质及守纪律的精神"③。新加坡和谐、宽容的民族与宗教政策吸引了众多的宗教团体

---

① 《调查：亚洲国家政府部门 我国办事效率最高》，新加坡《联合早报》2010年6月7日。
② 《新加坡建屋局荣获联合国人居奖》，新加坡《联合早报》2010年9月23日。
③ 曹云华：《新加坡的精神文明》，广东人民出版社，1992，第121页。

在新加坡发展，也吸引了许多宗教界人士前往参观访问。

(五) 新加坡城市管理模式的影响力

新加坡已经成为电子政府最发达的国家及亚洲电子商务中心，其电子政府发展经验被世界各国推崇。不仅许多发展中国家在学习和模仿新加坡的电子政府，而且作为电子政府成熟度较高的、被誉为和新加坡齐名的三大最佳电子政府的美国和加拿大也在模仿，如美国宾夕法尼亚州和加拿大一些省直接以新加坡电子政府为范本，建设自己的电子政府。新加坡电子政府的发展还得到了以联合国、埃森哲咨询公司、美国布朗大学、日本早稻田大学等世界知名国际评级研究机构的认可，在这些机构的电子政府评估中，新加坡的电子政府项目屡获殊荣。如2009~2013年在早稻田大学电子政府全球排名中，新加坡连续五次登上榜首。在联合国公布的全球电子政府排名中，2010年、2012年、2014年和2016年，新加坡分列第11名、第10名、第3名、第4名。

新加坡电子政府解决方案先后于2005年、2006年和2007年荣获"联合国公共服务奖"，该奖项旨在表彰各国公共服务机构在公共行政工作方面的高效率与贡献。2012年，新加坡资讯通信发展管理局和新闻、通信及艺术部获得联合国2012年电子政府评价特别奖。新加坡初庭法院的援助中心获得了联合国公共服务奖中"改善提供公共服务"组别的二等奖。新加坡建设局（BCA）的承包商注册系统，在联合国公共服务奖中的"防范与打击公共服务领域贪污奖"组别获得二等奖。新加坡资讯通信发展管理局和新闻、通讯及艺术部推出的"电子政府2015"发展总蓝图也获颁联合国2012年电子政府的特别奖。[①]

(六) 世界各国将新加坡作为学习和借鉴的主要对象

20世纪六七十年代新加坡迅速崛起后，亚洲、中东及其他国家

---

① 《四机构获颁联合国奖项》，新加坡《联合早报》2012年7月9日。

纷纷赴新加坡取经。在向新加坡学习的国家中，有很多发达国家，如美国、加拿大、芬兰、日本。许多发展中国家也将新加坡视作自己学习的榜样，如菲律宾、巴布亚新几内亚、缅甸、阿联酋、印度等。

新加坡长期积累的经济与社会发展经验、政府管理经验是取经者最看重的地方。许多国家派公务员组团到新加坡交流、学习。新加坡为各国提供了专业的培训机构，针对国外学员的培训主要集中在新加坡国立大学李光耀公共政策学院、新加坡南洋理工大学公共管理研究生院及新加坡公共服务学院。20世纪八九十年代，新加坡国立大学创立了公共政策系，培训东南亚各国公务员。2003年，新加坡国立大学设立了李光耀公共政策学院，其学员来自53个国家和地区，其中东南亚和其他亚洲国家的学员占20%，欧洲、非洲和美洲的学员占20%。学员多数来自各国的公共部门、私人部门和非政府组织。李光耀公共政策学院相关学者认为，虽然新加坡经验在国外能够应用非常不容易，但至少把决策者从一个盲从者变成一位能够反思的实践家。①

一些国家尤其是发展中国家，将新加坡经验视为国家改革和经济转型的重要参考和借鉴对象。以缅甸为例，2011年3月缅甸新政府上台后，开启了国家改革进程。2012年1月，缅甸总统吴登盛第一次访问新加坡，两国签署了技术合作计划谅解备忘录。该备忘录为期3年，主要涵盖经济发展、人力资源发展、公共行政领域。协议内容如下。首先，在经济发展方面，新加坡将为缅甸提供经济、投资、城市基础设施、企业、旅游、法律等方面的训练课程。其次，新加坡将协助缅甸建立一支熟练的劳动队伍，为缅方提供技术与职业教育的培训。此外，新加坡将为缅甸官员安排相关训练课程及说明会，协助其

---

① 《新加坡国立大学李光耀公共政策学院副院长史科德·傅立仁、教授陈抗谈教育培养目标》，人民网，http://www.people.com.cn/GB/32306/143124/147550/14011723.html，2011年2月26日。

为 2014 年出任东盟轮值主席国做好准备。① 此后，缅甸政府高官，如外交部部长温纳貌、国会人民院议长瑞曼都出访了新加坡。2012 年 12 月，缅甸总统府部长兼投资理事会主席塔尼率领了部长级代表团赴新加坡访问，重点考察新加坡的工业发展与政策。② 2014 年以来，缅甸学习新加坡的步伐加快，如缅新双方签订了法律合作备忘录，包括新加坡大学为缅甸学生提供奖学金及在缅甸开展培训等项目；缅甸能源部与新加坡公司合作经营仰光机场飞机用油；缅甸中央银行与新加坡中央银行签署了合作备忘录，以促进缅甸银行的制度建设。同时，缅甸还将与新加坡合作兴建电信塔及合作建设职业学校。截至 2016 年 4 月，新加坡是缅甸的第二大投资伙伴，累积投资额为 130.6 亿美元。2014 年，缅甸政府首次核发营业执照给九家外资银行时，新加坡华侨银行和大华银行榜上有名。2014 年，新加坡国立大学、新加坡管理大学的法学院和缅甸的曼德勒大学法律系签署谅解备忘录，以促进两国大学在法律教育方面的协作。③

在中东地区，许多国家正面临着如何摆脱对石油经济的依赖问题，有的国家希望可以通过借鉴新加坡的先进发展经验，使自身的经济与社会发展获得可持续性，阿联酋便是其中之一。

近年来，阿联酋与新加坡高层互访不断，两国间建立了许多联系。2007 年 7 月，新加坡国际企业发展局与阿布扎比行政事务局成立了阿布扎比－新加坡商业论坛（后改名为阿布扎比－新加坡合作论坛），意在深化和扩大双方之间的业务、能源和投资合作。④ 目前，双方已经达成了诸多协议，如阿布扎比民事服务部和新加坡民事服务

---

① 《经济发展、人力资源发展、公共行政　我国将在三领域助缅发展》，新加坡《联合早报》2012 年 1 月 31 日。
② 《缅甸代表团到我国考察》，新加坡《联合早报》2012 年 12 月 4 日。
③ 《社论：新缅合作大有拓展空间》，新加坡《联合早报》2016 年 12 月 2 日。
④ "Introduction to the Abu Dhabi Singapore Joint Forum," http://www.adsjf.com/en/about/introduction.

学院签署合约,开展在阿布扎比设立公共服务训练学院的计划;双方多个公共部门签署了海事运输、警务合作、环境保护、食物安全、旅游和交通等谅解备忘录;选取阿布扎比工程专业学生赴新加坡参加半导体技术实习计划。①

高科技研发和技术创新是阿布扎比学习和借鉴新加坡经验的重点。如废水处理,新加坡胜科工业通过合资公司——酋长胜科水电公司,与阿联酋的阿布扎比水电公司签署了20年水供合约。该合约将扩充在阿联酋富查伊拉的海水淡化厂,将其建成为中东规模最大的反向渗透薄膜海水淡化厂。② 2013年11月,新加坡经济发展局和阿布扎比主权财富基金旗下的先进科技投资公司合作,设立"阿布扎比-新加坡联合实验室",致力于微电子机械系统技术的研发,开发汽车、航空航天、消费、医疗、工业和移动等领域的下一代创新产品。③

在长期城市规划和电子政务方面,新加坡也成为阿布扎比效仿的对象。2010年阿布扎比颁布了"城市街道设计标准",政府希望以此来引导城市走更加人性化、可持续的发展模式,改变城市高速发展、汽车拥堵的现状。阿布扎比还实施e城市愿景,利用互联网和电信网络进行创新,改善政府的公共管理,促进经济发展及提高人们的生活价值。

此外,新加坡裕廊集团与阿联酋合作建设阿布扎比工业园区,该园区计划设有5个阿布扎比工业城、2个艾因工业城和1个住宅城及能源区。2012年和2013年,阿布扎比经济特区高级公司吸引入区工

---

① "Bi-lateral Activities," http://www.adsjf.com/en/bilateral-activities.
② 何丽丽:《我国与阿联酋签署投资保证协议》,新加坡《联合早报》,2011年6月25日;《胜科工业合资公司签署阿联酋水供合约》,新加坡《联合早报》,2013年1月18日。
③ Zafar Anjum, "Establishment of Abu Dhabi-Singapore Twin Lab announced," http://www.computerworld.com.sg/tech/industries/establishment-of-abu-dhabi-singapore-twin-lab-announced/#sthash.DghQN5xm.dpuf, Nov. 26, 2013.

业项目152个，项目投资超过110亿迪拉姆，就业机会1.2万个。①

对于新加坡模式，虽然许多国家都在学习和借鉴，但由于各个国家和地区的历史发展阶段和国情不一样，新加坡发展模式不可能在其他国家被完全复制。但新加坡模式确实有不少值得各国共同借鉴之处，如强烈的国家意识、政府运作和部门之间沟通的高效率、对公共管理的高度重视、政府的廉洁自律、科学的城市发展规划、灵活务实的经济发展理念等。毋庸置疑的是，新加坡模式已经通过曾经在新加坡学习过的各国学员，被传播到了世界各地。我们可以预见，"新加坡模式"② 产生的无形效应，必将是巨大的。

---

① 《阿布扎比经济特区高级公司近两年吸引入区项目152个》，中华人民共和国驻阿拉伯联合酋长国经济商务参赞处网站，http://ae.mofcom.gov.cn/article/jmxw/201405/20140500592244.shtml，2014年5月19日。
② 2015年3月，李光耀离世，有关对李光耀本人和新加坡模式的评价再起争论。既有赞誉者，如美国《时代周刊》认为，李光耀是新加坡重大转变的建筑师，参见 "'Father of Singapore' Lee Kuan Yew Dies at 91," *Times*, Mar 22, 2015；也有批评者，如《经济学人》杂志认为新加坡模式或难持续，参见 Lee Kuan Yew, "The Wise Man of the East," *The Economist*, Mar. 26, 2015。无论未来新加坡的发展如何，至少在短期内，新加坡不会发生太大的变化。

参考文献

一、中文著作及译著

1. 〔美〕约瑟夫·奈：《美国定能领导世界吗》，何小东等译，军事译文出版社，1992。
2. 〔美〕约瑟夫·奈：《硬权力与软权力》，门洪华编译，北京大学出版社，2005。
3. 〔美〕约瑟夫·奈：《权力大未来》，王吉美译，中信出版社，2012。
4. 〔美〕约瑟夫·奈：《灵巧领导力》，李达飞译，中信出版社，2009。
5. 〔美〕约瑟夫·奈：《美国霸权的困惑：为什么美国不能独断专行》，郑志国等译，世界知识出版社，2002。
6. 〔美〕约瑟夫·奈：《软力量：世界政坛成功之道》，吴晓辉、钱程译，东方出版社，2005。
7. 〔美〕罗伯特·基欧汉、约瑟夫·奈：《权力与相互依赖》，门洪华译，北京大学出版社，2002。
8. 〔美〕罗伯特·基欧汉：《霸权之后：世界政治经济中的合作与纷争》，苏长和译，上海人民出版社，2006。
9. 〔美〕保罗·肯尼迪：《大国的兴衰：1500－2000年的经济变迁与军事冲突》，陈景彪等译，国际文化出版公司，2006。
10. 〔美〕约翰·F.卡迪：《战后东南亚史》，姚楠等译，上海译文出版社，1984。

11. 〔美〕萨义德:《东方学》,王宇根译,生活·读书·新知三联书店,1999。

12. 〔美〕亨廷顿:《文明的冲突与世界秩序的重建》,周琪等译,新华出版社,2002。

13. 〔澳〕王赓武:《中国与海外华人》,香港商务印书馆,1994。

14. 〔澳〕王赓武:《东南亚与华人王赓武教授论文选集》,姚楠编译,中国友谊出版公司,1987。

15. 〔美〕杜维明:《杜维明文集》(1-5卷),武汉出版社,2002。

16. 〔美〕杜维明:《新加坡的挑战:新儒家伦理与企业精神》,高专诚译,生活·读书·新知三联书店,1989。

17. 〔美〕杜维明:《儒教》,陈静译,上海古籍出版社,2008。

18. 〔美〕杜维明:《东亚价值与多元现代性》,中国社会科学出版社,2001。

19. 〔日〕长谷川启之:《亚洲经济发展和社会类型》,郑树清等译,文汇出版社,1997。

20. 〔日〕小林实:《东亚产业圈》,中国亚洲太平洋地区经济研究所译,上海人民出版社,1994。

21. 〔法〕阿芒·马特拉:《世界传播与文化霸权:思想与战略的历史》,陈卫星译,中央编译出版社,2001。

22. 〔英〕约翰·汤姆林森:《全球化与文化》,郭英剑译,南京大学出版社,2002。

23. 〔美〕弗朗兹·博厄斯:《人类学与现代生活》,刘莎、谭晓勤、张卓宏译,华夏出版社,1999。

24. 〔英〕马林诺夫斯基:《自由与文明》,张帆译,世界图书出版公司,2009。

25. 〔德〕黑格尔:《历史哲学》,王造时译,上海书店出版社,2001。

26. 〔德〕奥斯瓦尔德·斯宾格勒:《西方的没落》,吴琼译,上海三联书店，2006。

27. 〔美〕弗兰西斯·福山：《历史的终结》，本书翻译组译，远方出版社，1998。

28. 〔德〕韦伯：《新教伦理与资本主义精神》，康乐、简惠美译，广西师范大学出版社，2007。

29. 〔德〕费尔巴哈：《宗教的本质》，王太庆译，商务印书馆，2010。

30. 〔英〕罗素：《罗素论中西文化》，杨发庭等译，北京出版社，2010。

31. 〔英〕罗素：《中国问题》，秦悦译，学林出版社，1996。

32. 〔英〕丹尼斯·麦奎尔等：《大众传播模式论》，祝建华、武伟译，上海译文出版社，1987。

33. 〔美〕汉诺·哈特：《传播学批判研究：美国的传播、历史和理论》，何道宽译，北京大学出版社，2008。

34. 〔美〕列文森：《儒教中国及其现代命运》，郑大华译，中国社会科学出版社，2000。

35. 〔法〕汪德迈：《新汉文化圈》（第2版），陈彦译，江西人民出版社，2007。

36. 〔美〕拉里·A. 萨默瓦、理查德·E. 波特：《跨文化传播》（第四版），闵惠泉等译，中国人民大学出版社，2004。

37. 〔美〕成中英：《从中西互释中挺立：中国哲学与中国文化的新定位》，中国人民大学出版社，2005。

38. 〔美〕成中英：《中国文化的现代化与世界化》，中国和平出版社，1988。

39. 〔美〕成中英：《文化·伦理与管理：中国现代化的哲学省思》，贵州人民出版社，1991。

40. 〔英〕S. 戈登·雷丁：《华人的资本主义精神》，谢婉莹译，格致出版社，2009。

41. 〔新加坡〕廖建裕：《东南亚与华人族群研究》，新加坡青年书局，2008。

42. 〔新加坡〕廖建裕：《现阶段的印尼华人族群》，新加坡国立大学中文系、八方文化企业公司联合出版，2002。

43. 〔日〕滨下武志：《近代中国的国际契机：朝贡贸易体系与近代亚洲经济圈》，朱荫贵、欧阳菲译，中国社会科学出版社，1999。

44. 〔日〕滨下武志：《中国、东亚与全球经济：区域和历史的视角》，王玉茹、赵劲松、张玮译，社会科学文献出版社，2009。

45. 〔日〕滨下武志：《香港大视野：亚洲网络中心》，马宋芝译，故乡出版股份有限公司、牛顿出版股份有限公司，1997。

46. 〔日〕中村哲主编《东亚近代经济的形成与发展：东亚近代经济形成史（一）》，王玉茹监译，人民出版社，2005。

47. 〔美〕乔万尼·阿里吉、〔日〕滨下武志、〔美〕马克·塞尔登主编《东亚的复兴》，社会科学文献出版社，2006。

48. 〔美〕费正清：《美国与中国》，张理京译，世界知识出版社，1999。

49. 〔韩〕崔承现：《韩国华侨史研究》，香港社会科学出版社有限公司，2003。

50. 〔澳〕颜清湟：《东南亚华人之研究》，香港社会科学出版社有限公司，2008。

51. 〔美〕孔秉德、尹晓煌主编《美籍华人与中美关系》，余宁平等译，新华出版社，2004。

52. 〔马来西亚〕李灵窗：《马来西亚华人延伸、独有及融合的中华文化》，海峡文艺出版社，2004。

53. 〔马来西亚〕黄家定：《华人社会与多元族群政治》，吉隆坡策略分析与政策研究所，2007。

54. 〔日〕游仲勋：《东南亚华侨经济简论》，郭梁、刘晓民译，厦门大学出版社，1987。

55. 〔英〕S. B. Redding：《海外华人企业家的管理思想——文化背景

与风格》，张遵敬等译，上海三联书店，1993。

56. 〔美〕小R.霍夫亨兹、K.E.柯德尔：《东亚之锋》，黎鸣译，江苏人民出版社，1995。

57. 〔马来西亚〕林华生：《东亚经济圈》（增补版），世界知识出版社，2005。

58. 〔马来西亚〕林华生：《东亚政治经济论》，世界知识出版社，2011。

59. 〔美〕狄百瑞：《东亚文明——五个阶段的对话》，何兆武、何冰译，江苏人民出版社，1996。

60. 刘宏：《战后新加坡华人社会的嬗变：本土情怀·区域网络·全球视野》，厦门大学出版社，2003。

61. 刘宏：《海洋亚洲与华人世界之互动》，新加坡华裔馆，2007。

62. 刘宏：《中国-东南亚学——理论建构·互动模式·个案分析》，中国社会科学出版社，2000。

63. 〔新加坡〕李光耀：《李光耀40年政论选》，现代出版社，1994。

64. 〔新加坡〕李光耀：《李光耀回忆录（1965－2000）》，外文出版社，2001。

65. 刘颖：《相互依赖、软权力与美国霸权：小约瑟夫·奈的世界政治思想研究》，中国社会科学出版社，2010。

66. 梁英明、梁志明、周南京、赵敬：《近现代东南亚（1511－1992）》，北京大学出版社，1994。

67. 李国梁、蔡仁龙、林金枝：《华侨华人与中国革命和建设》，福建人民出版社，1993。

68. 庄国土：《当代华商网络与华人移民——起源、兴起与发展》，台湾稻乡出版社，2005。

69. 庄国土、刘文正：《东亚华人社会的形成和发展：华商网络、移民与一体化趋势》，厦门大学出版社，2009。

70. 庄国土：《华侨华人与中国的关系》，广东高等教育出版社，2001。

71. 吴凤斌：《东南亚华侨通史》，福建人民出版社，1994。
72. 温广益主编《"二战"后东南亚华侨华人史》，中山大学出版社，2000。
73. 梁英明：《战后东南亚华人社会变化研究》，昆仑出版社，2001。
74. 陈碧笙：《世界华侨华人简史》，厦门大学出版社，1991。
75. 李安山：《非洲华侨华人史》，中国华侨出版社，2000。
76. 黄昆章：《澳大利亚华侨华人史》，广东高等教育出版社，1998。
77. 李学民、黄昆章：《印尼华侨史》，广东高等教育出版社，2005。
78. 黄昆章：《印尼华侨华人史（1950 至 2004 年）》，广东高等教育出版社，2005。
79. 庄国土等：《二战以后东南亚华族社会地位的变化》，厦门大学出版社，2003。
80. 庄国土：《中国封建政府的华侨政策》，厦门大学出版社，1989。
81. 黄露夏：《马来西亚的华人》，福建人民出版社，1999。
82. 李明欢：《当代海外华人社团研究》，厦门大学出版社，1995。
83. 赵振祥主编《东南亚华文传媒研究》，世界知识出版社，2007。
84. 陈衍德：《现代中的传统——菲律宾华人社会研究》，厦门大学出版社，1998。
85. 廖小健等：《全球化时代的华人经济》，中国华侨出版社，2003。
86. 李鸿阶主编《华侨华人经济新论》，福建人民出版社，2002。
87. 黄滋生、温北炎主编《战后东南亚华人经济》，广东人民出版社，1999。
88. 萧效钦、李定国主编《世界华侨华人经济研究》，汕头大学出版社，1996。
89. 康荣平等：《海外华人跨国公司成长新阶段》，经济管理出版社，2009。
90. 王晓萍、刘宏主编《欧洲华侨华人与当地社会关系：社会融合·

经济发展·政治参与》，中山大学出版社，2011。
91. 林勇：《马来西亚华人与马来人经济地位变化比较研究（1957－2005）》，厦门大学出版社，2008。
92. 曾玲：《越洋再建家园——新加坡华人社会文化研究》，江西高校出版社，2003。
93. 吴前进：《美国华侨华人文化变迁论》，上海社会科学院出版社，1998。
94. 吴志攀、李玉、包茂红：《东亚的价值》，北京大学出版社，2010。
95. 张志刚：《宗教学是什么》，北京大学出版社，2002。
96. 曾少聪：《漂泊与根植：当代东南亚华人族群关系研究》，中国社会科学出版社，2004。
97. 王列耀：《宗教情结与华人文学》，文化艺术出版社，2005。
98. 王望波：《改革开放以来东南亚华商对中国大陆的投资研究》，厦门大学出版社，2004。
99. 黄润龙编著《海外移民和美籍华人》，南京师范大学出版社，2003。
100. 李小兵等：《美国华人：从历史到现实》，四川人民出版社，2003。
101. 杨国桢、郑甫弘、孙谦：《明清中国沿海社会与海外移民》，高等教育出版社，1997。
102. 陈东有：《走向海洋贸易带——近代世界市场互动中的中国东南商人行为》，江西高校出版社，1998。
103. 张应龙主编《华侨华人与新中国》，暨南大学出版社，2009。
104. 汪慕恒：《东南亚华人经济》，福建人民出版社，1989。
105. 花建等：《软权力之争：全球化视野中的文化潮流》，上海社会科学院出版社，2001。
106. 韦红：《新加坡精神》，长江文艺出版社，2000。
107. 刘守芬、宋淳：《新加坡廉政法律制度研究》，北京大学出版社，2003。

108. 企业家精神研究组编著《华人企业家精神》，中国经济出版社，2000。

109. 吕元礼：《新加坡为什么能》（上下册），江西人民出版社，2007。

110. 陈来：《东亚儒学九论》，上海三联书店，2008。

111. 盛邦和、〔日〕井上聪主编《新亚洲文明与现代化》，学林出版社，2003。

112. 罗荣渠、董正华编《东亚现代化：新模式与新经验》，北京大学出版社，1997。

113. 石源华、胡礼忠：《东亚汉文化圈与中国关系》，中国社会科学出版社，2005。

114. 孙煜扬：《谁主沉浮：东亚模式演变之研究》，中国财政经济出版社，2002。

115. 施学琴、廖大珂主编《东亚区域整合：人口迁移与影响》，厦门大学苏氏研究中心、马来亚大学中国研究所，2010。

116. 曹云华：《新加坡的精神文明》，广东人民出版社，1992。

117. 单纯：《海外华人经济研究》，海天出版社，1999。

118. 董正华：《透视东亚"奇迹"》，学林出版社，1999。

119. 梁志明主编《东亚的历史巨变与重新崛起》，香港社会科学出版社有限公司，2004。

120. 吕元礼：《亚洲价值观：新加坡政治的诠释》，江西人民出版社，2002。

121. 张蕴岭主编《亚洲现代化透视》，社会科学文献出版社，2001。

122. 贾根良、梁正等：《东亚模式的新格局——创新、制度多样性与东亚经济的演化》，山西人民出版社，2002。

123. 陆玉林：《东亚的转生——东亚哲学与21世纪导论》，华东师范大学出版社，2001。

124. 上海社会科学院东亚文化研究中心编《东亚文化论谭》，上海文艺出版社，1998。
125. 李文：《东亚合作的文化成因》，世界知识出版社，2005。
126. 张禹东、刘素民等：《宗教与社会：华侨华人宗教、民间信仰与区域宗教文化》，社会科学文献出版社，2008。
127. 刘远航编译《汤因比历史哲学》，九州出版社，2010。
128. 宋仲福、赵吉惠、裴大洋：《儒学在现代中国》，中州古籍出版社，1991。
129. 蔡苏龙：《侨乡社会转型与华侨华人的推动：以泉州为中心的历史考察》，天津古籍出版社，2006。
130. 郑一省：《多重网络的渗透与扩张：海外华侨华人与闽粤侨乡互动关系研究》，世界知识出版社，2006。
131. 贾海涛、石沧金：《海外印度人与海外华人国际影响力比较研究》，山东人民出版社，2007。
132. 刘宗贤、蔡德贵主编《当代东方儒学》，人民出版社，2003。
133. 陈序经：《文化学概论》，中国人民大学出版社，2005。
134. 杨焕英编著《孔子思想在国外的传播与影响》，教育科学出版社，1987。
135. 朱谦之：《中国哲学对欧洲的影响》，上海人民出版社，2006。
136. 梁漱溟：《东西文化及其哲学》，商务印书馆，2005。
137. 冯友兰：《中国哲学史新编》，人民出版社，1986。
138. 费孝通：《费孝通论文化与文化自觉》，群言出版社，2005。
139. 费孝通：《文化的生与死》，上海人民出版社，2009。
140. 周月亮：《中国古代文化传播史》，北京广播学院出版社，2000。
141. 余英时：《中国近世宗教伦理与商人精神》，安徽教育出版社，2001。
142. 冯天瑜、何晓明、周积明：《中华文化史》，上海人民出版社，2014。
143. 孟亮：《大国策：通向大国之路的软实力》，人民日报出版社，2008。
144. 赵刚、肖欢：《国家软实力：超越经济和军事的第三种力量》，新世界出版社，2010。

145. 肖欢：《国家软实力研究：理论、历史与现状》，军事谊文出版社，2010。
146. 李希光、周庆安主编《软力量与全球传播》，清华大学出版社，2005。
147. 骆郁廷等：《文化软实力：战略、结构与路径》，中国社会科学出版社，2012。
148. 任贵祥主编《海外华侨华人与中国改革开放》，中共党史出版社，2009。
149. 任贵祥、赵红英：《华侨华人与国共关系》，武汉出版社，1999。
150. 庄晓东主编《文化传播：历史、理论与现实》，人民出版社，2003。
151. 曹云华：《变异与保持：东南亚华人的文化适应》，中国华侨出版社，2010。
152. 颜清湟：《海外华人的社会变革与商业成长》，厦门大学出版社，2005。
153. 郭梁：《东南亚华侨华人经济简史》，经济科学出版社，1998。
154. 陈传仁：《海外华人的力量：移民的历史和现状》，世界知识出版社，2007。
155. 韩勃、江庆勇：《软实力：中国视角》，人民出版社，2009。
156. 王望波、庄国土编著《2008年海外华侨华人概述》，世界知识出版社，2010。
157. 王望波、庄国土编著《2009年海外华侨华人概述》，世界知识出版社，2011。
158. 方雄普：《海外侨团寻踪》，中国华侨出版社，1995。
159. 朱慧玲：《中日关系正常化以来日本华侨华人社会的变迁》，厦门大学出版社，2003。
160. 盛邦和：《内核与外缘——中日文化论》，华东师范大学出版社，2010。
161. 门洪华：《中国：软实力方略》，浙江人民出版社，2007。
162. 裕朗国际（中国）规划与城市设计部编著《借鉴与创新：新加坡城市规划理念在中国的实践》，世界图书出版公司，2010。
163. 程希：《当代中国留学生研究》，香港社会科学出版社有限公司，2003。
164. 李韶鉴：《可持续发展与多元社会和谐：新加坡经验》，四川大学出版社，2007。

二、中文论文

1. 余惠芬：《"第三意义世界"与文化软实力的国际影响》，《北京师范大学学报》（社会科学版）2010年第3期。
2. 丘立本：《从历史的角度看东南亚华人网络》，《华侨华人历史研究》1998年第3期。
3. 许梅：《东南亚华人在中国软实力提升中的推动作用与制约因素》，《东南亚研究》2010年第6期。
4. 胡南：《国家软实力的指标体系研究》，《长春工业大学学报》（社会科学版）2010年第1期。
5. 唐慧云：《国内学术界中国软实力研究现状述评》，《国际关系学院学报》2008年第3期。
6. 罗能生、谢里：《国家文化软实力评估指标体系与模型构建》，《求索》2010年第9期。
7. 朱孔来、马宗国：《国内外软实力研究现状综述及未来展望》，《济南大学学报》（社会科学版）2010年第6期。
8. 黄金辉、丁忠毅：《中国国家软实力研究述评》，《社会科学》2010年第5期。
9. 庄国土：《中国价值体系的重建与华侨华人》，《南洋问题研究》

2011 年第 4 期。

10. 赵自勇：《东南亚华人经济的社会政治分析》，《当代亚太》2004 年第 7 期。

11. 庄国土：《东南亚华人参政的特点和前景》，《当代亚太》2003 年第 9 期。

12. 张禹东：《东南亚华人传统宗教的构成、特性与发展趋势》，《世界宗教研究》2005 年第 1 期。

13. 郑一省：《东南亚华人的社会文化情况初探》，《世界民族》2008 年第 2 期。

14. 王勤：《东南亚华人企业集团发展的现状与趋势》，《南洋问题研究》2000 年第 3 期。

15. 丘立本：《东南亚华人网络——过去、现在与未来》，《太平洋学报》1997 年第 1 期。

16. 梁英明：《东南亚华商与经济民族主义》，《华侨华人历史研究》2008 年第 2 期。

17. 庄国土：《东亚华商网络的发展趋势：以海外华资在中国大陆的投资为例》，《当代亚太》2006 年第 1 期。

18. 沈红芳：《菲律宾的华侨华人研究现状及其思考》，《东南亚研究》2009 年第 6 期。

19. 庄礼伟：《国际关系中的东南亚华人》，《东南亚研究》1999 年第 2 期。

20. 刘权：《经济全球化中的海外华商网络》，《东南亚研究》2005 年第 2 期。

21. 吴前进：《1990 年以来中国—新加坡民间关系的发展——以中国新移民与当地华人社会的互动为例》，《社会科学》2006 年第 10 期。

22. 李鸿阶：《关于海外华人资本发展的几个问题》，《福建省社会主义学院学报》2002 年第 3 期。

23. 〔美〕周育民：《华人资本在东亚经济一体化中的作用》，《南洋资料译丛》1994年第Z1期。
24. 刘宏：《当代华人新移民的跨国实践与人才环流：英国与新加坡的比较研究》，《中山大学学报》（社会科学版）2009年第6期。
25. 李其荣：《新华侨华人的职业结构及其影响因素——美国与加拿大的比较》，《东南亚研究》2008年第2期。
26. 林勇：《海外华人人才群体与福建省引进人才战略》，《福建省社会主义学院学报》2004年第1期。
27. 康荣平、刘东：《全球华人创新网络与中国产业发展》，《未来与发展》2005年第3期。
28. 廖赤阳、刘宏：《网络、国家与亚洲地域秩序：华人研究之批判性反思》，《华侨华人历史研究》2008年第1期。
29. 杜红亮、任昱仰：《新中国成立以来中国海外科技人才政策演变历史探析》，《中国科技论坛》2012年第3期。
30. 程希：《中国和平发展进程中对华侨华人高层次人才的培养和吸引——2000年以来中国留学人才政策概述》，《八桂侨刊》2011年第1期。
31. 林在明：《东盟华商在中国——东盟自由贸易区中的作用》，《亚太经济》2008年第3期。
32. 江扬：《浅析海外华人商业网络的特性——以国家与地区的视角》，《南洋问题研究》2011年第3期。
33. 王望波：《中国—东盟自由贸易区中的东南亚华商》，《南洋问题研究》2007年第3期。
34. 徐义雄、陈乔之：《试论海外华商网络对中国企业实施"走出去"战略的作用》，《暨南学报》（人文科学与社会科学版）2004年第5期。
35. 曲华林、翁桂兰、柴彦威：《新加坡城市管理模式及其借鉴意义》,《地域研究与开发》2004 年第 6 期。

36. 郭伟伟:《新加坡社会保障制度研究及启示》,《当代世界与社会主义》2009 年第 5 期。

37. 姜卫平:《新加坡人民行动党是如何构建和谐社会的》,《唯实》2007 年第 2 期。

38. 陈祖洲:《从多元文化到综合文化——兼论儒家文化与新加坡经济现代化的关系》,《南京大学学报》2004 年第 6 期。

39. 任剑涛、黄璇:《典范选择、领袖偏好与国家发展——新加坡经验与中国现代转型》,《河北学刊》2010 年第 3 期。

40. 王锐生:《儒家思想与东亚的现代化》,《中国哲学史》1996 年第 4 期。

41. 刘宗贤:《新、马模式:意识形态化的儒学》,《文史哲》2003 年第 4 期。

42. 王子昌:《新加坡好政府实践的社会学解读》,《思想战线》2004 年第 1 期。

43. 曾少聪:《美国华人新移民与华人社会》,《世界民族》2005 年第 6 期。

44. 龙大为、张洪云、登高:《从边缘走向主流——新移民与北美华人经济发展新动向》,《华侨华人历史研究》2011 年第 2 期。

45. 胡晓玲:《东南亚华人华侨经济网络的形成、发展与转型研究》,中南民族大学硕士学位论文,2008。

46. 刘智峰:《海外华人企业成长模式、管理思想及其对中国大陆的影响》,暨南大学硕士学位论文,2006。

47. 李天治:《西欧华侨华人与中国软实力的提升》,暨南大学硕士学位论文,2010。

48. 宋敏峰:《美国华侨华人与中国软实力》,暨南大学硕士学位论文,2010。

49. 黄丽嫦：《中国与印尼关系发展中软实力的提升及华侨华人的推动作用》，暨南大学硕士学位论文，2010。
50. 朱洪良：《中国传统文化与构建文化软实力研究》，天津大学硕士学位论文，2010。
51. 田建明：《中国软实力战略研究——国际形象、国际责任与国家制度的战略互动》，吉林大学博士学位论文，2010。
52. 郭继文：《文化软实力的历史观阐释》，首都师范大学博士学位论文，2011。
53. 孟庆宝：《探析国际关系研究中的软力量》，华东师范大学硕士学位论文，2009。
54. 李天宝：《儒家思想与我国当前文化软实力建设》，北京工商大学硕士学位论文，2010。
55. 魏明：《全球信息时代中国文化软实力发展战略研究》，华中师范大学博士学位论文，2008。
56. 严凤明：《新加坡的民族、宗教政策与和谐社会的构建》，云南师范大学硕士学位论文，2006。
57. 王思齐：《国家软实力的模式建构》，浙江大学博士学位论文，2011。
58. 蒙英华：《海外华商网络与中国对外贸易：理论与证据》，厦门大学博士学位论文，2008。
59. 易刚明：《东南亚华侨华人与中国关系》，暨南大学博士学位论文，2010。

三、英文论著

1. Joaquin Jay Gonzalez III, *Diaspora Diplomacy: Philippine Migration and Its Soft Power Influences* (Mill City Press, 2012).
2. Michael W. Charney, Brenda S. A. Yeoh, Tong Chee Kiong, *Chinese*

    Migrants Abroad: Cultural, Educational, and Social Dimensions of the Chinese Diaspora (Singapore University Press, 2003).

3. Philip A. Kuhn, *Chinese Among Others: Emigration in Modern Times* (Rowman & Littlefield Publishers, Inc, 2008).

4. Chan Kwok Bun, *Chinese Business Networks: State, Economy and Culture* (Prentice Hall, Pearson Education Asia Pte. Ltd, 2000).

5. Joseph S. Nye, *The Paradox of American Power: Why the World's Only Super Power can't Go It Alone* (Oxford University Press, 2002).

6. Joseph S. Nye, *Soft Power: The Means to Success in World Politics* (Public Affairs, 2004).

7. Joseph S. Nye, *The Powers to Lead* (Oxford University Press, USA, 2008).

8. Joseph S. Nye, *The Future of Power* (The Perseus Books Group, 2011).

9. Paul J. Bolt, *China and Southeast Asia's Ethnic Chinese: State and Diaspora in Contemporary Asia* (Praeger, 2000).

10. Thomas Menkhoff, Solvay Gerke, *Chinese Entrepreneurship and Asian Business Networks* (Routledge Curzon, 2002).

11. Philip A. Kuhn, *Chinese Among Others: Emigration in Modern Times* (Singapore: NUS Press, 2008).

12. Constance Lever-Tracy, David Fu-Keung Ip, Noel Tracy, *The Chinese Diaspora and Mainland China: An Emerging Economic Synergy* (Macmillan Press, 1996).

13. James F. Paradise, "China and International Harmony: The Role of Confucius Institutes in Bolstering Beijing's Soft Power," *Asian Survey*, Vol. 49, No. 4, 2009.

14. "China's "Soft Power" in Southeast Asia," CRS report for congress, Jan 4, 2008.

15. Joshua Kurlantzick, "China's Charm Offensive in Southeast Asia-Winning Friends and Influencing People, Beijing Embraces the Role of Benign Power in The Region," *Current History*, Vol. 105, No. 692, 2006.

16. Mingjiang Li, "Domestic Sources of China's Soft Power Approach," *China Security*, Vol. 5, No. 2, 2009.

17. Young Nam Cho and Jong Ho Jeong, "China's Soft Power: Discussions, Resources, and Prospects," *Asian Survey*, Vol. 48, No. 3, 2008.

18. Johannes Dragsbaek Schmidt, "China's "Soft Power" Diplomacy in Southeast Asia," *The Copenhagen Journal of Asian Studies*, Vol. 26, No. 1, 2008.

19. Shi Yinhong, "China's Peaceful Rise is All About Soft Power," *China Daily*, June 14, 2007.

20. Joseph S. Nye, "The Rise of China's Soft Power," *Wall Street Journal Asia*. Dec 29, 2005.

21. Harding, Harry, "The US and Greater China," *The China Business Review*. Vol. 19, Iss. 3, 1992.

22. Leo Suryadinata, "Ethnic Chinese as Southeast Asians," Institute of Southeast Asian Studies, 1997.

23. Annabelle R. Gambe, *Overseas Chinese Entrepreneurship and Capitalist Development in Southeast Asia* (Lit Verlag, 2000).

24. Yu Chunghsun, "Ethnic Chinese: Their Economy, Politics and Culture," *The Japan Times*, 2000.

25. Phillip A. Kuhn, *Chinese Among Others: Emigration in Modern Times* (Singapore: NUS Press, 2008).

26. James E. Rauch, Vitor Trindade, "Ethnic Chinese Networks in International Trade," *The Review of Economics & Statistics*, Vol. 84, No. 1, 2002.

27. Murray L Weidenbaum, *The Bamboo Network: How Expatriate Chinese Entrepreneurs Are Creating A New Economic Superpower in Asia* (Martin Kessler Books at the Free Press, 1995).

28. Australia East Asia Analytical Unit, *Overseas Chinese Business Networks in Asia* (Department of Foreign Affairs and Trade, 1995).

29. Alan Smart, Jinn-yuh Hsu, "The Chinese Diaspora, Foreign Investment and Economic Development in China," *Review of International Affairs*, Vol. 3, No. 4, 2004.

30. Larry A. Samovar, *Communication between Cultures* (Wadsworth Publishing Company, 2001).

31. AnnaLee Saxenian, "Silicon Valley's New Immigrant High-Growth Entrepreneurs," *Economic Development Quarterly*, Vol. 16, No. 1, 2002.

32. Bernard P. Wong, *The Chinese in Silicon Valley, Globalization, Social Networks, and Ethnic Identity* (Rowman & Littlefield Publishing, 2006).

33. AnnaLee Saxenian, *Local and Global Networks of Immigrant Professionals in Silicon Valley* (Public Policy Institute of California, 2002).

34. Kevin Lane, Florian Pollner, "How to Address China's Growing Talent Shortage," *The McKinsey Quarterly*, No. 3, 2008.

35. Dinna Farrell, Andrew J. Grant, "China's Looming Talent Shortage," *The McKinsey Quarterly*, No. 4, 2005.

36. Wilawan Kanjanapan, "The Immigration of Asian Professionals to the United States: 1988 – 1990," *International Migration Review*, Vol. 29, No. 1, 1995.

37. Jean M. Johnson, "Human Resource Contributions to U. S. Science and Engineering from China," SRS Issue Brief, Jan 12, 2001.

38. Christiane Kuptsch, Eng Fong Pang, *Competing for Global Talent* (International Labour Organization, 2006).

39. "China 2030 Building A Modern, Harmonious, and Creative High-Income Society," The World Bank and Development Research Center of the State Council, the People's Republic of China, http://www.worldbank.org/content/dam/Worldbank/document/China – 2030 – complete.pdf.

后 记

本书是在我博士学位论文的基础上修改而成的。从2012年确定选题到如今书稿付印，已走过五个春秋，真是光阴似箭。

无论在博士论文写作，还是在专著出版的过程中，都得到了我的博士生导师庄国土教授的大力支持。庄国土教授是华侨华人研究和东南亚研究方面的专家，我在向庄老师求学的过程中，无论学术，还是做人，都受益颇多。在本书写作的过程中，从书名的确定、框架的构建，到章节的确定、观点的提炼，庄老师无不悉心指导。虽然庄老师工作繁忙，但对于学生的生活琐事，亦不忘关心和照顾。庄老师有着严谨的治学风范、执着的敬业理念、忘我的工作态度、无私的奉献精神。庄老师会是我一生敬仰的先生，一生学习的榜样。在本书即将出版之际，再次向庄老师表示感谢。并祝庄老师身体健康，诸事如意。

同时借此机会，一并向厦门大学南洋研究院的老师们和同学们表示感谢。在求学的过程中，我曾受到许多老师的教导和关怀：廖大珂老师的循循善诱，赵海立老师的谆谆教诲，范宏伟老师的不厌其烦，王虎老师、王望波老师、施学琴老师和聂德宁老师的亲切关怀，图书室的张大勇老师和张长虹老师的大力支持，办公室的黄阿姨、曾阿姨、曾祥轩老师、洪小荣老师、龙羽西老师、陈君老师、徐丽丽老师的无私帮助。

很多同学也曾给予我长期的帮助和支持，在这里也对他们表示谢意。记得我曾与学长刘文正、郑达、陈丙先、梁炳猛、黄耀东、王晓东、杨晓强、林联华、何启才多次在饭桌上畅聊,与学姐丁丽兴、杨静林、黄玲毅、原晶晶数次闺房长谈;同级的刘俊涛、黄兴华、David 更是多次被我打搅,郑虹、陈俊林、李佳蓉是我最长时间的倾诉对象;辉明、康晓丽、覃丽芳、王丽敏、高源、陈丽霜、林中威、吕俊昌给予我许多快乐和帮助。

最后要感谢我的家人:公婆、父母、爱人和儿子。尤其是我的公婆、父母和爱人,他们任劳任怨,承担了照顾孩子的重任和烦琐的家务劳动,同时在我数次写作受挫的时候,给予我源源不断的安慰和鼓励。更有趣的是儿子,在遇到我写作的时候,他总是知趣地离开,还时不时地询问写作进度,半夜起床也不忘来书房看我一眼。正是在家人给予的无私援助和殷切期望下,本人才有了专属于自己的宁静空间,才有了持续不断的学习动力,最终得以完成专著的出版。

本书在撰写的过程中,由于涉及的国家和地区众多,资料庞杂,在筛选和引用的过程中难免有所疏漏。另外,由于本人理论水平有限,本书的研究无论在广度上还是在深度上都还有许多不尽如人意的地方,只是希望通过本书的研究,可以为推动华侨华人理论和软实力理论的研究,推动高校思想政治教育研究尤其是大学生的爱国主义教育研究,尽一份绵薄之力。

本书的编辑出版,得到了社会科学文献出版社的大力支持,在此谨致由衷谢忱!

张 月
2017 年 4 月

图书在版编目(CIP)数据

当代华侨华人软实力的构成/张月著. -- 北京：社会科学文献出版社，2017.6
 ISBN 978 - 7 - 5201 - 1124 - 9

Ⅰ.①当… Ⅱ.①张… Ⅲ.①华侨 - 研究 - 世界②华人 - 研究 - 世界 Ⅳ.①D634.3

中国版本图书馆 CIP 数据核字（2017）第 168865 号

当代华侨华人软实力的构成

著　　者 / 张　月

出 版 人 / 谢寿光
项目统筹 / 高　雁
责任编辑 / 王楠楠　王春梅

出　　版 / 社会科学文献出版社·经济与管理分社 （010）59367226
　　　　　 地址：北京市北三环中路甲 29 号院华龙大厦　邮编：100029
　　　　　 网址：www.ssap.com.cn

发　　行 / 市场营销中心（010）59367081　59367018
印　　装 / 北京季蜂印刷有限公司

规　　格 / 开　本：787mm × 1092mm　1/16
　　　　　 印　张：15.25　字　数：204 千字
版　　次 / 2017 年 6 月第 1 版　2017 年 6 月第 1 次印刷
书　　号 / ISBN 978 - 7 - 5201 - 1124 - 9
定　　价 / 79.00 元

本书如有印装质量问题，请与读者服务中心（010 - 59367028）联系

▲ 版权所有 翻印必究